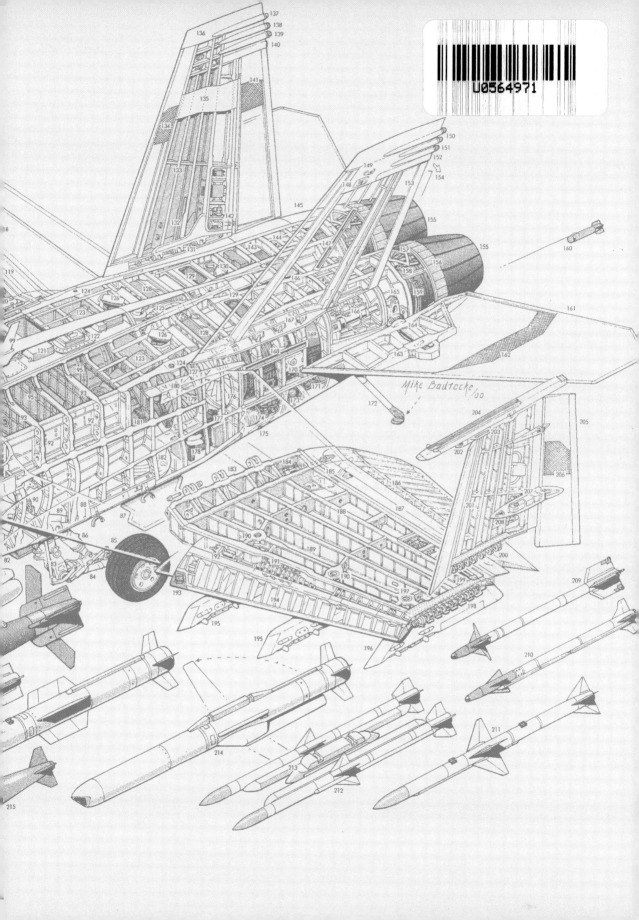

U0564971

Mike Badrocke/00

MCDONNELL DOUGLAS F/A-18
HORNET AND SUPER HORNET

F/A-18 "大黄蜂"
和 "超级大黄蜂"

〔英〕史蒂夫·戴维斯（Steve Davies） 著

王明杰 毛 翔 译

上海三联书店

CONTENTS 目录

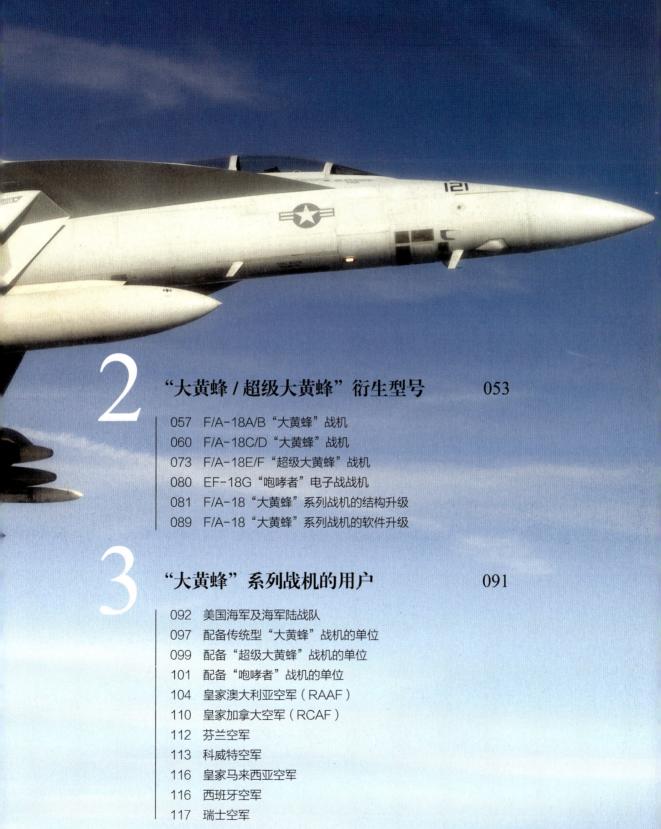

4 战争中的"大黄蜂"战机 123

5 详解"超级大黄蜂"战机　153

INTRO-DUCTION

引 言

我对 F/A-18 "大黄蜂"系列战机的痴迷，始于 20 世纪 80 年代存放在家中满是灰尘的车库中的一套模型，它是麦克唐纳·道格拉斯公司 F/A-18A 型战机的 1/72 等比例模型。当我拿到它时，我兴奋地打开包装，看着那些塑料构件并沉浸在它那难以置信的外形线条中，欣赏着模型各部位金色和蓝色的装饰涂装。

"大黄蜂"——在我知道这个词汇的真正含义之前，它就已经很"性感"了。我喜欢它那倾斜着的机尾，以及它那眼镜蛇般的主翼前缘边条，这与我之前所看到的类似战机模型毫无相似之处。尤其是它那两具带有加力燃烧室的尾喷口，以及两套引擎之间的重载着舰尾钩，对我而言，这象征着它狂野的力量，这赋予它的加速性和减速性超出了我以往所了解的类似战机。事实上，这个模型开启了我对"大黄蜂"的向往。

当然，我从没想过我会在这么多年之后，以"大黄蜂"战机为主题撰写这本图文并茂的著作，而且当时我也从未想到，有朝一日我会真正坐上一架"大黄蜂"战机，甚至是"大黄蜂"系列战机两种重要的机型。但如今，我做到了这一切。

我第一次坐入"大黄蜂"战机座舱飞上蓝天的时间是在 2004 年，感谢非常慷慨的瑞士空军。那时，我已经坐在后座舱上体验了多款西方主流战机的飞行，包括 F-15B/D/E 和 F-16B/D 等；但与这些战机相比，"大黄蜂"战机有它自己的独特之处，这使其与其他战机有所不同，甚至对我这个业余观察者来说也是如此。我随战机从米林根空军基地起飞，飞上了阿尔卑斯山上空 3.5 万英尺（约 1.07 万米）的高空，那个基地位于两条山脉之间的谷地中，搭乘着战机在蓝天上看着这个基地感觉它非常狭窄，似乎供一只猫在其间荡秋千的空间也没有。而我们的战机从这样一处险峻的谷地起飞，同样显

▼ 一切的开始：Airfix 公司的F/A-18A "大黄蜂"战机的1/72模型玩具。

现出"大黄蜂"战机优越的飞行性能和品质控制。在体验飞行中，我前舱的飞行员让我自主完成了一会儿"大黄蜂"战机的控制，这毫无疑问地生动地展现出飞行员相信战机良好的飞行控制性能足以让我这样的生手操控自如。当然，之后的情况变得严肃起来，他向我展示了战机"海盗"般狂野的性能，我们加快了速度，以垂直的方式迅速爬升，继而又向身下白雪覆盖的群山中直冲而下。很自然地，我们在空中飞出了战机最高的空速，接着又在俯冲时陷入可控的失速、尾冲以及侧滑状态，直到我们又一头栽进白云之中。带我一起驾驶战机的飞行员，埃尔维斯，努力控制着那根座舱中央的飞行操纵杆，不时用脚踩踏下座舱底部的方向舵踏板，先向左再向右，灵活地驾驶着战机在阿尔卑斯山上空飞行。我们的"大黄蜂"战机优雅地在群山中按着埃尔维斯的操纵上下、来回穿行。战机时而下冲、时而上仰，机体时而尾部朝前、机鼻高高仰起，我只感觉不停地震动、冲击和来回摇动……但是永远不必犹疑的是，战机从未离开过我们的控制。其间，埃尔维斯几乎是粗暴地操作着操纵杆，战机在他的操纵下非常灵活，就像一只真正在花丛中飞舞的"大黄蜂"。这是 F/A-18"大黄蜂"战机优秀的高攻角

▼ 瑞士空军的F/A-18战机飞越阿尔卑斯山。

操控品质及其非凡的飞行控制计算机的充分展示。

　　后来在 2009 年，我又有幸坐在后舱搭乘了"超级大黄蜂"战机，当时是和美国海军 VFA–211"战斗将死"中队的小伙子们一起飞的。我乘坐的是 F/A–18F 双座任务型"超级大黄蜂"（非教练型），这意味着我就像一名机组成员一样共同参与了飞行。就像上次在瑞士一起飞行的那样，这次飞行同样展现了战机的出色性能以及我们是如何在空中与对手交战并消灭他们的；类似的，这次飞行我同样无需操心战机的具体操纵细节。而与之前不同的是，我搭乘着最先进的"超级大黄蜂"，它的航电系统、传感器融合能力和战场空域管理能力已与原型机有了很大改进，它是一种真正具有多功能且强大致命战斗力的

一架隶属于VFA–211"战斗将死"中队的F/A–18F"超级大黄蜂"战机正从航母上弹射起飞。

战机。

　　虽然我坐在后舱感觉很新奇，但我作为一名志同道合的爱好者在获得了这次体验飞行的授权后，更加感觉到满足。我很荣幸能够撰写这本关于"大黄蜂"和"超级大黄蜂"的著作，我也希望读者们能从这些图片和文字中获得知识与乐趣。

　　我的 Facebook 地址 www.facebook.com/AviationPhotography，欢迎有兴趣的读者共同探讨与"大黄蜂"系列战机有关的话题。

史蒂夫·戴维斯

2016 年剑桥郡

"大黄蜂/超级大黄蜂"系列战斗机,其出身并不显赫、甚至有那么点"卑微"。这款曾经在选型中经历失败的产品,最终入选了美国海军"轻量级战斗机"项目,成为今天全球最强大的海军力量的主要战术机种。(史蒂夫·戴维斯/FJ摄影)

THE HORNET STORY

1 "大黄蜂" 的故事

截至 2016 年，F/A-18 "大黄蜂/超级大黄蜂" 系列多用途战斗机已在全球 7 个国家服役。仅仅在美国武装力量中，自 1986 年入役以来该机型就广泛地参与了各种对外军事行动，更是 1991 年中东战区的海湾战争以及 1990 年联合国和北约在巴尔干半岛实施强制性军事行动时的关键机种。

▼ 海军第9舰载飞行联队（CVW-9）所属"蓝钻石"第146打击战斗机中队（VFA-146）两架F/A-18C"大黄蜂"战斗机和"黑骑士"第154打击战斗机中队（VFA-154）两架F/A-18F"超级大黄蜂"战斗机，飞跃海军"卡尔·文森"号航母（CVN-70），这标志着海军战斗机在伊拉克上空最后作战使命的结束。（美国海军）

毫无疑问，F/A-18系列战斗机赢得了非凡的成功。然而，在其诞生之初它曾长期被掩盖在其他成功机型的阴影中；它从一开始就是如此的卑微，以至于它可以轻易地被视作现代空中战争史的一个"点"，一个不久之前失败的项目的产物。该机型原型机是诺斯罗普公司研制的YF-17，曾参与了20世纪70年代由美国空军启动的"轻量级战斗机"（LWF）选型竞争，但不幸的是，YF-17在竞争中不敌通用动力公司的YF-16原型机（后来大名鼎鼎的F-16"战隼"战斗机），其前景似乎已一片黑暗。但在其研发母公司与麦克唐纳·道格拉斯公司（后文简称"麦道公司"）结成伙伴后，在后者所拥有的舰载战斗机设计丰富经验的支持下，使其重新被

美国海军"发现"并认可。在与"McAir"（麦道公司当时作为航空航天界巨头的昵称）合作后，诺斯罗普公司重新对原型机进行了设计，成为美国海军下一代多用途舰载战斗机。

就在本书完稿之际（2016 年），F/A-18 系列战斗机已发展出 7 个主要的衍生型号，在美国武装部队及多个国家军队中服役了 33 年之久。值得称道的是，它还是全球首款广泛使用碳纤维材质机翼、配备数字式电传飞控系统的战术喷气式战斗机。

轻量级战斗机项目竞争

20 世纪六七十年代，随着越南上空的空中战争逐渐走向尾声，一场由战斗机飞行员发起的"革命"却在酝酿并爆发。近 10 年苦涩的空中战争使美国空军、海军和海军陆战队的飞行员们痛苦地明白了一个道理——美国空中力量的技术优势将帮助其战胜数量上占优的对手，这一重要预期在实战中被证明根本是毫无根据的。

导致这一现象的原因有很多，但它们基本上都可被归为两大类问题。其一，是（公认的美国）技术优势似乎并未发挥作用，甚至更雪上加霜的是，同期美国飞行员们的训练正构筑于认为他们的技术优势仍将发挥作用的基础之上。其二，则在于政治因素（而非军事）主导着这场战争，（那些对战争认识褊狭的）政客们制定着交战规则，削弱了（原来强大的）空中力量所应发挥的能力。

从战场上走下的美军战斗机飞行员们意识到，美国武装部队所偏好的庞大、复杂且笨重的战斗机，（在战场中被证明）无力抗衡小巧、轻型且简单的高机动性俄制米格战斗机。此外，战争中美国广泛使用的远程 AIM-7"麻雀"、近距 AIM-9"响尾蛇"和 AIM-4D"隼"式空中导弹，不仅未能充分发挥作用，甚至远未达到设计时的应有性能。当时，"迷信"新型导弹作战效能的美军，甚至未为其最新型战斗机——麦道公司研制 F-4"鬼怪"II 型战斗机配备传统的机炮。显然，美国仍像以往一样，需要一款配备机炮的狗斗型战斗机。

在新兴的空对空导弹被应用的初期，美国的此类武器被设计用于击落无法剧烈机动的轰炸机，或未意识到被导弹攻击（而能采取剧烈机动）的战斗机。由于初期技术局限，这些导弹并无法有效打击机敏灵巧、意识到在被导弹攻击并实施剧烈机动的战斗机。越南战争中，美军飞行员还发现当时 AIM-7"麻雀"导弹的远距打击能力并不实用，毕竟在空中如果无法确定某个发现的空中目标是敌机的话，它们的攻击距离毫无意义。通常，飞行员需要在目标进入其目视距离内

（a couple of miles），而在更远的距离上（即所谓的"merge"）远程导弹几乎无用，至于同期的近距红外导引的格斗导弹，其命中杀伤概率（PK）仍非常低。

与美国空军不同，美国海军至少还拥有一种久经培育的文化，他们更重视战机的实用性而非其纸面的性能优势，这也是为什么他们的F-4"鬼怪"Ⅱ型机队，在越南战争中比空军战机更能应对北越的米格战机的原因。即便如此，他们对新型空战战术重视（过于强调新空地空导弹的效能），而未及时为战机配备机炮，意味着即使他们在很多场合都被对手的米格战机（用机炮）所击败。

从越南回国的"战斗机黑手党"的飞行员们（对未来战争的设计）进行了一系列的研究、分析，并提出了相关建议。战后，美国空军和海军在相互的利益争夺和冲突中表现得非常"残忍"——这一事实并不令人意外，因为他们都在战争中经历重大损失，并决心确保过去的错误不会重演，而且都对自己（对未来战机设计）的看法坚信不疑。

在这一轮反思浪潮中，担负起纠正过去的失误的重担落到约翰·博伊德上校的肩上。他曾作为战斗机飞行员在朝鲜参战，他的研究和观点在当时引发大量争议，而他本人自1969年时在数学学者托马斯·克里斯蒂的帮助下形成了对现代空战理论中最重要的一项贡献——"能量机动理论"（简称EM）。

能量机动理论的图示，提供了一种通过体现战机动能与潜在机动性能之间关系来呈现战机性能的方法，这意味着战机的转弯角速率（turn rate）实际上与其（转变时的）速度，是"性能天平"的两端（它们不可兼得），帮助飞行员构想其战机的最优化机动性能。标绘敌方特定型号战机"能量—机动"示意图，能生动地说明其战机性能包线中的优势与缺陷。

能量机动理论使美国空军和海军获得了一种定量的规划设计其新一代战斗机项目性能参数的基础，进而使其能够绘制（采用特定设计的战机所具有的）已知和预测的性能表现，并在飞行器设计时确定其性能包线。

20世纪70年代初，美国空军开启新一代战斗机的理论研究。1972年1月，空军发出有关新一代轻量级战斗机（LWF）的招标方案意见征求书（RFP），正式邀请各主要防务承包商展开预研并提交其设计方案。

美国空军启动轻量级战斗机项目的初衷，是想装备一种重约2万磅（约9吨）、具有出色转变速率和加速性能的廉价轻型战斗机，预期其交付时的成本就在300万美元左右。为突出其跨音速的灵活性，

◀◀ 诺斯罗普公司P-530"眼镜蛇"原型机，它之后演化为该公司参与轻量级战斗机竞争试飞的原型机型。该机型设计采用了类似洛克希德F-104"星战士"的设计，其最为显著的设计特点包括最引人注目的是它长而尖的机身，带有一个反角的且下垂的机翼，以及带有尖型坡道的矩形进气口。（诺斯罗普公司）

其飞控系统及机体设计应针对3～4万英尺（约9144～12192米）高度、0.6～1.6马赫状态下的机动进行优化，毕竟在其飞行性能包线内的这一部分，被认为是未来空中作战最可能发生的范围。

空军发出招标通告后，5家公司做出响应，但经过初期筛选仅有两家公司的设计方案被空军选中，参与轻量级战斗机项目的后续竞争选型，分别是通用动力公司（GD）的Model 401型和诺斯罗普公司的P-600型方案。之后，通用动力公司获得了空军约3800万美元拨款，完善其Model 401设计方案并以其为基础生产原型机（之后空军赋予该款原型机YF-16的编号）；诺斯罗普公司则获得了4000万美元拨款，以P-600方案为基础制造出原型机（获得了YF-17"眼镜蛇"的编号）。1974年初，两家公司完成原型机制造并做好了进行首飞的准备，诺斯罗普公司的两架YF-17原型机分别于当年6月和8月完成首飞。

轻型级战斗机项目的竞争性测试最终表明，YF-16的机动性更胜于YF-17，特别是在超音速状况下尤其如此。此外，YF-16原型机的加速性也优于YF-17，其运行维护成本较低，而且航程也更大。毫无疑义的，1975年1月13日时任美国空军部长公布了选型结果，YF-16原型机将成为空军的新一代轻型战斗机。YF-16原型机最终获得了F-16"战隼"（Fighting Falcon）的正式装备编号。

海军空战战斗机（NACF）

自20世纪60年代末至70年代初，在美国空军竭力克服其内部对轻量级战斗机项目产生的纷争之时，有一部分人士热烈

▲ 在轻量级战斗机项目竞争中的两款原型机编队，近镜头的YF-16以及远镜头竞争失利的YF-17原型机。（诺斯罗普公司）

▼▲ 在轻量级战斗机项目竞争中，YF-17原型机稳步推进其研发制造步伐。在刚结束的战争中，美国虽然拥有技术霸权优势，但却被很多现代化的对手运用的简易且实用的俄制装备所瓦解，为此美国军方希望以竞争性的战机项目挑选重新获得其优势：通过此项目获得一种具有灵活性、加速性并可在超音速状态下容易操纵的战斗机。随着项目竞争的展开，YF-16原型机在大多数性能指标上表现更佳，而且被认为服役后的运营维护费用更为低廉。（诺斯罗普公司）

地支持轻量级战斗机项目理念，而另一些声音仍偏好尺寸更大、重量更大的 FX 战斗机项目的优点，FX 项目最后演变成为 F-15"鹰"重型战斗机。与此同时，海军内部（对其未来舰载机）也存在着类似纷争。

就在 YF-17 原型机于 1974 年底滑下生产线之时，格鲁曼公司为海军研制的 F-14"雄猫"重型舰载机刚宣布具备了初始作战能力（IOC），并作为一款合适的舰队防御战斗机即将大量服役。事实上，在同期美军急切地将其武装力量从南越撤出时，该机型就已随航母编队在东南亚海域遂行过空中护航和战斗空中巡逻等任务。

F-14"雄猫"战斗机的成功，使海军有余力追寻自己的下一个重要舰载机采购项目，即所谓的"海军战斗—攻击机"（NFAX）[1] 项目。该项目获得的舰载机将与 F-14"雄猫"战斗机搭档，取代一系列老旧的海军舰载机。其替代清单上的机型包括道格拉斯公司的 A-4"空中之鹰"战斗攻击机、格鲁曼公司 A-6"入侵者"重型攻击机、凌－特姆科－沃特公司（LTV）的 A-7"海盗"Ⅱ轻型攻击机和麦道公司 F-4"鬼怪"Ⅱ战斗机。

当然，"海军战斗—攻击机"项目并非未遭遇批评和非议。而使情况更糟的是，1973 年时美国国会要求海军未来采购一种低成本的多用途舰载机，它不仅要取代上述清单中的老旧机型，还将成为 F-14"雄猫"战斗机的替代者。这意味着，（按国会的意愿）这种新机型将成为海军同期唯一的多用途战机。针对该项目，格鲁曼公司将 F-14"雄猫"战斗机做了简化处理参与竞争，而麦道公司则以其 F-15 战斗机为基础改进成为一种海军舰载型号，两个机型都未能提供当时海军部文职部长所要求实现的低成本。因而，时任国防部长詹姆斯·施莱辛格（James Schlesinger）指令海军从当时空军正在进行的轻量级战斗机选型项目中，选择其新机型。

施莱辛格的要求并不令人惊讶。毕竟，国会对如何削减军备成本更感兴趣，他们此前就曾要求美国海军和空军在一些重要的机型及引擎的研发上，采取联合开发和采购的方式。或许，更重要的是，"海军战斗—攻击机"项目于 1974 年初时已濒临终止。当时，国会已经批准了重新分配其为海军新"空战战斗机"（NACF）项目拨付的款项，这意味着国会正采取行动督促海军尽可能利用空军轻量级战斗机项目的设计方案。

自然而然的，海军首先考虑了轻量级战斗机竞争项目的胜出机型，但几乎立即就意识到 YF-16 原型机是一种单引擎战斗机，但其较窄的

◀◀ YF-16原型机的机体设计具有混合式主翼前缘根部边条（LERX）的特征，这有益于战机在飞行时于边条处及其后方形成强大的涡流，进而提升其升力和机动性能，YF-17原型机同样采用了类似的主翼前缘根部边条设计。图中YF-17原型机身上的很多缝隙，在后续生产型时已被填平。（诺斯罗普公司）

---

[1] 通常，人们认为"X"代表试验（experimental）的含意，但作者理解这个字母实际上代表着"未知"（unknown）的意思。

▲ 早期YF-17原型机的试飞，同样见证了主翼前缘根部边条的设计（机体一侧带有一簇簇"羽毛"状测试传感器）。图中照片是该原型机早期进行的大量密集试飞，以便工程团队分析其气动外形与气流间的关系和影响。（诺斯罗普公司）

▼ 机身后部装饰有更多的类似一簇簇"羽毛"状的测试传感器。注意其从驾驶舱到发动机机舱的减速板和狭窄机身主梁。随着YF-17在逐渐修改完善成为真正的F/A-18多用途战斗机，前者设计特征被保留下来，但后者却已被放弃。（诺斯罗普公司）

起落架间距并不适用于航母起降环境。此外，作为一款单引擎战斗机，它在海面遂行各种复杂任务并不理想，且其细长、窄小的起落架也不适应在舰母上被阻拦索钩挂后野蛮的"受控坠毁"式撞击着舰方式。更重要的是，在海军看来 YF-16 原型机存在的这些缺陷都难以轻松被纠正和修改。

有此顾虑的情况下，1975 年 5 月海军宣布将要求诺斯罗普和麦道公司重新设计 YF-17 原型机，使之满足舰载"空战战斗机"（NACF）的性能指标要求。

"空战战斗机"项目，旨在开发一种真正的"博而不专"似的多用途战斗机，后来这使该机型不可避免地受到了"一无所长"的指责。毕竟，新机型必须要能替代 A-7"海盗"Ⅱ轻型攻击机，同时还将担负起原来 F-4"鬼怪"Ⅱ战斗机的防空和对地攻击任务。此外，它还必须要能适应环境恶劣、严酷的舰母飞行甲板和粗糙的前沿机场起飞环境，至于后一类要求则是海军陆战队（USMC）对其岸基战斗机的采购要求。

从 YF-17"眼镜蛇"到 F/A-18"大黄蜂"的嬗变

针对海军的要求，诺斯罗普和麦道公司计划合作以 YF-17"眼镜蛇"原型机为基础，重新设计出新的两款原型机，1977 年 YF-17 机型取代了代表原型机的"Y"编号，成为了之后众所周知的 F-18 战斗机。事实上，设计之初海军计划采购 780 架 F-18A（有 3 个衍生型号）战斗机；此外，还规划设计一种陆基使用的 F-18L 型战机，准备提供给国际客户使用（作为与外销版 F-16 的竞争机型）。最终，第二种陆基型号 F/A-18L，又成为一种多用途战斗机。

尽管两家公司合作完成了最初 F-18A 的设计，但实际上两家公司对该机型的开发和销售各有分工。麦道公司针对国内美军用户发展并销售 F-18A 型战机，而诺斯罗普公司则是国际外销型 F-18L 战斗机的主要承包商。

两种机型采用同样的引擎——两台通用电气公司 GE404 加力燃烧型涡扇喷气引擎，与 F-4 和 F-104 "星战士"（及其他机型）所使用的 GE J79 涡轮喷气引擎相比，GE404 引擎的可靠性提升了 400%，引擎尺寸短了约 25%，其构成部件减少约 7700 个，并使引擎的可维护性提升约 240%。

F-18A 型战斗机在麦道公司内部的研发代号是 Model 267 型战机。计划研制时其 3 个衍生型号分别为：A-18A 型对地攻击机，与其他机型相比其机体气动外形相同，但配备不同的航电套件及武器负载；TF-18 双座型教练机，它略微降低了内油量，使其机舱能容纳下第 2 名驾驶员。

最终，同期美国在计算机和电子设备上的迅速发展意味着，空战型 F-18A 和攻击型 A-18A 等衍生型有可能 "合二为一"，成为一种单一的多用途战机，因此在最终海军采购时，原本分开设计的不同用

▼ YF-17原型机有能力挂载AIM-9 "响尾蛇"近程格斗导弹和AIM-7 "麻雀"中程导弹。"麻雀"导弹较重，因而有趣的是可看到图中它被安装在翼尖挂载点处。在进入现役后，该型导弹仅能挂载在机身两侧的半埋式挂载点处。（诺斯罗普公司）

▶ 图中是首架YF-17原型机在试飞间隙中停留在机库中的照片。注意，图中打开的机体上的航电设备舱舱门，YF-17原型机采用了大量可替换的成熟设计及部件，它也被称为"黑盒"；此外，图中还可见其搭载的一门M61"火神"机炮。（诺斯罗普公司）

途机型就只剩下一种多用途型号。至1980年时，合并型号的F/A-18编号逐渐非正式地流传开来，直到1984年时美海军才正式赋予其F/A-18的机型装备编号。

大约在同一时间（1984年），另一种双座衍生型TF-18A则被重新命名为F/A-18B型战斗机。F/A-18战机机身设计上的特点，包括适中的机体尺寸、三点式起落架和尾钩设计，使其更适宜作为舰载机上舰部署。此外，为便于舰上作战运用，生产型号还引入了机翼折叠机构、弹射器挂钩装置（前起落架处的弹射钩杆和驻停杆）、加大的战机背部主脊等特征，尤其是最后一点特征使其机体可装载额外的4460磅（约2023.02千克）燃油，在配合外挂油箱后，使得它能满足海军对新战机航程及（交战时）内油保有量的要求。

为了提高舰载型F/A-18战机的气动外形性能，战机的主翼前缘根部边条及机身后部水平尾翼外缘采用了锯齿状设计（有助于抑制战机在飞行中一类被称为"空气弹性颤振"的空气动力学效应），其两侧主翼和机尾稳定水平翼的尺寸加大，以降低翼载荷[1]。

至该机型生产型下线时，

---

[1] 机翼升力面面积与重量的比值。

随着空军将轻量级战斗机项目授予YF-16原型机，YF-17的前景一片黯淡。但诺斯罗普公司非常幸运，他们的方案得到海军青睐。（诺斯罗普公司）

其原气动外形已有较大完善，而且同期的新型四余度电传飞行控制系统也被首次整合到新机型上。电传控制计算机能够灵活地组合或单独地控制"大黄蜂"战机的全机各处控制翼、舵面，比如战机主翼襟翼、主翼后缘内／外侧的襟副翼（flaperons），机身后部水平稳定翼面（水平尾翼）以及垂直尾翼后部的方向舵。

为使当时休斯公司研制的APG-65机载雷达的27英寸（约69厘米）天线能够安装到战机机鼻处，F/A-18"大黄蜂"生产型的机体前部还被加宽。这款APG-65雷达的优越性能使战机获得了对空和对海／地面目标的探测能力，使其成为其多功能运用时的关键传感器。

雷达具备多种对空、对地探测扫描模式，包括以新的扫描方式跟踪多个空中目标，同时还具备对地探测跟踪功能（包括对地面／海面移动目标的跟踪）、实波束地形测绘（RBGM）功能等；此外，其机体两侧半埋式挂载点还可挂载前视红外传感器吊舱（FLIR），将增强

▼ 当海军在寻找其下一代战斗机时，最初考虑采用YF-16的方案，毕竟它赢得了空军的轻量级战斗机选型。正如此图所示，YF-16原型机（左）尺寸比YF-17更小，但它采取单引擎设计以及间距和轴距更小的后三点式起落架，这些机体特征都使其无法成为舰载机。（诺斯罗普公司）

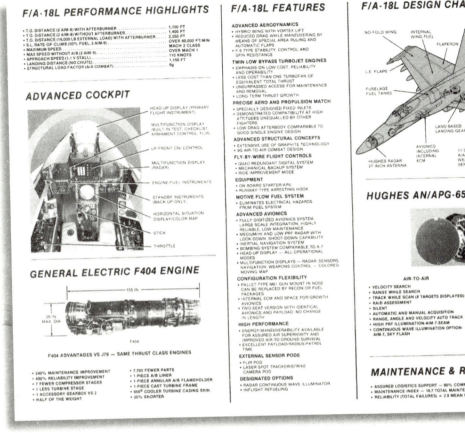
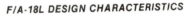
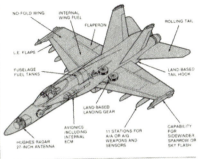

其雷达在跟踪探测海上、空中和地面目标时的能力。

为使经广泛修改的 YF-17 原型机的气动外形趋于完美，研发团队进行了大量试验和改进，其引擎进气道在向外延伸的时候，半埋式挂载机构被设计在进气道向后机身延伸的、一段（横向距离）相对较小的 4 英寸（约 10 厘米）区域。总体而言，麦道公司主导的改进型号较原型机增重了约 1 万磅（约 4535.92 千克），使其总重达到了约 37 万磅（约 167829.18 千克）。相较而言，这仅比 F-15A "鹰" 纯空优战斗机的基础空重还轻了约 2000 磅（约 907.18 千克）。当时，在那些批评战机重型化趋势的人士看来，过大过重的 "大黄蜂" 并非一种合格的战斗机而遭到他们嘲弄；至少在其看来，如果越南战争的教训仍被谨记的话，这样的问题不应重演。

而诺斯罗普公司主导的 F-18L 战机则更接近于 "轻量级" 战斗机项目最初的设想。这一衍生型与 F/A-18A 型战机非常相似，其性能同样得益于修改设计期间对其气动外形所做的改进（如果不是全部的话），例如，它仍缺乏各翼面前缘的锯齿状设计。此外，F-18L 还放弃了一

▲ 在麦道公司的帮助下，诺斯罗普公司重点改进研制 F-18L 型战机，并广泛对外推销该机型。（诺斯罗普公司）

些为适宜航母舰载运用对机体所做的强化处理：例如，其机身蒙皮、机体主框架和各舱室舱壁的厚度都更薄（意味着战机不耐海上高盐、高湿的使用环境），起落架的设计配置未采取强化措施、无法应用于航母上使用的尾钩，以及可折叠式机翼（不利于节省存放空间）。而通过削减机翼内的内油箱设计，它进一步减少了空重。

诺斯罗普公司的衍生型号，在其关键系统方面仍保持了与F/A-18战机约90%的通用性；而且在其努力之下，机体总重被降了下来，甚至比同期开发的舰载型轻了约30%［约7700磅（约3492.66千克）］，这意味着它的推重比达到了与F-16相同的程度。

接下来，F-18L发展出了第二种陆基衍生机型——F/A-18L，它是诺斯罗普公司对麦道F/A-18A机型进行深度优化和减重处理后［重量减少约3000磅（约1360.78千克）］形成的机型。而且，这还是在机体加配了第三个翼下挂载点的情况下实现的，这使F/A-18L的机载武器挂载点达到11个，F/A-18则只有9个。增加的两处挂载点主要

▼ 图中是F/A-18L战机模型，这是麦道公司F/A-18舰载型的陆基衍生型号，图中模型搭载了18枚Mk20型"石眼"集束炸弹、两支副油箱、一支目标吊舱、两枚AIM-9型和三枚AIM-7型导弹。其理论上的武器负载量，在当时令人印象深刻。（诺斯罗普公司）

NORTHROP   F/A-18L MULTIROLE TACTICAL FIGHTER

是强化的翼尖挂载点，它可正常挂载 AIM-7 "麻雀" 中距弹（或英国以 AIM-7 为蓝本发展的 "天空闪光" 导弹），使其机体外的负载重量从 13700 磅（约 6214.22 千克）增至 20000 磅（约 9071.85 千克）。

因而，任何潜在 "大黄蜂" 买家拥有多种选择（主要是两种 L 型衍生机型）：一种拥有与舰载型 "大黄蜂" 相同的载油量，且具备更大的武器搭载量和挂载能力，其机动性能达到承受 9g 过载（相较而言 F/A-18A 的过载能力为 7.5g）；而另一种机型则拥有比 F/A-18A 更高的推重比和机动性能（航程、转弯率和加速能力）。

陆基型 F-18L 战机在一些性能领域，提供了与 F-16 战斗机类似的能量—机动性能包线。事实上，"大黄蜂" 系列战斗机可能证明其在低速时（机动和操控性方面）是一种更优秀的战机，（在低速操控区域内）它能比 F-16 更容易地将转向（将其机鼻指向特定方向）。而且考虑到其气动外形及设计缺乏类似 F-16 那样的攻角限幅装置（AoA limiter，使 F-16 高攻角飞行状态只能局限在 25 度以内），（缺乏限幅器）使 F-18 只能在电传飞控（FBW）系统下才能很好地加以驾驭，加之其气动外形在这类状态及性能包线内极为优越，因而 F-18 系列战机的高攻角（AoA）飞行操控品质更高。尤其是 "大黄蜂" 战机具有非常显著的前缘边条翼（LERX）设计，这是其能够在高攻角（50 度）保持受控飞行及良好操控品质的关键，同时其在俯仰（pitch）、横滚/摇（roll）和偏航（yaw）等方面的性能同样出色。而该战机其他帮助其获得出色的高攻角操控性能的气动外形设计特征，还包括 V 型后倾垂直尾翼（飞行中其处于主翼根前缘边条激起涡流的空白区域）、垂直尾翼上内倾的方向舵，以及尺寸较大的襟副翼等。

更有甚者，在两家经验丰富的航空防务公司的这些令人印象深刻的机体设计帮助下，"大黄蜂" 系统战机拥有相对较低的维护时间，例如，其每飞行小时仅需 16.7 小时的维护工时保障，而其两次（较大的）故障间隙飞行时间亦达到了平均 2.9 飞行小时（flight hours）的水平。

1978 年 9 月 13 日，第一架 F/A-18A 战机滑下生产线。很快，另 9 架 F/A-18 和两架 FSD TF-18 教练机开始进入全面开发阶段。

"大黄蜂" 战机将开始进入现役，但对诺斯罗普公司而言，"乌云" 已从地平线上升起。

进入现役

正如诺斯罗普公司的宣传材料中所宣称的，陆基型 F-18L "大黄蜂" 战机，对那些希望获得一款陆基型战斗机的国家而言，是一种 "合

乎逻辑的选择"。但该公司为进一步扩大其国际销量，继续努力使新机型迎合更多潜在用户的需求。

尽管麦道公司和诺罗斯普公司在"大黄蜂"系列战机的研制和生产方面，公平地共享所有知识（虽然该机型最后由麦道公司完成总装），但最终主要从该项目获益的却是麦道公司（现在的波音公司）。

1978—1979年间，美国海军决定采购379[1]架 F/A–18A 型战机和42架 F/A–18B 双座型教练机（它们由麦道公司生产），而诺斯罗普公司的 F–18L 国际版"大黄蜂"却始终无人问津。预期到不妙的前景后，诺斯罗普公司1979年针对麦道公司采取法律行动，他们认为那些专门为 F–18L 战机开发的技术已被应用到 F/A–18A 和双座型 TF–18A 战机上（因此麦道公司需要与其分享利益），而且诺斯罗普公司还认为，麦道公司计划以其 F/A–18 争夺 F–18L 的市场，这对其利益是巨大伤害。事情开始变得"丑陋"起来。

两家公司之间日益恶化、刻薄的关系最终于1985年走到了终点。当时，麦道公司与诺斯罗普公司达成庭外和解协议，由其从诺斯罗普手中获得"大黄蜂"系列战机的所有权利，这使麦道公司不再遭受以往外界对其侵权嫌疑的指责。当然，努力与诺斯罗普公司达成协议也

[1] 这个数据来源并不一致。来自可靠公共领域的数据包括：379、371和380。在撰写本书时，美国海军或波音公司的官方数据尚未公布。

是一项明智之举，这为后续麦道公司向国际客户推销这款战机铺平了道路（无需考虑可能的法律问题）。

　　抛弃企业界之间的恩怨与阴谋不论。实际上从 1978 年 11 月后，FSD F/A-18A 和 TF-18A 就一直在进行大量试飞和改进。此时很明显的是，美国海军距离其获得想要的战机的理想已经非常近了。通过这些密集试飞，研发团队发现在主翼翼根前缘边条（LERX）和前机身之间的一些纵向缝隙对战机飞行造成了很大的阻力（影响了其速度及操控性能），因此，这一时期两家公司主要针对这些缝隙进行了改进，对其进行平滑处理减少了约 80% 的缝隙。如此，新的机身除了一些小的不可避免的缝隙外，整个机身更加光滑平整。当然，其间战机并未再做大的设计修改。

　　1980 年 4 月 12 日，第一架量产型标准 F/A-18A 战机完成首飞。接着，一系列作战试验飞行和航母舰载适应性训练展开，这些试验和飞行活动由 VX-4 和 VX-5 测试中队在帕图森河海军航空站（NAS Patuxent River）展开，这里也是海军型 F/A-18 战机主要的试验场所。

　　从 1982 年后，"大黄蜂"系列战机批量交付给"舰队换装中队"（FRS），由其培育新的舰载机飞行员完成对新机型的换装训练。接

◀◀ ▼ "大黄蜂"多功能战机和之后出现的"超级大黄蜂"系列战机，一直都因为其航程相对较短，而受到各界严格审视。因此，该系列在实战中，通常必须配合实施空中加油保障。YF-17原型机就设计有空中受油孔（适应空军的硬管式加油模式），但为了竞争"海军战斗─攻击机"（NFAX）项目和"海军空战战斗机"（NACF）项目，该原型机改装为可伸缩的受油管（右侧）（适应海军常用的软管式加油模式）。（诺斯罗普公司）

着 VFA-125、VFA-106 和 VFMAT-101 等舰载机中队相继获得了新舰载机，经过训练和换装飞行后，舰载机联队的官兵总体上对"大黄蜂"表达了肯定的意见，但仍存在着一些保留性的批评声音，比如该机在翼下挂载点处于重载状态时，其较低的操作灵活度以及机翼过度的易弯曲特性。

自 1982 年后，F/A-18A 和 TF-18A 等机型相继批量交付给海军陆战队和海军"舰队换装中队"部队。在海军陆战队方面，1983 年 1 月首个换装"大黄蜂"战机的航空部队是位于埃尔托罗海军陆战队航空站（El Toro MCAS）的 VMFA-314 中队，该单位的 F-4S 型战机被新机型替换。而海军方面，首次装备"大黄蜂"的舰载机部队是 VFA-25 中队，当年 3 月该中队正式汰换了其装备的 A-7E "海盗" II 轻型攻击机。

在正式服役之前，各换装单位都密切关注着新机型的结构载荷和压力（能否满足高强度作战的要求），很快就发现战机 V 字型外倾的垂直尾翼上出现了疲劳裂纹。经分析，生产商认为，这很可能是飞行员们在驾驶这款战机进行空战训练时，当战机处于高攻角飞行状态下主翼翼根前缘边条（LERX）产生的强烈涡流剧烈冲刷着稳定面，导致

▼ ▶▶ 为使YF-17适应海军舰载运用，原型机需要更换其纺锤状的起落架系统（下图），代之以更坚固、皮实的舰载加固型起落架（对页图），后者能经受战机在航母上利用阻拦索降落时的巨大冲击力。（诺斯罗普公司）

► 一架A-6E "入侵者"攻击机,照片拍摄于1988年该机正在向伊朗目标投掷集束炸弹,它也是F/A-18 "大黄蜂"系列战机被寄望替代的几种舰载机之一。(美国海军)

了尾翼稳定面出现疲劳裂纹;毕竟此时巨大、混乱的高速气流会持续冲击尾翼,并产生严重的横向载荷。由于此原因,在 "大黄蜂"批量入役的第一年里,不时地会经历暂时停飞检修和完善,生产商针对此问题完善的结构强化改进项目相继被应用到新机生产和入役机型的检修中。这一强化项目虽然解决了机尾翼翼面的问题,但并未消除出现此问题的根本因素。之后在 1988 年 5 月,一个粗短的 "翼面挡流板 / 翼刀"被添加到主翼翼根前缘边条(LERX)上侧,以使边条产生的涡流变得平滑,同时使其偏离开不致于冲击至机身后部的垂直尾翼。

1987年9月,F/A-18A和F/A-18B(此前的TF-18A)机型停止生产,而在其基础上衍生的 F/A-18C/D 型开始量产(C 型是单座型,D 型是双座教练型)。

在 1984—1989 年间,海军还曾将其 F/A-18A 机群中的 7 架送给了美国航空航天局(NASA),而海军的 "蓝天使"(Blue Angels)飞行表演队在 1986 年更换了 "大黄蜂"表演用机后,其成员对原本使用的 A-4 "空中之鹰"的喜爱之情亦很快转移到了 F/A-18 系列战机上。尽管他们的新机型就像 "速可达"(一种滑板车)一样可以急转弯,战机本身的绰号 "大黄蜂"(Hornet)亦表现出其优秀的机动性能。

随着该机型早期衍生型号生产的停止,"大黄蜂"系列战机逐渐获得了国际客户的青睐,而这原来是 F/A-18L 或 F-18L 等机型欲占领的市场。加拿大成为 "大黄蜂"战机的最大的国际用户,他们在该机型服役初期就曾考察过诺斯罗普公司提供的 "大黄蜂"机型,但最终选择了麦道公司的产品。1982 年 10 月，加拿大皇家空军获得了首批 CF-18A/B 型"大黄蜂"战机，并获得了官方正式编号 CF-188A/B。之前在 1980 年，澳大利亚皇家空军同样选择了"大黄蜂"战机，并定购了 57 架 F/A-18A 和 18 架 F/A-18B 型战机，这批战机正式于 1984 年 10 月开始交付。不久之后，中东国家科威特于 1988 年（被入侵之前不久）定购了一批"大黄蜂"战机，但新机型交付太晚，未能帮助这个国家抵御萨达姆·侯赛因于 1990 年 8 月对该国的入侵。后续，瑞士、西班牙、马来西亚和芬兰等国也陆续采购了各自的"大黄蜂"系列战机。

在更为先进的 F/A-18C/D 型战机即将进入量产之际，在美国海军服役的老式"大黄蜂"系列战机已经历过战火的考验，包括 1986 年 4 月的一天深夜美海军针对利比亚发动的"草原烈火行动"和"黄金峡谷行动"，其间美海军舰载机编队中的"大黄蜂"参与了对利比亚防空系统的压制任务。而在之后的 10 余年间，"大黄蜂"系列战机又陆续参与了更多战事，并在实战中证明了其无疑是一款优秀的第三代舰载多用途战斗机。

强化的"黄蜂"尾刺

一直以来，麦道公司就对国际航空防务市场的动向有着敏锐的直觉和认识，该公司在预测并培育潜在国际客户对现代战术作战飞机的需求方面，有很长的成功历史。因而，毫不令人惊讶，该公司在独自承担起"大黄蜂"系列战机的发展重任后，针对国际客户的潜在需求推出了很多深度的衍生改型。其中，最重要的改型是 1987 年提出的"大黄蜂 2000"项目。根据该公司构想，"大黄蜂 2000"项目将分阶段进行，阶段 I（即 Design I 阶段）将为原型机换用更高功率的引擎，而这最终发展演变成了 F/A-18C/D 型机。

C 型和 D 型"大黄蜂"战机于 1987 年开始生产，美国海军、海军陆战队及几个国际客户总共定购了 733 架这两型战机（549 架 F/A-18C 和 184 架 F/A-18D）。此外，1991 年时麦道公司还曾专门为科威特生产过 40 架 C/D 型的机体。

新的衍生改型充分吸收了当时的先进技术，在很多性能领域都获得了提升，特别是更为先进的航电系统以及武器系统的提升。例如，新机型配备了休斯公司最新的 APG-73 型机载雷达（加拿大空军采购的 F/A-18 系列战机幸运地获得这些新雷达），该雷达可兼容红外制导的 AGM-65D"幼畜/小牛"空对地导弹，以及最新的 AIM-120"先进中程空对空导弹"/"阿姆拉姆"（AMRAAM），该导弹是 AIM-

▲ ▶ 两家公司合作以来,麦道公司主要聚焦于"大黄蜂"战机在美国国内的采购,诺斯罗普公司则寻求获得国际用户对其陆基型"大黄蜂"战机的青睐。几幅图中展示了诺斯罗普为吸引各潜在客户而为其战机采取的不同涂装,例如,加拿大(顶图)、希腊(上图)和西班牙(右图)。这是个好主意,帮助那些潜在国家设想他们在采购"大黄蜂"战机后的具体形象;但实际上,最终只有加拿大和澳大利亚采购了诺斯罗普公司的"大黄蜂"战斗机。(诺斯罗普公司)

▲ 一架A-7E"海盗"Ⅱ轻型攻击机,这是另一种"大黄蜂"将要取代的舰载机,当时该机正挂载着战术空射诱饵弹在大洋上空飞行。(美国海军)

7"麻雀"系列导弹的替代产品。对现有的 F/A-18A/B 型战机,美国海军同样为其更新了 APG-73 机载雷达,改装后获得了"F/A-18A/B+"的编号。

在此,更值得提及的是 F/A-18D 双座型"大黄蜂"战机,因为它是一款专门为海军陆战队夜间攻击任务优化过的战机。此外,海军和海军陆战队还采购了 48 架侦察型"大黄蜂"战机,此类机型将机体前部安装的 M61A1"火神"加特林机炮更换为一套可拆换的侦察设备,新机型获得了 F/A-18D(RC)的编号。

"大黄蜂"发展到 C/D 型时,它已衍生为一种胜任各类作战使命的多用途战机。按照它所取代的那些战机的标准看,"大黄蜂"战机稳定可靠,而且它还兑现了诺斯罗普公司最初关于其可维护性的承诺。客观地说,它体现了同期其他型号优秀战机所具有的品质;毕竟,该款战机设计之初就被作为一种"博而不精"的战机,但实际上它在各方面的性能都很优异。

尽管借助同期各种先进技术极大提升了性能,但其发展路径并非没遭到非议,其中一些批评的观点在今天看来仍有其意义。例如,为了达到与("大黄蜂"机群所致力于取代的)A-7E"海盗"Ⅱ或A-6E"入侵者"攻击机相同的作战半径/航程,它们必须能搭载更大数量的燃油(以外挂副油箱的形式),这限制了其起飞时的总载荷能力,以及用于挂载各种攻防武器的数量。一些批评者认为,这种妥协折衷性

的办法还意味着，在遂行远距打击任务时导致其通用性不如 A-7E 或
A-6E 攻击机。对此，不同意此观点的声音认为，现在航母打击群将更
靠近敌国海岸展开（由海向陆）任务，即使在高威胁的战场环境中，"大
黄蜂"战机凭借其更全面的对空、对地作战能力仍比以往的那些老旧
攻击机更具杀伤力。

F/A-18E/F "超级大黄蜂"

在美国先进的机载雷达及航电设施支持下，F/A-18A/B 问世后就
具备同期非常出色的视距外攻击能力，这主导并影响了同期的近距格
斗空战模式。F/A-18C/D 型 "大黄蜂"入役后，进一步完善了其多任务、
多用途特性，使其成为一款真正的多用途战斗机。但麦道公司对该机
型性能的深度挖掘仍未结束，不久后新一代 "大黄蜂"出现——F/A-18E/
F 型 "超级大黄蜂"，该项目实际上起源于麦道公司对 "大黄蜂"机型
的阶段性深度改进规划，即 "大黄蜂 2000"项目，在阶段 I（Design I）
改进取得成功后（导致了 F/A-18C/D 型的出现），阶段 II（Design II）
将在原来战机的背部加装额外隆起的内油箱，而阶段 III（Design III）
将致力于从整体上放大机体并为其配备扩大版本的 F404 引擎。阶段 III

▼ 图中YF-17演示原型机上喷涂的
图案，象征着麦道公司和诺斯罗普公
司之间的伙伴关系，但两家公司最终
分道扬镳。（诺斯罗普公司）

的发展预示着该机型更光明的未来，因为预期至该阶段改进时，原有机体将在不损失原气动外形优势的前提下，进一步增大其机体载油量。

1992 年 5 月 12 日，麦道公司收到美国军方的采购意向，继而与军方签订了 48.8 亿美元的合同，准备进而发展新一代的"大黄蜂"战机并供军方采购。麦道公司抽调人员组成专门的工程、制造和研发部门（EMD）准备研制 7 架新的原型机（5 架单座型和两架双座型），另加 3 架用于地面测试，机体用于静态、坠落和疲劳度测试。为配合新机型的研发，军方另与通用动力公司签订了 F414 新引擎的研发改装合同。

在最初的阶段 III（Design III）研发计划中，"超级大黄蜂"被设定为将原有"大黄蜂"战机等比例放大，但海军对新机型的要求，需要对原有设计进行较大幅度的重新设计。经过紧张的研制试验，新机型的主翼翼面被加厚以增加翼面强度支撑两翼外加额外的武器挂载点（战机硬挂载点从原来的 9 个增加到 11 个），同时主翼的后掠角增大以保持其气动性能。

尽管阶段 III 项目预期研制的战机看似非常有前景，美国海军计划用以替代老旧的 F-14 "雄猫"战机（最终于 2006 年完全退役）仍立即招致了大量批评，其中很多声音认为 F-14 作为一种远程打击战机的性能，在航母舰载机联队里将难以被替代。

在美国海军航空兵的发展和战机平台采购历史中，这无疑是一段非常困难的时期。海军曾热切地拥护麦道公司的 A-12 "复仇者" II 型

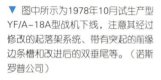

▼ 图中所示为1978年10月试生产型YF/A-18A型战机下线，注意其经过修改的起落架系统、带有突起的前缘边条槽和改进后的双垂尾等。（诺斯罗普公司）

隐形攻击机，该项目于 1988 年开始研发，原来计划用于在 1990 年代替代 A-6 和 A-7 攻击机。但是，由于一系列的问题（成本超支和进度拖延），该项目最终于 1991 年 1 月被时任国防部长迪克·切尼（Dick Cheney）以相关公司违背研发合同的原因而取消。至于之后国防部与波音及通用动力公司之间的法律纷争直至 2014 年才告一段落，两家公司各自同意向海军支付两亿美元作为损失赔偿。

　　作为当事的另一方，海军此时面临着需要弥补的巨大的战力鸿沟，"复仇者"Ⅱ项目原本用于装备 14 个航母战斗群，但该项目被取消意味着短期内无法为其提供合适的舰载机。麦道公司虽然在商业上一直非常精明，但面对"复仇者"Ⅱ项目的失利，他们在短期内仍无力启动全新的项目并尽快弥补这一损失；在此背景下，麦道公司迅速调整策略抓住机会，重新设定并加速推进"大黄蜂 2000"阶段Ⅲ的研发，并（正式）向军方提议了"大黄蜂Ⅱ"（Hornet II）的研发项目。海军同意了其构想，并意识到其研发设想将远比完全重新研制一种海军打击战斗机能更迅速地实现其目标。经过紧张的磋商，海军承认以现有的"大黄蜂"战机为基础升级更新成为新的机型，很可能获得一种超越原有 A-7E"海盗"Ⅱ和 A-6E"入侵者"空对地攻击能力的新机型。而且，考虑到其即将退役的舰队战斗机、倍受尊崇的 F-14"雄猫"已经老旧得不堪重负，这一决定尤其现实。

▲ 图中双机是由一架 VF-213"黑狮"中队的 F-14D"雄猫"战机与一架 VFA-204"河响尾蛇"中队的 F/A-18"大黄蜂"战机组成的双机编队。多年来，美国海军的"大黄蜂"战机与"雄猫"战机共同构成了航母编队的空中攻防搭档，特别是当时后者所拥有的令人印象深刻的远距离拦截能力（搭载 AIM-54"不死鸟"重型远程空空导弹）。（美国海军）

作为一种过渡期的措施，F-14将在新的"大黄蜂"战机服役前接受升级和改装，雷达、航电系统和武器等，将赋予F-14战斗机最后的活力，使其能(最后暂时)担负一段时间的多用途战斗机的职责(事实上，它新获得的空对地作战能力将在同期美军对阿富汗和伊拉克实施的军事行动中发挥重要作用)。与此同时，海军还考虑对波音公司的F-22"猛禽"战斗机进行舰载化改进，但相较而言，在第五代舰载型联合打击战斗机(即F-35"闪电"II战机)成型之前，"大黄蜂II"项目明显是一种过渡期内更安全的选择。"大黄蜂II"据此获得先机，进而单座型F/A-18E和双座型F/A-18F得以获得发展。

F/A-18E/F型"超级大黄蜂"最初于1995年开始生产，1996年新机型展开密集试飞。最初，在研制改装其F414引擎时曾遭遇一些技术困难，尽管它由驱动原型"大黄蜂"的F404型引擎改进而来，但在适度放大后仍需要解决大量技术问题。同时，新机型整体放大后发现需要对其主翼根部前缘边条(LERX)重新进行设计，同时在新机型的初期试飞中还对战机此前存在的很多小问题进行了大量完善。

接着，"超级大黄蜂"进入了海试阶段，至1999年时完成了研发定型并正式进入海军现役。总计，F/A-18E/F机型完成了3100架次共

▼ 图中一架VMFA-232"红魔鬼"中队的F/A-18A战机，借助"尼米兹"号航母(CVN-68)上位斜角甲板的2号弹射器准备升空执行任务。"大黄蜂"战机上的飞行控制计算机能自动计算并调整战机的机头俯仰程度，使之在弹射升空时(根据当时的风向及其他条件)调整至预期的高度。(美国海军)

4600 飞行小时的试飞，至 1997 年时进入量产阶段。3 年后，"超级大黄蜂"通过了海军的作战试用与评估流程，并做好了担负作战任务的准备。

1999 年 1 月，海军太平洋舰队开始接收首批共 7 架 F/A-18E/F "超级大黄蜂"第 1 批次（Block 1）战机，这批战机被指派给驻勒莫尔海军航空站（Lemoore NAS）第 VFA-22 "飞鹰"中队，该中队初期主要担负训练第一批该机型飞行员的任务。从该中队结业的飞行员继而被指派到前沿作战中队，即位于勒莫尔海军航空站的 VFA-115 中队（该中队于 2000 年 12 月完成 F/A-18E 战机的换装）。2001 年 9 月，该中队宣布具备初始作战能力（IOC），此前的 6 月该中队飞行员基本获得该机型的飞行操纵资质。

F/A-18E/F "超级大黄蜂"战机，通常被海军舰载机飞行员们称为"犀牛"（Rhino），它与其原型"大黄蜂"战机有很大的不同。例如，它的机体更大而且各部位棱角更加分明。它的主翼和尾翼稳定面的尺寸比原型机大 25%，其机体整体比经典型"大黄蜂"的尺寸增大约 20%、整机全重增大约 15000 磅（约 6803.89 千克）。具体而言，其机体最直观的"棱角"感来自于 E/F 型经重新设计的矩形喷口部更大的进气口（相较于 A/B/C/D 型的卵圆形进气口）。新机型机体还具备一定的低可探测性特征，能够减少一定的雷达反射特征，并广泛采用了更先进的航电设施及武器系统，其具体改进包括采用电子扫描的APG-79 型雷达等；动力方面，战机采取两台 F414-GE-400 型涡扇引擎（原本为"复仇者"Ⅱ型战机研发），每台引擎在打开加力后燃室时可产生 22000 磅（约 9979.03 千克）推力。

当然，F/A-18E/F "超级大黄蜂"战机取代了一系列海军舰载机机型和功能，包括 F-14 "雄猫"战机担负舰队防御功能、A-6 "入侵者"的远程（常规）打击、战略（核）攻击以及空中遮断支援功能，它还将担负起为同类战机提供空中伙伴加油的功能（此功能曾经由 S-3 "北欧海盗"和 KA-6D "入侵者"等机型担负）。

至于 F/A-18 系列战机最后一种重要的衍生型号，则是电子战型战机。为获得此功能，海军需要研发一种专用机型型号，而这也是EA-18G "咆哮者"电子战战机的由来。

EA-18G "咆哮者"电子战战机

"大黄蜂"系列战机最新衍生型号，是 EA-18G "咆哮者"电子战战机，这是一种由 F/A-18F 双座型"超级大黄蜂"改装的专用型电

图中所示为C/D型"大黄蜂"战机（这架C型机隶属于VFA-83"暴怒"中队），这两型战机以初代"大黄蜂"（A/B型）为基础发展而来。（美国海军）

▲ 一架F/A-18D"大黄蜂"双座型战机,它隶属于VFC-12中队,图中它搭载于海军"罗纳德·里根"号航母(CVN-76)的飞行甲板。VFC-12中队是海军的预备舰载机中队,专门担当假想敌,负责与其他舰载机(战斗机和攻击机)中队展开实兵演练。(美国海军)

子战(EW)战机。

"咆哮者"战机的原型机,是双座型 F/A-18F Block II,它同样配备有 APG-79 电子扫描雷达(AESA)及先进的后舱设备系统。与价值 5000 万美元的"超级大黄蜂"战机相比,"咆哮者"的成本高达 7000~9000 万美元,它在具备 F/A-18F 型战机基本作战能力的基础上,拥有更专精的电子战能力,类似的它同样也可作为多用途战机使用。这一特性使海军舰载机部队能够根据威胁环境和条件,更为高效、灵活发挥此款战机的所有能力。

2000 年 1 月,美国国防部启动了一项名为"联合机载电子攻击分析的替代选择"的研究项目,研究对 EA-6B "徘徊者"专用型电子战战机的后续替代机型提出了建议。研究回顾了不久前美国及北约盟国空军在巴尔干战争中的经验,并于 2000 年末结题形成了相关建议。研究报告展望了一系列可行的替代性选择,但其中最吸引海军的是以"超级大黄蜂"为基础的电子战型研发设想,之后此机型获得了 F/A-18G 的军用编号。

电子战,是军事指挥官各种作战手段中的关键组成部分,通常以战术作战平台(比如战机)搭载各种电磁攻击设施实施对敌电子攻击(即 EA,包括频段阻塞、电子反制)、电子防护(即 EP,包括电子反对抗 / 干扰、针对干扰源的被动目标靶定),以及(以电磁手段)对敌方防空系统的压制任务(SEAD)。如果遂行得当,良好的电子战计划将使己方力量在与敌方交战或行动中获得最大的行动突然性,并最少地将己方兵力暴露于敌方的地 / 水面和空中威胁之下。

早在 1993 年时,波音公司就已启动了有关以"大黄蜂"为基础的专用型电子战战机(第四种重要衍生型号)的工程设计项目,这在国防部"联合机载电子攻击分析的替代选择"项目之前就已展开。波音公司采用了"超级大黄蜂"的机体基础，在以电子战用途为指向展开各种改进后，被军方正式命名为 EA-18G"咆哮者"战机。"咆哮者"战机基础是两座型 E/F-18F 战机，整合有诺斯罗普·格鲁曼公司（此时两家公司业已合并）研发的 ICAP-III 型机载电子进攻（AEA）系统。这一模式使新战机保留了与"超级大黄蜂"战机 99% 的硬件通用性，这意味着其运行及后勤维持成本将得到最大地简化。

2006 年 8 月，第一架"咆哮者"战机首飞，当然该战机（及第二架样机）实际上是以两架现有的 F 型"超级大黄蜂"改进而来，用于测试和评估其机载电子攻击系统与整机的匹配度（美国海军也将这两架样机称为 NEA-18G）。同样在 2006 年，围绕着"咆哮者"的电子战设备的成熟度问题，引发了美国政府问责局（GAO）的质疑；但到

▼ "超级大黄蜂"战机最终取代了 F-14D"雄猫"战机，但海军的这一决定至今仍存在着争议。图中，一架 VF-2"赏金猎人"中队的 F-14D 型战机正与另一架 F/A-18E/F 战机（远景中的战机）编队飞行。（美国海军）

一架老式"大黄蜂"战机伴飞着另一架正接受KC-135加油机授油的F/A-18F"超级大黄蜂"战机。这架F/A-18F战机隶属于VFA-2"赏金猎人"中队,而图片前景中的F/A-18C战机则属于VFA-82"掠夺者"中队。这两个中队都属于驻海军"亚伯拉罕·林肯"号航母(CVN-72)上的舰载机联队。(美国海军)

2011 年时，经过大量测试与改进，那些受质疑的问题基本已被克服，"咆哮者"被军方认为做好了承担战场作战使命的准备。事实上，尽管军方最初（2008 年）计划采购 85 架 EA–18G 以配备 11 个电子战中队，但到 2011 年其采购量已被提升至 114 架。

生产型 EA–18G "咆哮者" 战机装备有 ALQ–218 宽频带接收机、ALQ–99 战术干扰系统，以对抗任何雷达制导的地对空导弹或系统。在这些主/被动电子战系统支持下，"咆哮者"能高效地遂行高威胁环境下防空压制任务、防区外干扰或伴随护航干扰，以及与地面（电子）力量配合实施非传统的电子攻击行动；又或者战机机组还能利用其机载设施的增强态势感知能力和不易受干扰的通信能力协助地面部队与对手相对抗，抑或遂行那些电子防护以及对时敏目标打击时的电子支援行动。在态势感知及武器配备方面，"咆哮者" 战机配备先进的电子扫描阵列雷达（APG–79）、高宽带数据链、AIM–120 先进中距导弹、AGM–154 "联合防区外武器"（JSOW）、ASQ–228 "先进前视红外瞄准"吊舱（ATFLIR），以及 "共享侦察吊舱"（SHARP）等（参见本书第 7 章）。在这些先进设备及武器支持下，"咆哮者"不仅能在高度复杂及威胁的电磁作战环境中有效保护其自身，还能伴随打击机群发现、识别具有电磁特征的时敏目标并与之交战。

令人印象深刻的是，"咆哮者"战机多样化的精确机载电子攻击选项，使其能够比以往更高的精度和速度感知并定位战场上的各类（电磁）威胁。进而，这种所谓的 "选择性反应"（selective reactive）的

这次隶属于VFA-2"赏金猎人"中队的F/A-18F战机搭载着大量副油箱，它将执行为伙伴加油的任务。（美国海军）

技术和能力，使机组成员能够敏锐地将机载干扰能力/能量更高效地聚焦到特定威胁上。

最后，"咆哮者"还可搭配编号为ALQ-227的"先进通信反制套件"，使战机能针对敌方一系列频谱广泛的通信系统实施有效压制干扰。它在与干扰抵消系统（INCANS）相接驳配合后，使机组能够在使用ALQ-227实施高强度电磁干扰时仍能保持与其他平台、机构的有效通信。

2009年6月，美国海军宣布EA-18G"咆哮者"战机具备初始作战能力（IOC），第一支配备此战机具备初始能力的中队是位于华盛顿州惠德贝岛的VAQ-132中队。2011年，该中队进行了首次作战部署，此时，其生产商已向海军交付了48架"咆哮者"电子战战机。

2015年3月，老迈且战功卓著的EA-6B"徘徊者"电子战战机完成全面退役，使EA-18G"咆哮者"战机成为美国武装部队装备的唯一一款专用型战术电子战战机。

图中EA-18G"咆哮者"战机隶属于
VAQ-139"美洲狮"电子战中队，
它正从海军"卡尔·文森"号航母
（CVN-70）上弹射起飞。目前，
"咆哮者"电子战战机是以麦道公司
F/A-18系列战机为基础研制的第三
种主要衍生型号。（美国海军）

基本型F/A-18A "大黄蜂" 战机
除了其典型的空对地攻击能力
外，它还在实战中证明了自己
的对空作战能力。图中A型战机
隶属于VFA-97 "战鹰" 中队。
（美国海军）

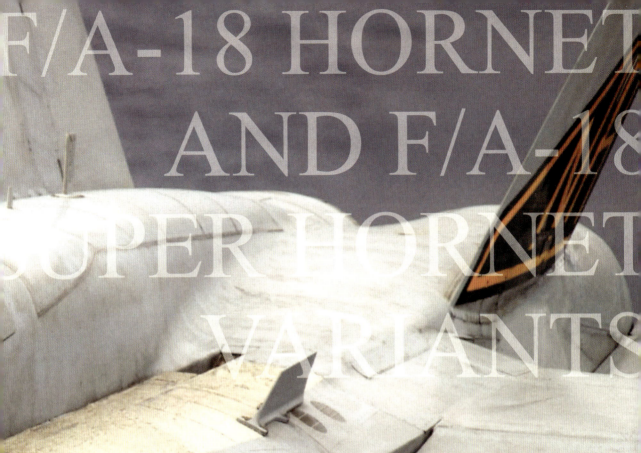

2 "大黄蜂 / 超级大黄蜂" 衍生型号

自 1983 年 F/A-18 "大黄蜂" 战机全面服役以来，通过持续的硬件和软件升级，其作战性能已有很大提升。当然，这款战机的衍生型号众多，但其气动外形自入役以来基本保持未变，但在各项作战性能方面持续获得提升以适应当前的作战环境。

▶▶ 随着时间流逝,单座型F/A-18A/C型 "大黄蜂" 战机经历着稳步的升级改进提升。(美国海军)

▼ VFA-97中队的F/A-18A型 "大黄蜂" 战机队飞越舰队拉出的尾迹。图中值得注意的是,两架战机所采用的截然不同的伪装涂装,一种是此类战机采用的典型的灰色涂装,另一种则是棕、深绿两种基色的沙漠涂装。(美国海军)

在"大黄蜂"战机最初设计中,后续各涉及硬件和软件的主要增量开发项目,已整合为一体并纳入到正式规划中。最早出现的"大黄蜂"和后续问世的"超级大黄蜂",其研制和生产,都构建于被称为"Lots"(也被称为"批次",Blocks)的体系之上(参见本书最后有关批次数字及其含义的附录);故而随着后续批次战机在配备更新型设备流下生产线后,其早期已交付军方用户的批次同样可以通过更新相应子系统或模块完成其性能提升。例如,生产商在交付海军及海军陆战队的第19(及之后)批次战机上,新增配了APX-111组合型敌我识别系统(IFF),此系统的特点是在机体前部雷达罩的前后附有明显的"鸟切片"(bird slicer)天线;之后,此前交付的第12~第18批次的战机陆续接受改装升级,加配了同样的敌我识别系统。

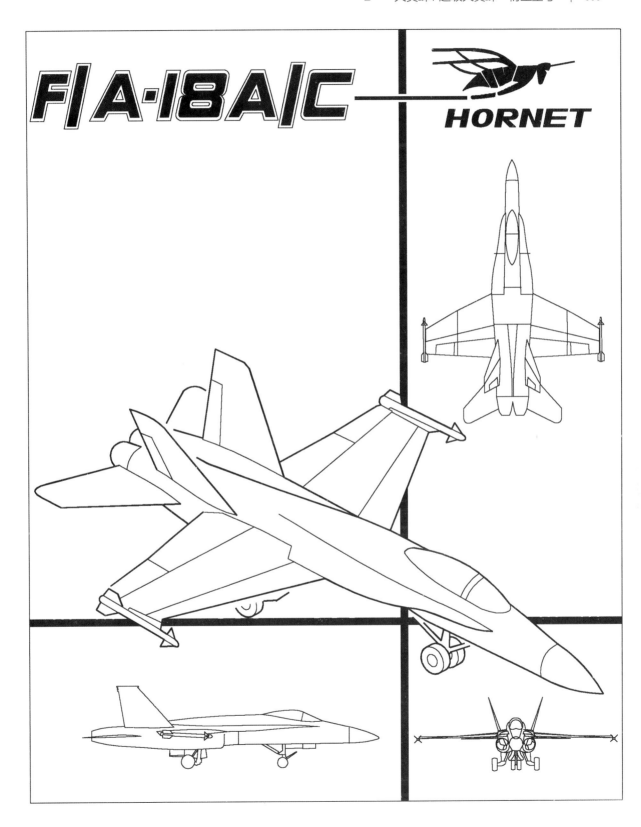

基本型"大黄蜂"战机（着舰降落时）的进场速度被设计为125节，但在研制和量产并交付部队后这一数值升高到134节，这对于一款舰载机而言仍太快了。进场速度增加后，自然会对它的最大着舰重量造成影响（不能过高）；反过来，如果要不牺牲其搭载武器数量或者减少其本已有限的航程，这又对其机身的结构强度及后续改进造成影响。事实上，（为解决战机进场速度过快的问题）设计团队在其第18批次的批量生产阶段唯一重要的外部改进，就是在其翼前缘延伸边条之上加装一对边条（strakes），以便在战机处于45度以上攻角准备着舰降落时，以其扰乱主翼前缘边条上形成的涡流（防止其影响战机的操控性）。尽管如此，F/A-18系列战机仍比很多人所预想的在军方服役了更长时间，其机体结构疲劳指数亦比预期的更快地消耗（殆尽），后续通过一系列机体结构升级项目仍不断延展了其服役寿命。

在一些升级项目中，"大黄蜂"的软件、硬件和结构改进升级，针对前期型号和后期的"超级大黄蜂"机型普遍展开着；但在另一些项目中，相关升级项目仅针对特定型号机型展开。当然，在该系列机型30余年的服役时期中，持续不断且多样化的升级项目，对美国军方

▼ ▶ ▶ 图中美国海军"蓝天使"飞行表演队装备的F/A-18A型战机，其机首雷达已被移除，还有一些其他专门的改进。（美国海军）

及其他国际用户所保有的此类战机的性能提升起到了重要作用。例如，澳大利亚皇家空军实施的"大黄蜂升级"（HUG）项目，其对战机性能的提升就与加拿大空军"大黄蜂增量现代化项目"（IMP）相类似和对应。

出于这种考虑，各衍生型"大黄蜂"系列战机及其后续升级和改进型号的全部细节，已超出本章所能探讨和记述的范围；事实上，后续内容将以时序为主线，阐述该系列战机的主要衍生和改型发展历程。

F/A-18A/B "大黄蜂" 战机

"大黄蜂"系列战机的传奇，始于单座型 F/A-18A 和双座型 F/A-18B（最初被称为 TF/A-18）。这两款基本型战机于 1983 年进入现役，其各批次机型的量产一直持续至 1987 年。从 0 批次开始，一直到 9 批次结束，共生产了 410 架。

A/B 型机配备通用电气公司 F404-GE-400 型涡扇引擎、休斯公司的 APG-65 脉冲多普勒多功能雷达，还可选配 AAS-38A 型"夜鹰"

前视红外吊舱（FLIR）。

F/A-18A/B "大黄蜂" 战机的出口型号拥有多种编号，包括由皇家澳大利亚空军使用的（A）F/A-18A/B型战机，由皇家加拿大空军采购的此前被称为CF/A-18A/B目前被称为CF-18A/B型的战机；由西班牙空军采购的EF-18A/B型战机（其在西班牙被称为C.15和CE.15型战机），后续西班牙空军的机型接受升级至EF-18A+和EF-18M型的能力标准。（与同期其他国家型号相比）加拿大空军装备的 "大黄蜂" 战机在其前探梁前缘平齐的左侧机身处配备了夜间识别灯。

A/B基本型战机主要升级项目

F/A-18A/B+ 型战机，是美国海军及海军陆战队于1992年对基本的A/B型战机升级后形成的一款主要改型，该机型替换了基本型的APG-65型雷达，代之以性能更强的APG-73型多功能雷达。

"增量现代化项目"（IMP），是皇家加拿大空军（RCAF）于

▼ 图中所示是隶属于VMFA-115 "银鹰" 中队的一架F/A-18A+型战机，该型号战机是由基本型A升级而来，通过加装新型APG-73雷达及其它电子设备，使之达到了能与C型机兼容的性能水平。图中战机的两台F404引擎正在预热准备利用航母上的弹射器起飞。（美国海军）

2001年针对其装备的A/B型战机，所启动的两阶段升级改进项目，旨在提升其装备的80架CF-18A/B型战机（6两架A型和18架B型）的空对空和空对地作战能力。预期此项目将延长这些基本型"大黄蜂"的服役年限至2020年。此"增量现代化项目"包含强化机体结构，更新相关硬件并升级其软件系统。

该项目第一阶段的主要升级项目包括安装APG-73型雷达以取代老式APG-65雷达，安装APX-111型组合式敌我识别系统、新的无线电系统、全新的AYK-14 XN-8型任务计算机、内置式卫星导航/惯性（GPS/INS）导航系统，以及全新的负载管理系统。

新的负载管理系统整合有MIL-STD-1760数据接口，使战机能使用最新的AIM-120先进中距导弹和现代化的GPS制导武器。此外，改进还包括重新加固了战机的起落架系统，以延缓（海上使用时的）腐蚀影响。

"增量现代化项目"的第2个阶段主要升级则始于2005年，并于2010年3月完成。升级包括加装新的Link16数据链，为驾驶舱控制系统整合联合头盔显示系统（JHMCS），并提升战机的整体电子战系统。此外，加拿大空军还在此阶段为40架"大黄蜂"战机进行了"中央筒状框架更换"（CBR）结构增强项目升级（有关CBR+项目，见下文）。

"大黄蜂升级"（HUG）项目。皇家澳大利亚空军（RAAF）于1999年启动了"大黄蜂升级"项目，在其增量升级框架下逐渐提升其"大黄蜂"机群的性能。通过逐渐升级，使澳大利亚拥有的基本型"大黄蜂"战机能够一直服役至2018年。

该项目阶段1的升级，包括全新设计、研发、测试并评估一系列新系统，为战机升级更新其任务计算机、抗干扰无线电、内置式卫星/惯性导航装置、APX-111型组合式敌我识别系统（IFF）、作战飞行平台13，以及AIM-120先进中距导弹（AMRAAM）等。第2.2阶段升级，完成于2006年，包括为战机整合联合头盔显示系统（JHMCS）和Link16数据链，并为座舱改装新的彩色平面显示器。2.3和2.4阶段的"大黄蜂升级"（HUG）项目，则分别为战机加装ALR-67（V）3（吊舱）和AAQ-28型莱特宁（LITENING）模块式瞄准吊舱。至3.1和3.2阶段时，澳空军则对一架"大黄蜂"的机体进行了"中央筒状框架更换"（CBR）结构强化升级。

EF-18+和EF-18M升级项目。西班牙空军曾针对其装备的A/B基本型"大黄蜂"进行过两次升级。第一次是EF-18+升级项目，它于1993年完成时，使该国装备的A/B型战机达到了C/D型机的水平。升级内容主要包括安装AYK-14 XN-8型任务计算机并升级其软件系

▶▶ 图中所示F/A-18A型战机隶属于VMFA-115"银鹰"中队,其驾驶舱部位的近景可清楚地显示出战机配备的APX-111组合型敌我识别系统的"鸟切片"天线。(美国海军)

统,提升了战机的飞行包线(由于最新的飞行控制计算软件),同时还为战机整合进了 AIM-120 先进中距导弹系统。

至于"EF-18+"升级中"+"所涉及的改进项目则由西班牙本土 CASA 公司和麦道公司共同完成,至于后续的 EF-18M 升级项目则单独由 CASA(即现在的 EADS CASA)公司完成。升级涉及西班牙空军装备的 91 架"大黄蜂"中的 67 架。这些升级后的战机,可通过观察战机尾部锥梁上突出的小型 GPS 天线加以识别。

EF-18M 升级项目所涉及的内容众多,其中重要的项目包括安装新的战术任务计算机、为翼下挂载点整合 MIL-STD-1533 数据总线、新的平视显示器和新的彩色高分辨率多功能平显(使 EF-18M 战机座舱内的大型平显数量达到 4 块)、内置式卫星/惯性导航系统;此外,加装的其他电子设备还包括 ARC-210 型 Have Quick II 无线电、INDRA ALR-400 雷达告警接收器和 ALQ-500 干扰系统。在拓展对空、对地武器使用能力方面,升级战机火控系统使之能使用 IRIS-T(类似 AIM-9 的红外引导近程格斗导弹)和"流星"空对空导弹,以及"铺路石 III"、BPG-2000 和"金牛座"(Taurus)等欧洲国家常用的空对地武器。在附加吊舱等方面,AAQ-28 型莱特宁(LITENING)模块式瞄准吊舱和"轻型侦察"(Reccelite)战术侦察吊舱等,都被纳入战机系统。这些升级自 2008 年开始并于 2009 年 10 月完成。

F/A-18C/D "大黄蜂"战机

"大黄蜂"系列战机自服役以来,具备了出色的近战机动性能和强大的远距离作战能力,而且通过在机体工程、武器系统和计算系统等方面的持续升级与提升,对空、对地打击能力亦不断适应最新战场环境的作战需求。A/B 型服役后,首个阶段性的重要升级型号即为 F/A-18C/D 型,该机型于 1987 年 9 月开始生产直至 1999 年结束,涉及的总生产批次编号为第 10 批~第 21 批次。

C/D 型设计基本适应同期最新出现的装备和武器系统,在外形上这两型战机与最初的 A/B 基本型几乎完全相同,但其内部电子设施的更新使其性能与基本型已有相当不同。当然,在外观上 F/A-18C/D 型"大黄蜂"后侧两片 V 型垂直尾翼内部不再设有看着较为结实的凸楔(Cleats),此外还有一处更容易识别 C/D 机型与基本型的外形特点,即后来加装的 ALQ-126 型机载自卫干扰装置(ASPJ)的天线。外观上的细微差别还包括 C/D 型前机身上的 6 处"凸包",两个位于机体机鼻后部罩的左右侧、两个则位于前机身下部,另两个位于前机身雷

一架隶属于第101海军陆战队战斗攻击机训练中队（VMFAT-101）的F/A-18D型飞机，正部署于海军"尼米兹"号航母（CVN-68）进行清洁作业。（美国海军）

仪表板

1. 锁定射击指示灯

2. 平视显示器（HUD）

3. 迎头指示标志灯

4. 左侧引擎火警 / 灭火灯

5. 主警告灯

6. 左（机身）预警 / 警告 / 建议灯

7. 平视显示器视频摄录控制器

8. 飞行预警 / 警告 / 建议灯

9. 辅助动力单元火警 / 灭火灯

10. 右侧引擎火警 / 灭火灯

11. 座舱盖内部抛盖手柄

12. 主武备操纵面板

13. 左侧数字显示器（DDI）

14. 前控制面板

15. 右侧数字显示器（DDI）

16. 地图增益 / 螺旋改出面板

17. 应急抛射按钮

18. 平视显示器控制面板

19. 备用磁罗盘

20. 选择抛弃按钮

21. 着陆起落架和襟翼位置灯

22. 引擎监控指示器

　　L/R 转速 /EFT/ 燃油流 / 喷口位置 / 压力

23. 燃油数量指示器

24. 航向和航向设置开关

25. 水平姿态指示器（H）

26. 备用姿态参考指示器

27. 方位指示器（部分型号此处为

　　备用面板）

28. 备用空速指示器

29. 备用高度计

30. 备用爬升率指示器

31. 环境控制窗

32. 着陆起落架操纵手机和

　　警告音关闭按钮

33. 选择抛弃按钮

AIRCRAFT THRU 161528

AIRCRAFT THRU 161528

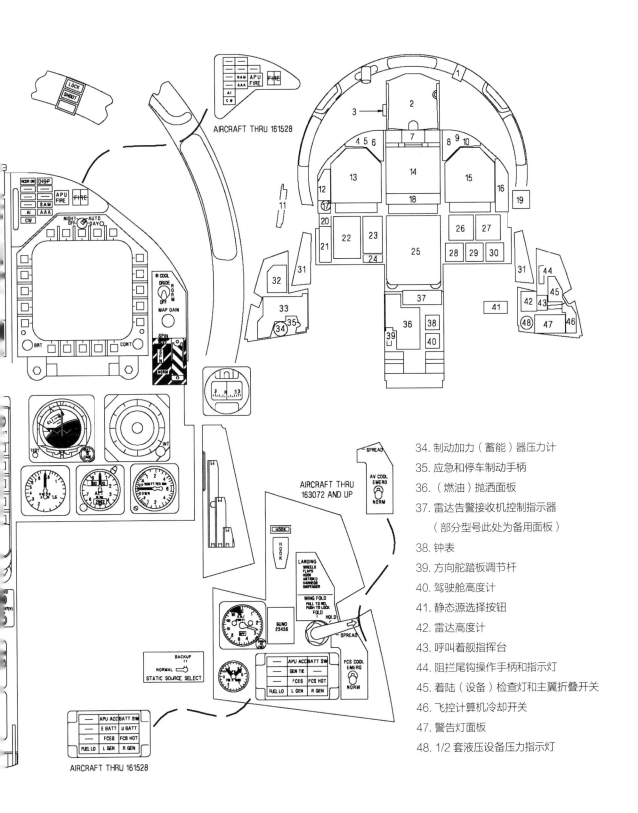

34. 制动加力（蓄能）器压力计

35. 应急和停车制动手柄

36. （燃油）抛洒面板

37. 雷达告警接收机控制指示器
    （部分型号此处为备用面板）

38. 钟表

39. 方向舵踏板调节杆

40. 驾驶舱高度计

41. 静态源选择按钮

42. 雷达高度计

43. 呼叫着舰指挥台

44. 阻拦尾钩操作手柄和指示灯

45. 着陆（设备）检查灯和主翼折叠开关

46. 飞控计算机冷却开关

47. 警告灯面板

48. 1/2 套液压设备压力指示灯

仪表板

1. 锁定射击指示灯

2. 平视显示器（HUD）

3. 迎头指示标志灯

4. 左侧引擎火警／灭火灯

5. 主警告灯

6. 左（机身）预警／警告／建议灯

7. 平视显示器视频摄录控制器

8. 飞行预警／警告／建议灯

9. 辅助动力单元火警／灭火灯

10. 右侧引擎火警／灭火灯

11. 座舱盖内部抛盖手柄

12. 主武备操纵面板

13. 左侧数字显示器（DDI）

14. 前控制面板

15. 右侧数字显示器（DDI）

16. 地图增益／螺旋改出面板

17. 应急抛射按钮

18. 平视显示器控制面板

19. 备用磁罗盘

20. 选择抛弃按钮

21. 着陆起落架和襟翼位置灯

22. 一体化燃油／引擎（监控）指示器

23. 航向和航向设置开关

24. 水平姿态指示器（H）

25. 备用姿态参考指示器

26. 方位指示器（部分型号此处为备用面板）

27. 备用空速指示器

28. 备用高度计

29. 备用爬升率指示器

30. 环境控制窗

31. 着陆起落架操纵手机和警告音关
   闭按钮

32. 选择抛弃按钮

33. 制动加力（蓄能）器压力计

34. 应急和停车制动手柄

35. （燃油）抛洒面板

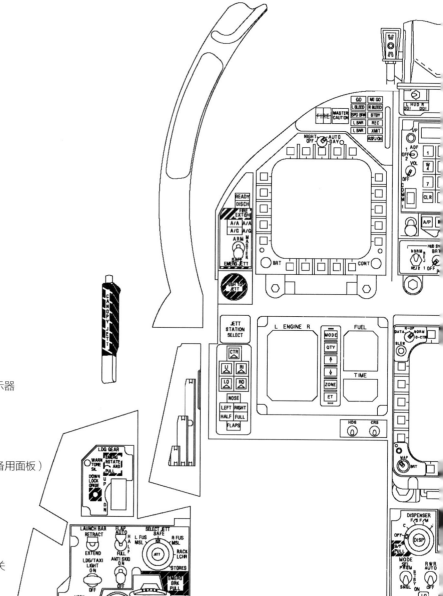

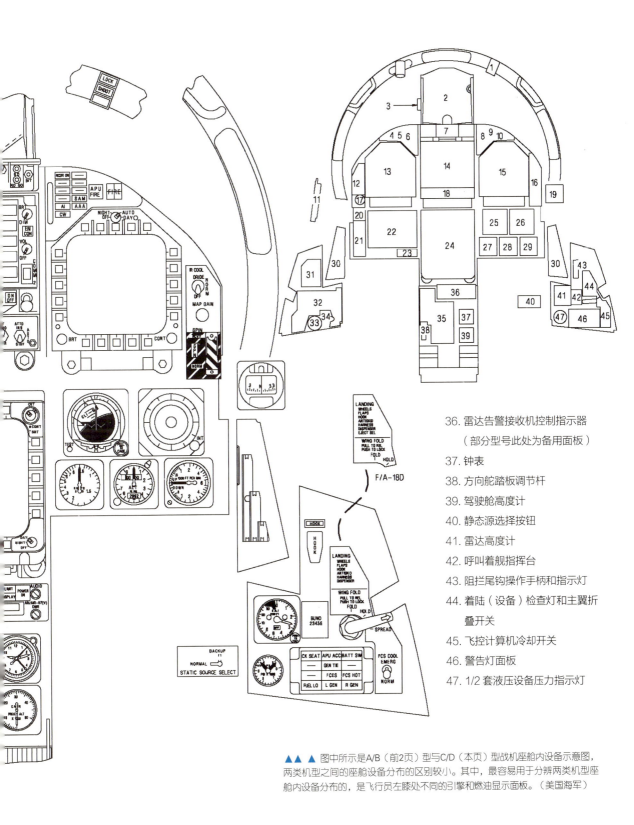

36. 雷达告警接收机控制指示器
（部分型号此处为备用面板）

37. 钟表

38. 方向舵踏板调节杆

39. 驾驶舱高度计

40. 静态源选择按钮

41. 雷达高度计

42. 呼叫着舰指挥台

43. 阻拦尾钩操作手柄和指示灯

44. 着陆（设备）检查灯和主翼折
叠开关

45. 飞控计算机冷却开关

46. 警告灯面板

47. 1/2 套液压设备压力指示灯

▲▲ ▲ 图中所示是A/B（前2页）型与C/D（本页）型战机座舱内设备示意图，
两类机型之间的座舱设备分布的区别较小。其中，最容易用于分辨两类机型座
舱内设备分布的，是飞行员左膝处不同的引擎和燃油显示面板。（美国海军）

▲ "大黄蜂"战机的座舱被认为设计精良、驾驶人员有较大空间且较为舒适,特别是按同时代类似战机的座舱空间及内部设置的标准看,更是如此。(美国海军陆战队)

达告警接收装置的上部和下部。最后,新机型在机尾部 V 型垂尾后缘还有两处基本型所没有的 ALQ-126 系统短天线。当然,要分辨 C/D 与 A/B 型机的最简单的方法,是数尾翼后缘的"凸包"的数量,C/D 型有 3 个,而 A/B 型只有两个。

C/D 型"大黄蜂"最重要的升级是其配备的 AN/AYK-14 XN-8 型任务计算机系统,但之后在 2000 年初期该系统被更先进的 AN/AYK-14 XN-8+ 系列取代,这一战机的中央计算机系统在数据处理能力和速度方面较以往有巨大提升。简言之,它拥有更强大的数据处理能力,不仅高效协调、管理着战机的雷达数据,还负责着战机负载弹药管理、电子战组织和飞行控制计算机的运行。

受益于同期美国在雷达吸波材料方面的进展,F/A-18C/D 型"大黄蜂"战机还具备一定的低可探测性能力,这主要是在海军及海军陆战队启动的"玻璃大黄蜂"(Glass Hornet)项目框架下展开,有效降低了战机的雷达反射截面(RCS)。接受过"玻璃大黄蜂"项目涂装的 C/D 型机,其机体外表涂敷有薄层钢锡氧化物层(ITO),它可将更多入射雷达波反射、散射偏离开发射器的方向；配合机体进气口部位涂装的雷达吸收材料（RAM），大幅削弱战机在空中对雷达波的反射。当然，为涂装这些吸波涂料，整机增重了约250磅（约113.4千克），无疑进一步降低了战机的负载能力。

在 C/D 型"大黄蜂"最新的衍生型号上，还被加装了多传感器融合（MSI）系统。此多传感器融合系统计算机能够高效处理来自机体上雷达、电子战设施以及其他武器传感器（如 AGM-88"哈姆"反辐射导弹等）上的信息数据，及时为飞行员提供综合的战场态势图像（在动态地图显示设备上以各种战术标识的形式呈现，如战机、辐射源、威胁和其他类型的目标）。多源传感器数据融合，将使飞行员在任务飞行中更快速地评估战场态势。这在防空压制和摧毁打击任务（SEAD/DEAD）中特别有益。

1994 年时，美海军及海军陆战队装备的所有的 C/D 型"大黄蜂"战机都已换装 APG-73 型脉冲多普勒雷达，它的对空探测距离增加了约 7% ~ 20%，而且还具备高分辨率的对地地图扫描标绘功能。APG-73 雷达采用了与 APG-65 相同的天线及行波管发射器，但在其他设备方面采用了 20 世纪 90 年代最新的硬件产品，使其在性能上有所提升。例如，它采取了更复杂的（回波）接收装置，通过加速的模拟—数字转换能力使其具备更高的远距探测分辨率，使雷达能够将接收到的信号"切割"成更小的"碎片"进行分析处理（对远距离目标

▼ 图中是一架部署于韩国乌山空军基地、隶属于第533海军陆战队全天候战斗攻击机中队［VMFA（AW）-533］的F/A-18D型战机，它正在准备出击。海军陆战队的D型"大黄蜂"被广泛地用于遂行前沿空域控制和夜间攻击任务。（美国海军陆战队）

具有更高的分辨率）。

至于同期美军最为先进的 AIM-120 先进中距导弹（AMRAAM）同样被整合到 C/D 型战机上，这意味着对此前同射距导弹 AIM-7"麻雀"系列导弹作战能力的巨大飞跃。对于其遂行空对地任务时，C/D 可搭载 AGM-65D 红外型 "幼畜" 对地导弹，搭配其新组合前视红外探测、激光测距和跟踪照射吊舱系统，还可使用 AAS-38B "夜鹰" 导弹。

C/D 型战机还取得了较好的对外销售成绩（具体可参见本书第 3 章），包括科威特空军采购的一批 KAF-18C/D 型战机、芬兰空军采用的 F-18C/D 型战机等。此外，瑞士空军装备的以 C/D 型为基础的 SF/A-18 型 "大黄蜂" 战机，则在其前机身左侧大约与主翼前缘根部位置平齐的位置设置有夜间识别灯系统。

F/A-18C/D "大黄蜂" 战机升级项目

F/A-18C/D "大黄蜂" 战机自服役以来，经历过少数几次升级项目，其中数次是在正式的升级项目框架下展开的。例如，科威特空军定购其 C/D 型 "大黄蜂" 时，就指明要求配备更为可靠的敌我识别系统。

▼ 图中所示为海军陆战队采购的 F/A-18D（RC）"攻击三角洲—大黄蜂" 战机，它的机鼻部位配备有 "先进战术空中侦察系统"（ATARS）模块。该图片由日本摄影师在美海军陆战队岩国航空站（Iwakuni MCAS）拍摄，战机隶属于 VMFA（AW）-224 "孟加拉虎" 中队。（美国海军陆战队）

在将新的敌我识别系统整合进战机完成后（此改装费用由科威特负担），美国海军和海军陆战队继而将之改装到已服役的同型战机上，但这并未作为 C/D 型战机全面现代化或升级项目的一部分而实施。下面列出的几次重大升级项目，并未包括此类型战机所有的升级项目。

F/A–18C（N）"夜攻型" 与 F/A–18D 和 F/A–18D（RC）"攻击三角"。美国海军陆战队利用改进的 C/D 型 "大黄蜂" 战机担负夜间攻击任务，除具备装备性能提升外，主要针对配备了双座型 "大黄蜂" 的中队，提升机组人员的夜间攻击经验与技巧。

单座型 F/A–18C（N）升级后的战机，除其通常配备的 AAS–38 "夜鹰" 吊舱外，还可通过机体加装的休斯公司 AN/AAR–50 热成像吊舱加以辨识。

1989 年 11 月，海军陆战队接收了其第一批 F/A–18D 夜攻型 "大黄蜂" 战机，其总共订购了 98 架此类战机。夜攻型 "大黄蜂" 在其机鼻部位配备有可拆卸式的 "先进战术空中侦察系统"（ATARS）模块（原安装在此处的 M61 "火神" 式机炮被移除），该侦察系统整合有适用于低、中空环境的光电（EO）传感器以及红外线扫描成像装置。此外，它还

▼ 西班牙空军对其装备的 "大黄蜂" 战机进行了广泛的升级改造，以使其适应当今日益复杂且危险的作战环境。（西班牙空军）

▲ 两架CF-188B战机,其中一架涂装着皇家加拿大空军第410中队庆祝其建立60周年的涂装(近景中的战机),皇家加拿大空军的"大黄蜂"战机近年来接受了"大黄蜂增量现代化项目"(IMP)的升级。(皇家加拿大空军)

搭载有 AN/UPD-8 型侧视雷达系统。

先进战术空中侦察系统,由专门的侦察管理系统控制,其内置的两套数字式记录设备用于捕获来自光电传感器的图像,并记录 APG-73 雷达获得的合成孔径(SAR)雷达图像。该夜攻机型的机腹中轴线挂载点上,还可搭载一套数字式数据链吊舱,使机组能够近实时地将其获得的战场态势信息传输给(地面)战场指挥官。

F/A-18D 和 F/A-18C(N)型"大黄蜂",在将其"先进战术空中侦察系统"(ATARS)移除后,战机还可恢复其标准的战斗配置。当然,海军陆战队还订购了一批共 60 架不可拆卸此 ATARS 系统的 D 型"大黄蜂",之后这批战机被称为 F/A-18D(RC)型。

瑞士空军"升级 21""升级 25"项目。瑞士空军在采购了 F/A-18C/D 型战机后,不久后即启动了"升级 21"项目,为其战机加装 Link16 MIDS 数据链、联合头盔显示系统(JHMCS)以及 AIM-9X"响尾蛇"空空格斗导弹。2007 年,瑞士空军又启动第二轮"升级 25"改进项目,进一步延长其拥有的 33 架 C/D 型"大黄蜂"战机的服役年限。该升级项目,使战机获得此前加拿大和澳大利亚空军对其"大黄蜂"改进的能力,包括加装 ASQ-228"先进战术前视型红外目标吊舱"(ATFLIR)、ALR-67(V)3 型电子战反制套件、APX-111 型敌我识别装置、内置式卫星 / 惯性导航系统,改进型座舱显示器,以及 AAQ-28 型莱特宁(LITENING)模块式瞄准吊舱。

中期延寿升级(MLU)。芬兰空军自获得 C/D 型"大黄蜂"后,展开了多阶段的中期延寿升级项目,以便将其"大黄蜂"战机延长服役期至 2025 年。最后一批经历中期延寿升级的战机于 2010 年完成改装,它主要是提升战机的空对空作战能力,包括加装联合头盔显示系统(JHMCS),使战机火控系统能够使用 AIM-9X"响尾蛇"红外格斗导弹。此外,战机还加装了 APX-111 组合式敌我识别系统,以及战术态势图系统。

第二阶段中期延寿升级项目(MLU 2),在本著作写作时正在进行之中,预期将会使其"大黄蜂"战机具备更强的地/水面攻击能力,主要是加装 AAQ-28 型莱特宁(LITENING)模块式瞄准吊舱,并扩展战机的弹药挂载兼容性,使之能使用 AIM-120C-7 型先进中距导弹(AMRAAM),升级的通信和导航系统以及 Link16 MIDS 数据链系统(赋予战机与北约空中力量的互操作性),此外战机的雷达和电子反制大半也会获得升级。第二阶段的中期延寿项目于 2016 年完成。

科威特空军的 GP 升级项目。科威特空军于 2010 年启动了对其装备的 39 架 F/A-18C/D 型战机的升级项目(即 GP 升级项目),为其加装"小型机载全球定位接收器 2000"系统,以及可选配抗欺骗模块(SAASM,一种全新的战术动态地图显示装置)和座舱增压告警系统。

F/A-18E/F "超级大黄蜂"战机

首批"超级大黄蜂"战机,属于第 18 批次下线的战机。与前几种主要衍生型号类似,"超级大黄蜂"战机包括单座型 E/F-18E 和双座型 E/F-18F,这两款战机的生产一直持续至 2016 年,迄今其产量总共超过 500 架。

对美国海军而言,"超级大黄蜂"战机帮助他们实现"近期(2018—2020)对打击战斗机存量的需求,以及远期(2020—2035)对打击战斗机模型平衡的需求";简单而言,使海军满足其在短期内因 F-35B 型战机延期服役而造成的战力空缺,并减少其舰载机机群对迅速老化的"大黄蜂"机队的依赖。

尽管在外观上较为相似,但基本型"大黄蜂"(A/B 型)与最新的"超级大黄蜂"(E/F 型)之间的机体部件通用性仅有约 10%。"超级大黄蜂"战机配备有增强型电传飞控系统(FBW),使海军更有信心加速退役老式"大黄蜂"机型的机械备份部件。值得注意的是,"超级大黄蜂"战机还拥有更先进的座舱系统,从其总的第 26 个生产批次之后,新机型可供两人制机组遂行作战任务的后座舱设置(非教练型),其改进包括移除了双控制系统、添加了(战机的)双手操控系统并更

一架瑞士空军的 F/A-18C 型战机飞越阿尔卑斯山。该机型配备有 APG-73 型雷达，该雷达适应在此类复杂空地环境下的作战行动。（史蒂夫·戴维斯 /FJ 图片）

新了 8×10 英寸（约 20×25 厘米）的平显显示器（取代了原来的多用途彩色显示器（MPCD）。如果需要的话，E/F 机型还可重新调整为原来的"双（操控）摇杆"的配置。

鉴于新机型配备有更多传感器以及其更强大计算能力的需求，一些 E/F 机型将其 AYK-14 型任务计算机更换为了先进任务计算机和显示系统（AMCD）。对于那些具备作战任务能力的双座型 F/A-18F "超级大黄蜂"战机，甚至配备计算能力更强的 AMCD II 型计算机。该型计算机可通过光纤信道网络交换系统（FCNS）和高速视频网络（HSVN），提供具有数字式彩色视频的 8×10 英寸（约 20×25 厘米）显示能力。

与基本型"大黄蜂"战机相比，"超级大黄蜂"的尺寸大了约 25%，其进气道呈现出更大的矩形截面，且经过隐形化设计优化，主翼前缘经锯齿状重新设计且其主翼根部前缘边条（LERX）更大更长，控制舵面和机体后部稳定翼面（垂直和水平）也更大。机体尺寸加大加长后，使机体内油量增大约 30%，大大缓解了以往"大黄蜂"战机受到诟病的航程。最令人印象深刻的是，由于新机设计制造广泛采取了同期最先进的材料以及现代制造工艺，"超级大黄蜂"战机的尺寸增大后并未显著增加其空重，而且其机体零件数量也减少了约 42%。

▼ 一架隶属于 VFA-113 "尾刺"中队的 F/A-18C 型战机，它正准备在海军"卡尔·文森"号航母（CVN-70）上降落。图片背景中是一架更新型的 F/A-18E 型"超级大黄蜂"战机。（美国海军）

尽管 E/F 型与"大黄蜂"战机在零件通用性方面并不完美,但两种机型的航电系统的通用性仍相当高。这导致部队在换装时有效地降低了成本(航电系统的成本约占 F/A-18C 战机单价的 15%),同时也简化了机组成员从 C/D 型换装到 E/F 型所需的时间和难度。

尽管在尺寸上更大,E/F 型"超级大黄蜂"战机在飞行时其机体阻力更小,而且这也使其(降落)进场速度降低(尽管其最大着陆重量更高);这意味着战机能搭载更多战斗中未使用的弹药在航母上着舰,相较而言,基本型"大黄蜂"在这种情况下通常被要求抛弃掉未用弹药再返回航母着舰降落。例如,"超级大黄蜂"在打开全部襟翼后在航母甲板上降落时其进场速度大约为 135 节,比 F/A-18C 慢了约 10 节。

雷达反射截面(RCS)的降低,是 E/F 型"超级大黄蜂"的另一项显著特征。这主要通过大量机体的重新设计及优化实现,例如,将机体表面边缘及平面尽可能整理得平滑、减少机体外表突出物以及使用最新的吸波涂料等,以降低雷达波反射。此外,为强化此类设计上的改进,机体各零部件也经过优化处理,包括导航灯、各种遮罩和驾驶舱风挡玻璃等,都针对其对雷达波的反射进行了处理。

与那些专门突出低可探测性能的隐形飞机类似,E/F 型"超级大黄蜂"战机表面各部件的接合部以及不常打开的舱门与机身缝隙处,

▼ "超级大黄蜂"的矩形进气道口部,此型战机的整体尺寸较基本型更大,使得要分辨其与基本型"大黄蜂"战机更为容易。图中是一架隶属于空中试验和评估中队(VX-23)的 F/A-18E"超级大黄蜂"战机,它正在海军"乔治·布什"号航母(CVN-77)上降落。(美国海军)

都被填充上一种内成形（FIP）密封层，之后用导电的吸波介质进行喷涂；至于那些经常需打开的舱门面板，其与机体的缝隙处则填充导电性内成形密封剂（CFIP），那些无开合接合的机体表面缝隙，则使用导电填充带加以修补。

机体表面那些经常打开的舱门或面板，在它们与机体接合部的缝隙处则涂敷有耐腐蚀的雷达吸波材料（RAM），此外在战机进气口部、各种管道与机体表面接合位置、机上各类排气/液孔的菱形口部，以及飞行座舱盖、垂直尾翼开合部、舱室外罩、襟/副翼铰链接合部以及翼下挂载点和外部副油箱等部位，也都需涂敷这类涂料。而在机体的一些部位，比如战机攻角探测感知装置以及各挂载点表面等（这些突起和不规则表面更容易反射入射雷达波），更需涂敷多层雷达吸波材料。

"超级大黄蜂"升级项目及批次

迄今，"超级大黄蜂"战机交付部队后共经历了两个主要的升级批次，每次都代表着该系列战机作战性能的显著提升。

考虑到美国海军的准备以"超级大黄蜂"战机与即将入役的

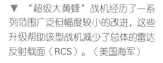

▼ "超级大黄蜂"战机经历了一系列范围广泛但幅度较小的改进，这些升级帮助该型战机减少了总体的雷达反射截面（RCS）。（美国海军）

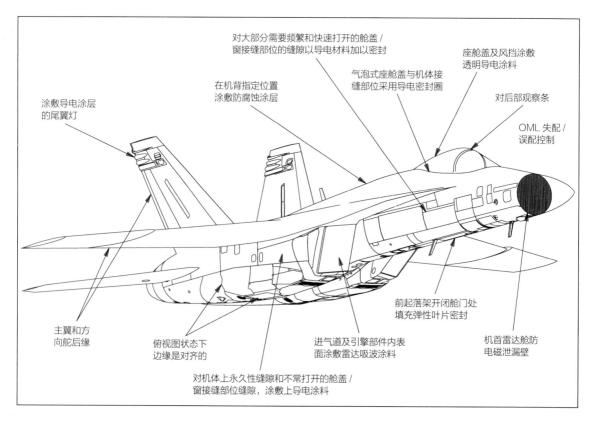

F-35"闪电"Ⅱ型隐形战机共同服役至2030年，当前由于F-35战机项目的拖延，存在着大量有关启动"超级大黄蜂"战机第3个重要批次生产的提议，该批次的战机将提升其作战能力和航程距离，并利用现有技术尽可能减少其雷达反射特征。

批次Ⅰ（第24批次之后），这是首批交付的配置，在前述章节中已有阐述。

批次Ⅱ（第25批次及之后），它们最早于2005年4月开始交付，其主要改进包括采取APG-79主动电子扫描阵列雷达（AESA）、先进乘组站（ACS）以及更强大的任务计算机和座舱显示设备。批次Ⅱ的配置，之后又在升级项目被应用到批次Ⅰ的那些"超级大黄蜂"战机上，提升这不同批次间同类战机之间任务系统的互操作性。

批次Ⅲ"先进超级大黄蜂"项目，批次Ⅲ的战机于2014年开始试飞，而迄今美国海军对该项目给予了积极的回应，但仍未承诺未来采购。最新的批次Ⅲ型"先进超级大黄蜂"配备机身外保形油箱［额外增加3500磅（约1587.57千克）燃油量］，具备隐形的外部武器吊舱，根据其最新生产商——波音公司的介绍，新机型将显著减少50%的雷达信号特征。据悉，波音公司还将为其整合配备升级的雷达系统、

▲ 图中F/A-18F"超级大黄蜂"的照片显示了其主翼根部前缘边条（LERX）较基本型更宽大的情况。在此边条前部左侧的深灰色涂装实际上是一层防滑涂层，防止机组或维护人员在接近座舱时滑倒。（美国海军）

更大的 11×9 英寸（约 28×22.9 厘米）平显、红外搜索与跟踪（IRST）系统，以及推力更大的引擎等。

IRST21 升级项目。美国海军于 2015 年初批准洛克希德·马丁公司开始低速生产"红外搜索与跟踪 21"（IRST21）系统，并将于 2017 年交付军方。该先进传感器源自曾安装在 F-14D 和国际型 F-15E 机型上的类似传感器，它将被安装到"超级大黄蜂"机体中轴线下部 FPU-13 油箱的前鼻部，极大提升战机中近距离红外探测跟踪能力。

EF-18G "咆哮者"电子战战机

EA-18G "咆哮者"，是一款舰载电子攻击战机，它搭配有性能先进的机载电子攻击（AEA）系统，研发该战机的目的是为舰队航空兵提供可靠的随队电子监视与电子干扰、攻击能力。

该机机载电子攻击（AEA）系统，整合了电子攻击单元（EAU）由其作为整个系统的控制器、ALQ-218（V）2 信号接收系统、ALQ-

▼ 图中这架 F/A-18F "超级大黄蜂"隶属于 VFA-122 "飞鹰"中队，战机正在飞越海军"乔治·华盛顿"号航母（CVN-73）。该中队是针对 F/A-18E/F "超级大黄蜂"战机的舰队换装中队。（美国海军）

227B 通信对抗反制套件（CCS）、多任务先进战术终端模块 3（MATT）和 ALQ-99 干扰吊舱。

在作战行动中，EA-18G 电子战战机主要采取电子战战术，积极干扰对手的雷达和通信系统，因此它还配备有数字式存储设备（DMD）以及一套干扰抵消系统（INCANS），使其能在实施电磁攻击时保持己方电子设施的正常使用。

配备"咆哮者"电子战战机的目的，在于压制敌方的搜索、识别、跟踪和引导雷达系统，以及对手可能针对己方战机使用的射频（RF）通信系统。其作战任务还包括随队保护己方任务战机，特别在它们将遂行进攻性防空压制任务（SEAD）等高危作战环境时。通过运用其多样化的电子对抗手段，以及反辐射类武器，EA-18G "咆哮者"战机将高效地保护己方战机出入战场并完成其作战使命。

▲ "超级大黄蜂"战机的座舱具有的明显特征，正是其位于飞行员视线下方的触感前置操控杆。（美国海军）

在遂行电子战攻防任务时，此类设备的操纵主要由位于后座舱的乘员通过乘组载具接口（CVI）与机载电子攻击（AEA）系统中的控制模块，经由战机任务计算机（MC）实施。此载具接口包括威胁态势感知（SA）信息的显示（这些信息由机载电子攻击系统内嵌的子系统提供），威胁探测跟踪形成的数据信息，经由任务计算机处理后，再经机载电子攻击系统（AEA）的指挥与控制接口，提交给操纵乘组人员。

F/A-18 "大黄蜂"系列战机的结构升级

由于 F-35 "闪电" II 战机的推迟服役，这意味着一些国家（尤其是美国和澳大利亚等拥有大批量"大黄蜂"系列战机的国家），较之其他国家而言将不得不更多地依赖其老旧的"大黄蜂"机群。为此，启动相关的结构升级项目势在必行。2015 年 3 月，时任美国海军作战部长乔纳森·格林纳特（Jonathan Greenert）宣布，由于当前海军及海军陆战队保有的"大黄蜂"机群其机体疲劳寿命消耗速度比预期更多，

一架隶属于 VX-31 中队的 F/A-18F 战机正向上爬升，"超级大黄蜂"战机尽管其尺寸较基本型增大不少，但其机动性能未减。（美国海军）

很快海军将出现 3 个"超级大黄蜂"战斗机中队的短缺情况；为此，海军预期需要对现有"大黄蜂"机群进行延寿升级处理。事实上，此类机群最初的结构升级项目早在 2001 年就已开始。当然，格林纳德披露称，直至 2016 年夏季时，海军才了解到相关延寿努力（即将此类战机的寿命从 6000 小时升级至 9000 小时）能否取得实效。此外，由于 F-35 项目的不断拖延，意味着海军的"超级大黄蜂"机群将不得不都尽可能接受延寿升级和更新。

▲ 海军"卡尔·文森"号航母（CVN-70）甲板上，一名穿着黄色夹克的甲板操作人员经过一架EA-18G"咆哮者"战机前，该战机隶属于VAQ-139"美洲狮"电子战中队。（美国海军）

CBR+ 和 SLEP 升级项目

美国海军保有的"大黄蜂"机群目前已使用了很长时间，但由于洛克希德·马丁公司的 F-35B/C "闪电" II 型战机不断延迟入役时间（C 型机原本用于替代海军的 C/D 型"大黄蜂"，B 型机将替换海军陆战队装备的各型"大黄蜂"战机），因此军方内部始终有质疑认为，如何确保现有的"超级大黄蜂"机群能够在 F-35 系列战机入役前能继续使用。考虑到海军的目标是到未来 2024 年时组建一支由"超级大黄蜂"和"闪电" II 混编机群为主力的舰载航空兵部队，那么有关"超级大黄蜂"延寿问题就必然被提上议程。

至 2015 年 3 月时，海军拥有约 300 架可以使用的 C 型"大

黄蜂"。这批战机最初设计时仅预期完成 20 年的服役生涯（每年 100
个航母起降架次和总共约 6000 小时的飞行时间），但按照过去 10 余
年海军的作战节奏以及各种未预期的损耗（如作战中将未使用弹药带
回航母以重载方式着舰等），都不断加速其寿命损耗。

　　尽管各型"大黄蜂"机群曾在服役期间不断经历软件、航电硬件
及武器系统的升级，使其作战能力不断提升，但战机机体结构在漫长
使用过程中的老化和损耗却是难以解决和克服的重要问题。美国海军
和海军陆战队保有的各型"大黄蜂"担负着具体的常规和核打击任务
（这类任务原本由 A-7E 和 A-6E 战机担负）。鉴于冷战后，美国广
泛地参与了巴尔干半岛地区的冲突，以及在全球担负的"警察"角色（尤

其是中东地区），导致"大黄蜂"机群持续处于作战之中，其疲劳寿命持续损耗，进一步恶化了因 F-35 战机延期服役造成的问题。

除美国外，其他装备"大黄蜂"机群的国际客户也面临着类似的问题，在这些国家获得新机群前，他们不得不使其"大黄蜂"机群比预期服役更长的时间；当然，具体剩余服役时限的多寡，仍取决于它们的使用强度和保留的飞行时数。

为解决此问题，美国军方和生产商启动了"中央筒状框架更换+"（CBR+）项目，以延长各型"大黄蜂"机群的机体疲劳寿命，延寿项目主要是替换"大黄蜂"机群主机身框架的承力和易损耗疲劳部件（如支撑机翼和起落架的承力部位），代之以新的同型部件。目前，"中

一架隶属于VAQ-139中队的EA-18G"咆哮者"电子战战机正准备弹射起飞，其翼尖处挂载着ALQ-218电子吊舱，这是分辨该机与其他"大黄蜂"系列战机的简便方法。（美国海军）

央筒状框架更换+"项目已经开始（并且仍在继续），使美国、加拿大和澳大利亚军方所保有的 C/D 型"大黄蜂"机群重新焕发新的活力直到它们被 E/F 型"超级大黄蜂"取代，或者直到问题重重的 F-35"闪电"II 战机达到可堪服役之时。"中央筒状框架更换+"项目的原型研发始于 2000 年 12 月，至 2001 年完成。至 2014 年 11 月时，美国海军装备的 200 架"大黄蜂"战机已接受了"中央筒状框架更换+"的改进升级（平均每架战机升级成本约 200 万美元）。

为进一步对"中央筒状框架更换+"（CBR+）项目构成补充，海军还启动了一项被称为"服役寿命延长项目"（SLEP）的结构升级计划，预期将使 150 架经挑选的"大黄蜂"战机的飞行寿命延长至 10000 飞行小时。对于海军现有 563 架 E/F 型"超级大黄蜂"机群，海军计划延长其飞行寿命至 9000 小时；为此，同样需要对机群实施此 SLEP 项目。

▼ EA-18G "咆哮者"电子战战机的基本配置，注意其翼尖荚舱和机体前部的电子战设备。（美国海军）

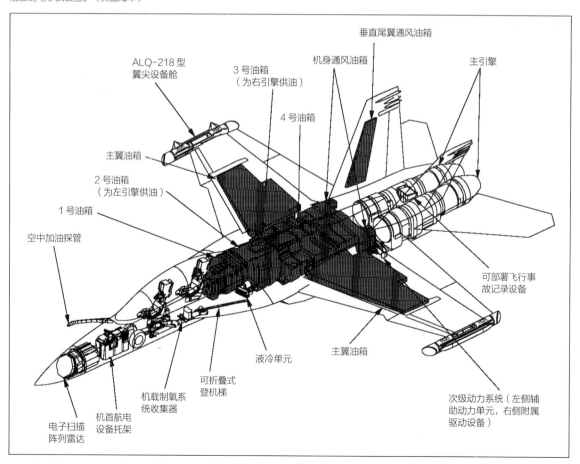

F/A-18 "大黄蜂" 系列战机的软件升级

"大黄蜂"和"超级大黄蜂"机群，通过海军实施的"作战飞行计划"（OFP）、"软件配置套件"（SCS）等持续展开的软升级项目，不断提升其作战能力。OFP 和 SCS 升级项目，主要是更新战机电子系统（如任务计算机等）的软件系统，通过软件系统的更新，使战机上的系统焕发出新功能或增强其原有功能，其影响的系统包含雷达、弹药/外油管理系统，以及飞行控制和控制系统上集成的各类传感器。

根据美国海军的规划，所有 EA-18G "咆哮者"电子战战机和第 25 批次及之后的 F/A-18E/F 型 "超级大黄蜂"，将换用由高级语言（H系列）编写的软件；而第 25 生产批次之前出产的 "超级大黄蜂" 战机以及更早前的传统型 "大黄蜂"（F/A-18 A/B/C/D）战机，其系统软件仍主要以非高级语言编写（X 系列）。这意味着在任何时间点上，不同 "大黄蜂" 机群中的某类软件系统都存在着两种并行的版本（分别以 H 或 X 后缀相区别），这主要取决于其具体的生产批次。以实例说明，例如 2014 年时美国海军发布了 H8E 软件系列，后续将在 25X 系统上进行测试。

预期软件测试将分阶段完成，自 2012 年 6 月海军展开了对 H8E 系列软件的第一阶段测试，至 2013 年 5 月时结束，测试时总共飞行了 1296 个飞行小时；阶段 2 的测试则聚焦于机载 APG-79 雷达的软件系统，在 2013 年 10 月至 2014 年 6 月间，测试完成了 1884 个飞行小时的实测。

"作战飞行计划"（OFP）、"软件配置套件"（SCS）等软升级项目，还被用于添加或整合机体新增加的电子硬件设施。例如，H4E 软件系统为搭载它们的 "超级大黄蜂" 整合了最新的联合头盔显示系统（JHMCS）和 APG-79 电子扫描雷达的新功能。其下一代升级软件系统——H5E，则将 Link16 MIDS 联合数据链及战术无线系统、AGM-154 "联合防区外弹药" 和 AGM-84H/K "防区外陆攻导弹—增强响应"（SLAM-ER）等弹药，整合到战机的火控系统中。最新的 H8E 软件升级包，则极大地提升优化了机载主动电子扫描阵列（AESA）雷达的性能。

美国军队装备的大量早期型 A/B 型
"大黄蜂"战机目前几乎已退役殆尽。
图中 F/A-18A 型战机隶属于海军陆
战队第 232 战斗攻击机"红魔鬼"
中队（VMFA-232）。（美国海军）

F/A-18 AND EA-18G OPERATORS – US AND INTERNATIONAL

3 "大黄蜂"系列战机的用户

自诞生以来"大黄蜂"系列战机除了被美国海军和海军陆战队大量采购外，该机型还成功外销诸多海外用户。从芬兰的冻土机场，到科威特贫瘠的沙漠地带，很多富裕、发达国家的军队都采购了"大黄蜂"系列战机。

▶▶ 图中附有虎纹纹饰的海军陆战队第224战斗攻击中队（全天候）F/A-18D型"大黄蜂"战机，于2005年部署在伊拉克艾尔阿萨德空军基地。（美国海军）

▼ 一架隶属于VFA-192"金龙"中队的F/A-18C"大黄蜂"战机停留在美国海军"小鹰"号航母（CV-63）的甲板升降机上。这架"大黄蜂"战机的右侧，是另一架待命的F/A-18F"超级大黄蜂"战机，它隶属于VFA-102"变色龙"中队。（美国海军）

美国海军及海军陆战队

自"大黄蜂"战机问世以来，美国海军曾在1978—1979年间采购了379架F/A-18A型和42架F/A-18B型战机。最初，第VX-4和VX-5作战测试中队在帕图森河海军航空站对这批战机的航母上舰适应性进行了测试。随着这些中队完成测试，打开了"大黄蜂"系列战机上舰形成战斗能力的绿灯。接着在1982年，第VFA-125和VFA-106舰队换装中队和海军陆战队的VFMAT-101中队开始接收首批量产型"大黄蜂"战机。次年，初步形成作战能力的F/A-18A和TF/A-18A型战机开始进入前线作战部队服役，它们最先被交付给海军陆战队航空中队，继而是海军作战中队。

1987 年 9 月，F/A-18A 和 F/A-18B（即之前的 TF/A-18A）战机停止生产，接着替代它们的 F/A-18C（单座型）和 F/A-18D（双座型）开始生产。至 1995 年时，美国海军和海军陆战队已将其大部分 A/B 型战机从航母舰载机中队除役。

尽管这些从航母上撤换下来的 A/B 型"大黄蜂"战机，大部分被转换到岸基基地继续担负作战任务，但之后对基本型的升级——F/A-18+（参见本书第 2 章）使得这些升级机型得以继续满足海军及海军陆战队航空部队的训练和作战需求，例如海军假想敌训练中队及海军、海军陆战队的预备役机队就长期装备着这些从一线撤换下来的基本型"大黄蜂"战机。

一段时间以来，美国海军的航母编队最多时曾部署有 20 支"大黄蜂"战机中队，但之后随着 E/F 型"超级大黄蜂"逐渐入役，后者已成为其航母舰载机中队的主要机型。大约于 2016 年初，美国海军仅拥有 7 支所谓的传统型"大黄蜂"（A/B/C/D 型机）被指定专门担负护航、巡航等任务。至 2014 年时，波音公司已下线并向海军交付了 487 架 F/A-18E/F 型"超级大黄蜂"，后者计划采购总计 563 架此型战机。

在美国海军或海军陆战队战术航空兵部队，一支典型的传统型"大黄蜂"中队由10 ~ 12架战机组成，而之后编组的"超级大黄蜂"航空兵中队则包含12 ~ 14架战机，具体数量取决于这些中队编配的单座型F/A-18E和双座型F/A-18F战机的比例。通常，一支由各类"大黄蜂"战机组成的航空兵舰载机联队（Wing），则混编有数量不等的两型"超级大黄蜂"战机，以获得其整体作战能力的平衡；这意味着作战时，指挥官既可充分发挥双型战机对地攻击时的高适应性（如果其任务涉及大量对地/海面攻击任务），又可在纯粹的对空作战任务时充分发挥单座型战机的作战能力。

几十年来，海军努力调配其接收的"大黄蜂"和"超级大黄蜂"机群在太平洋和大西洋两个战略方向的舰队服役，海军航母舰载机联队都分布并部署在这些舰队之中。通常，每支航母编队编成有一个混编有多种机型的舰载机航空联队（Carrier Air Wing），每个联队一般会配备一支打击战斗机中队。该中队在未随航母担负训练或作战部署任务时，通常会部署在岸上基地进行休整或训练。例如，海军西海岸舰队统领着第9航母舰载机联队（CVW-9），约2016年1月时该联队编成有：4支"超级大黄蜂"中队（VFA-14、VFA-41、VFA-97和VFA-157中队）、一支"咆哮者"电子战中队（VAQ-133），及其由E-2C"鹰眼"、MH-60"海鹰"和C-2A"灰狗"通用运输机等保障机种组成的作战支援中队。通常，第9航母舰载机联队被指派给海军"约翰·C.斯坦尼斯"号航母（CVN-74）编队，在未作战部署时，该联队战机和人员驻加州勒莫尔海军航空站（NAS）。

东海岸（大西洋及欧洲方向）海军部队部署的F/A-18系列战机

美国海军测试中队飞行员学校（TPS），是美军少数配备着各型"大黄蜂"战机的非战斗部队。图中，这架隶属于该学校的F/A–18B型"大黄蜂"正准备从帕图森河海军航空站起飞。（美国海军）

中队，其岸上部署基地主要位于弗吉尼亚州奥希阿纳（Oceana）海军航空站，该航空站亦是一处本土的舰载机主要基地。针对日常作战和训练需求，美国海军编成有VFA-106舰队换装中队（FRS），该中队负责新机组和地勤人员的训练，以及轮休和待部署人员的适应性训练。相对应的，西海岸（太平洋及亚洲方向）海军部署的F/A-18系列战机，则主要部署在加州勒莫尔海军航空站，VFA-125"粗暴掠袭者"中队是其舰队换装中队。

至于海外部署的"大黄蜂"战机中队，主要有两支，分别是VFA-115"鹰"中队和VFA-195"大坝粉碎者"，这两支中队都位于日本的厚木海军航空基地，它们都隶属于第5航母舰载机联队（CVW-5），该联队通常随海军"罗纳德·里根"号航母（CVN-76）共同部署与运用。

至于海军陆战队（USMC）所保有的"大黄蜂"系列战机，通常则配备在两类不同的航空中队中：海军陆战队战斗攻击中队（VMFA）和海军陆战队战斗攻击中队（全天候）[VMFA（AW）]中。具体的，多支航空兵中队又被编组为海军陆战队航空兵大队（MAG）和海军陆战队航空兵联队（MAW），通常一支航空兵联队混编有多支海军陆战队战斗攻击中队和战斗攻击中队（全天候）。与海军类似，海军陆战队同样编成有训练中队，其具体为 VVMFAT 101 "神射手"中队，该中队隶属于第3海军陆战队航空联队(3rd MAW)所属的 MAG–11 大队。该军种所有的"大黄蜂"战机的飞行员和乘组，都需要经该中队的训练。该中队驻扎在加州圣迭戈附近的米拉马尔海军陆战队航空站。

海军陆战队航空兵的海军陆战队战斗攻击中队（全天候）［VMFA（AW）］则主要配备 F/A–18D 双座型"大黄蜂"（后续换装 F 型战机），这类双座型战机除用于训练外，部分还专门为遂行夜间攻击任务进行了优化，它们服役后取代了该军种的 A–6E "入侵者"攻击机。1989 年 11 月 VMFA（AW）–121 中队，成为首个装备 D 型"大黄蜂"战机的中队，至 2009 年时海军陆战队的 6 支战斗攻击中队（VMFA）的平时部署分为两部分，3 个中队部署于南加州博福特，另 3 个部署于米拉马尔的海军陆战队航空站，这些中队都可担负近空支援（CAS）任务或为海军陆战队地面部队派出前沿空中控制人员［FAC（A）］和战术空中控制人员（TAC）。这些中队还共享着一个由 18 架双座型"大黄蜂"战机组成的机队，这些战机配备着先进战术机载侦察系统（ATARS）具备出色的夜间攻击能力。

▼ 一架隶属于VMFA-251 "雷电"中队的F/A-18C "大黄蜂"战机，正从海军"西奥多·罗斯福"号航母（CVN-71）上中部的弹射器弹射起飞。（美国海军）

配备传统型"大黄蜂"战机的单位

海军大西洋舰队
VFA-15 "威士伯"中队

VFA-34 "蓝色冲击波"中队

VFA-37 "愤怒公牛"中队

VFA-83 "暴怒"中队

VFA-131 "野猫"中队

海军太平洋舰队
VFA-113 "尾刺"中队

海军测试／试验部队
海军测试飞行员学校，F/A-18A/B+（帕图森河海军航空站空战中心）

海军武器训练学校，"尘暴"中队，F/A-18A+/C/D（"中国湖"海军航空站）

海军 VX-9 "吸血鬼"中队，F/A-18/C/D（"中国湖"海军航空站）

▼ 图中这架F/A-18D（RC）"大黄蜂"战机部署于伊拉克艾尔阿萨德空军基地，该战机配备着AGM-65 "幼畜"空地导弹，隶属于VMFA（AW）-332中队。（美国海军）

海军航空兵预备役力量

VFA-204 "河响尾蛇"中队，F/A-18A+（新奥尔良海军航空站）

VFC-12 "战斗奥马尔"中队，F/A-18A+（奥希阿纳海军航空站）

海军陆战队航空兵

驻日本岩国海军陆战队航空站，第1海军陆战队航空联队（MAW-1）第12航空大队（MAG-12）：

VMFA（AW）-242 "蝙蝠侠"中队，F/A-18D

驻博福特海军陆战队航空站，第2海军陆战队航空联队（MAW-2）第31航空大队：

VMFA-115 "银鹰"中队，F/A-18A+

VMFA-122 "十字军"中队，F/A-18A+/C

VMFA-251 "雷电"中队，F/A-18A+/C

VMFA-312 "棋盘"中队，F/A-18A+/C

VMFA(AW)-224 "孟加拉虎"中队，F/A-18D

VMFA(AW)-533 "鹰"中队，F/A-18D

驻米拉马尔海军陆战队航空站，第3海军陆战队航空联队（MAW-3）第11航空大队：

▼ 通过此战机尾翼上的标识可辨识出这架"超级大黄蜂"隶属于VFA-11"红色撕裂者"中队。图中战机通过其尾钩挂上了海军尼米兹级"德怀特·D.艾森豪威尔"号航母（CVN-69）的后部着舰区域阻拦索。（美国海军）

VMFA-232 "红魔鬼"中队，F/A-18C

VMFA-323 "死亡响尾蛇"，F/A-18C

VMFA(AW)-225 "维京"中队，F/A-18D（R）

VMFA(AW)-242 "蝙蝠"中队，F/A-18D

VMFAT-101 "射手"中队，F/A-18C/D

海军陆战队航空兵预备役力量

第4海军陆战队航空联队（预备役）：驻沃斯堡 VMFA-112 "牛仔"中队，F/A-18A+

配备"超级大黄蜂"战机的单位

海军大西洋舰队

VFA-11 "红色撕裂者"中队

VFA-31 "雄猫人"中队

VFA-32 "击剑手"中队

VFA-34 "蓝色冲击波"中队

VFA-81 "太阳斑线"中队

▼ 一名地勤人员用手势向F/A-18F "超级大黄蜂"战机的乘组发出信号，这架战机隶属于VFA-102 "变色龙"中队，该战机已做好起飞准备，其所在航母为海军"约翰·C.斯坦尼斯"号航母（CVN-74）。（美国海军）

VFA-103 "海盗旗"中队

VFA-105 "歹徒枪手"中队

VFA-106 "角斗士"中队（东海岸舰队换装/替补中队）

VFA-136 "骑士鹰"中队

VFA-143 "呕吐狗"中队

VFA-211 "战斗将死"中队

VFA-213 "黑狮"中队

海军太平洋舰队

VFA-2 "赏金猎人"中队

VFA-14 "顶帽者"中队

VFA-22 "战斗纵火"中队

VFA-25 "舰队铁拳"中队

VFA-27 "皇家权仗"中队

VFA-41 "黑色王牌"中队

VFA-86 "响尾蛇"中队

VFA-94 "强壮百舌鸟"中队

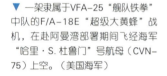

▼ 一架隶属于VFA-25 "舰队铁拳"中队的F/A-18E "超级大黄蜂"战机，在赴阿曼湾部署期间飞经海军"哈里·S.杜鲁门"号航母（CVN-75）上空。（美国海军）

VFA-97 "战鹰" 中队

VFA-102 "变色龙" 中队

VFA-136 "骑士鹰" 中队

VFA-115 "鹰" 中队

VFA-122 "飞鹰" 中队（西海岸舰队换装 / 替补中队）

VFA-137 "红隼" 中队

VFA-146 "蓝钻石" 中队

VFA-147 "阿尔戈英雄" 中队

VFA-151 "警员" 中队

VFA-154 "黑骑士" 中队

VFA-192 "金龙" 中队

VFA-195 "大坝粉碎者" 中队

海军测试评估部队

海军 VX-9 "吸血鬼" 空中试验和评估中队

海军 VX-23 "咸味鸡尾酒 / 咸狗" 空中试验和评估中队

海军 VX-31 "尘暴" 空中试验和评估中队

海军打击和空中作战中心（NASWC）

配备"咆哮者"战机的单位

VAQ-129，舰队（电子战战机）换装 / 替补中队

VAQ-130 "杀手" 中队

VAQ-132 "蝎子" 中队

VAQ-133 "巫师" 中队

VAQ-134 "揭路荼（印度神话中鹰头人身的金翅鸟）" 中队，将于 2017 年被指派成为一支依托陆基机场的远征电子战单位

VAQ-135 "雷"，远征电子战单位

VAQ-136 "铁手套"，驻日本厚木海军航空站

VAQ-137 "白嘴鸦" 中队

VAQ-138 "黄胡蜂"，远征电子战单位

VAQ-139 "美洲狮" 中队

VAQ-141 "阴影之鹰"，驻日本厚木海军航空站

海军 VX-9 "吸血鬼" 空中试验和评估中队，驻 "中国湖" 海军空中武器站

海军打击和空中作战中心（NSAWC），驻法隆海军航空站

图中F/A-18E战机隶属于VFA-97 "战鹰" 中队，它利用其A/A42R-1型机载加油吊舱及加油软管，准备为编队的其他战机实施伙伴加油。（美国海军）

空军（机组人员训练）

爱达荷州霍姆空军基地，第 390 电子战中队（隶属于第 366 航空联队）

海军电子战预备役航空中队

VAQ-209 "星战士" 中队，惠德贝岛海军航空站

皇家澳大利亚空军（RAAF）

1981 年 10 月，皇家澳大利亚空军决定采购 57 架 F/A-18A 型和 18 架 B 型 "大黄蜂" 战机，以替换其老旧的法制达索公司 "幻影 III" 战机。澳空军选择 "大黄蜂" 战机，经过了审慎的评估，当时参与选型的战机包括 F-15A "鹰"、F-16 "战隼" 和 F/A-18 "大黄蜂" 等战机。考虑到 F-16 的单引擎特点以及 F-15A 有限的对地作战能力，最终澳空军选择了作战功能相对较齐全且未来改进裕度较大的 F/A-18 "大黄蜂" 战机。

▼ 图中 F/A-18F 战机机身的红色涂装，是为庆祝美海军第 VFA-102 "变色龙" 中队成立 50 周年。（美国海军）

　　1984年10月底，美国麦道公司向皇家澳大利亚空军交付了首批两架"大黄蜂"战机，后续战机由美国提供部件并由澳政府飞机工厂负责组装，此工作一直持续至1990年5月。1988年，澳空军所保有的"幻影"系列战机最终完成退役，使"大黄蜂"系列战机成为澳空军最重要的主力机型，担负着包括空中拦截、空中巡逻及交战、（为地面部队提供）近距离空中支援（CAS）、反舰、空中遮断（AI）等任务。

　　澳大利亚军方最初准备移除掉该机型的前起落架牵引杆（美军航母舰载机标配），它是战机在弹射发射过程中用以锁定甲板上战机的小装置，但此举导致了其他意想不到的后果，即战机在高速滑行时其前轮发生晃动（因取消牵引杆后导致该部位重量变化），因此澳空军在取消牵引杆后又不得不为其加上相近的配重。另外，澳空军对新战机的改动还包括，更新加装一套"仪表降落系统/甚高频全向无线电信标"（ILS/VOR）用以替换原机型配备的航母着舰降落辅助系统、一套高频无线电系统、一套其国内生产的（机体）疲劳数据分析系统，以及一套升级的座舱视频和音频记录系统（用于完成任务后数据分析）。

　　根据皇家澳大利亚空军的规划，最初将采购75架"大黄蜂"系列

▼ 图中一架EA-18G"咆哮者"战机隶属于VAQ-136"铁手套"中队，该机位于海军"罗纳德·里根"号航母（CVN-76）上等待着下个出击架次。（美国海军）

战机，其中 71 架一直服役至 2016 年 1 月。这款战机在漫长的服役期间，自 1999 年以来经历多次"大黄蜂升级"（HUG）项目更新，使其能够有效地在 2018 年之前始终保持其作战能力[1]。澳空军计划，届时（至少理论上）其采购的 72 架第五代 F-35A"闪电"Ⅱ型战机将能替代其"大黄蜂"机群。

澳空军装备 F/A-18A/B"大黄蜂"战机的单位，主要是驻澳威廉斯敦基地的第 3、第 77 航空中队，以及第 2 作战换装单位。此外，该国空军还在廷德尔基地部署有第 75 航空中队。

除了 F/A-18A/B 外，澳大利亚之后还采购了 24 架第Ⅱ批次的 F/A-18F 型"超级大黄蜂"战机，担负各类作战任务（空中拦截、空中巡逻及作战、近距离空中支援以及遮断、反舰等任务）。澳空军此举，主要是在获得 F-35A 战机并使之形成作战能力前，以"超级大黄蜂"填补其作战能力空缺。

这批"超级大黄蜂"于 2009 年开始交付，并于 2012 年 12 月宣布形成作战能力。在这批 24 架战机中，有 12 架战机还接受过额外的机上线路和设备改装，以便在需要时可升级更新为 EA-18G"咆哮者"电子战战机。

澳空军装备 F/A-18F 的航空

◀ 图中这架F/A-18F"超级大黄蜂"战机隶属于海军VX-9空中测试与评估中队，它即将在欧文湖上空展开作战测试任务。这张照片拍摄时，该中队正在测试"大黄蜂"战机上的APG-79主动电子扫描阵列雷达（AESA）系统。（美国海军）

[1] 值得注意的是，这里提到的 F-35 交付日期和数量是由皇家澳大利亚空军（RAAF）于 2016 年 1 月披露的。当然，有消息人士将 2020 年作为经修订的 F-35 交付日期，以及将"达到 100 架"的数字作为该型战机的数量规模。

两架皇家澳大利亚空军的F/A-18
战机，正准备接受一架美国空军
KC-135加油机的空中加油。（美
国空军）

兵中队，主要部署于安伯利空军基地的第 1、第 6 航空中队（后者主要装备 "超级大黄蜂" 和 "咆哮者" 两种战机）。

2015 年 7 月，皇家澳大利亚空军的首批 12 架 EA-18G "咆哮者" 战机开始交付，整个过程持续至 2017 年。获得此型战机后，使得澳空军成为首个获得美国批准 "咆哮者" 出口的国际用户。此前 2008 年时，美国国会批准可向澳出口这种专用型电子战战机（与澳空军的 "超级大黄蜂" 采购案同时批准），但直至 2013 年 5 月时澳空军才首次定购了这批新制造的 "咆哮者"。该国获得的 EA-18G "咆哮者" 还配备有 ASQ-228 型 "先进前视红外瞄准" 吊舱（ATFLIR）以及 AIM-9X "响尾蛇" 近距格斗导弹。

澳空军装备 EA-18G 电子战战机的单位，主要是部署于安伯利空军基地的第 6 航空中队（混编 "超级大黄蜂" 和 "咆哮者" 两种战机）。

皇家加拿大空军（RCAF）

▼ 图中是一架皇家加拿大空军的 CF-18B 型战机正加速爬升，加拿大空军拥有两个装备 "大黄蜂" 战机的航空兵联队。（皇家加拿大空军）

加拿大是首次决定采购 F/A-18 系列战机的国家，1980 年时该国向麦道公司定购了 98 架 CF-188A/CF-18A（即 F/A-18A）和 40 架 CF-188B/CF-18B（即 F/A-18B）战机。战机交付于 1982 年开始，

3 "大黄蜂"系列战机的用户 | 111

1988 年完成所有战机交付。出口至加拿大军方后，加国通常在口语中称该机型为 CF-18A/B，但通常在其军方正式文件中其正式军用编号是 CF-188A/B。

此前，为替换皇家加拿大空军装备的 CF-104 "星战士"战斗机（洛克希德/庞巴迪公司联合制造引进自美国的 F-104 战机，主要担负侦察和攻击任务）、CF-101 "巫毒"战斗机（美国麦克唐纳公司制造，主要担负空中拦截任务），该国空军启动了 "新型战斗机"选型项目，其间 CF-18 战机脱颖而出。预期加拿大获得该机型后，还将用之取代诺罗斯普/庞巴迪公司的 CF-116/CF-5A "自由战士"战斗机（担负对地攻击任务）。这些设想意味着，加国空军获得 "大黄蜂"后将充分发挥其多用途的特性。此外，该国的 "大黄蜂"战机还加配了一套夜间识别灯光系统，它内嵌于机身左侧机背部，这具较大的灯光系统位于略高于飞行员的机体部位，使飞行员能在低光和夜间条件下以视觉识别近距离的目标飞行器。

在选型时，加拿大空军最初看中了诺斯罗普公司主导的陆基型 F-18L 战斗机，但当时生产商未能提供原型机（仍留在蓝图之上），因而只能选择麦道公司主导的舰载型 "大黄蜂"。如果未来能获得此合同，诺斯罗普公司还可能从中获益（尤其是，该公司需要推销出更多数量的 F-18L，才能平衡其前期的投入）。但当时的情况较为复杂，似乎加拿大空军也可能采购原本应交付给伊朗的 F-14 "雄猫"战斗机（因该国爆发革命被美国扣押在国内，该国已获得的 F-14 战机亦因缺乏零部件而无法有效使用）。当然，最终加拿大空军选择了价格上更为合适的 "大黄蜂"系列战机。

最终，皇家加拿大空军决定定购 "大黄蜂"，新机型交付后被移交给皇家加拿大空军第 410 作战训练单位（OTU）进行换装训练。经过充分准备后，第 1 批作战用战机开始交付皇家加拿大空军作战中队。首批作战部署的 "大黄蜂"战机（随皇家加拿大空军第 409、第 439 和第 421 中队）被部署至西德巴登-索林根空军基地。

在皇家加拿大空军装备的此类战机中，有不少于 62 架 CF-18A 和 18 架 CF-18B 战机接受了之后皇家加拿大空军启动的 "大黄蜂增量现代化"（IMP）项目，这些战机在 2001—2010 年期间完成了两阶段升级项目。IMP 升级项目的设定，充分考虑了皇家加拿大空军在 20 世纪 90 年代经历巴尔干半岛空中作战期间的经验，通过实施一系列软件和硬件升级项目，旨在提升其 CF-18 机队的空对空和空对地作战能力。升级使皇家加拿大空军日益老旧的 "大黄蜂"机群，达到了与 C/D 机型相似的作战能力。

皇家加拿大军方最初计划从美国采购 65 架 F-35 系列"闪电"Ⅱ战机,以替代其老式的"大黄蜂"。但由于 F-35 不断反复的拖延,2015 年经选举执政的自由党政府可能取消这笔采购案,因而未来该国的空中力量主力仍依赖于 CF-18 系列战机。

目前,皇家加拿大空军装备"大黄蜂"系列战机的部队,包括部署在巴戈特维尔空军基地的第 3 航空联队,该联队下辖第 425、第 433 战术战斗机中队,驻冷湖空军基地的第 4 航空联队,该联队下辖第 401、第 409 战术战斗机中队以及第 410 战术战斗机作战训练中队。

芬兰空军

位于斯堪的纳维亚地区的国家——芬兰,其空军采购的 F/A-18C/D "大黄蜂"系列战机是该国的主力战术战斗机。芬兰近年来遭遇越来越多的俄罗斯空军逼近危机事件,因此芬兰空军需要采购最新的战机以遂行防御和制空作战任务,而他们选定的机型正是具备多用途能力的"大黄蜂"战机。

1992 年,芬兰空军订购了 64 架 F/A-18C/D 型战机,具体由 57 架 C 型机和 7 架 D 型机组成,这批战机于 1995 年 6 月开始交付,用于取代该国空军的米格 -21 比斯和萨伯 -35 "龙"(Saab 35)式战机机群。其中,进口的 F/A-18D 型机由美国麦道公司制造,而 C 型机则从美国进口零部件并在其国内工厂组装。

芬兰空军的"大黄蜂"战机配备有 ALQ-126 型机载自卫干扰装

▼ 图中两架皇家加拿大空军的CF-188战斗机,在2013年由该国空军举行的"枫叶旗"军演中,正在接近一架哥伦比亚空军的波音KC-767型加油机。注意,图中战机前部机身下方的伪装色涂装。(皇家加拿大空军)

置系统（ASPJ），这部分机群在服役期间还经历了多阶段的中期延寿升级（MLU）项目，至 2015 年夏季这批战机中的一半已通过阶段 II 的升级。

在获得这批战机后，芬兰空军将其军用编号"F/A–18C/D"中的"A"前缀删除掉，表明了其部署此款战机的用途，即它们将主要用于担负防空职能（A，代表着"攻击"的含义）。当然，在之后的中期延寿升级期间，同样涉及提升其重要的空对地作战能力，但这主要集中于为其整合新的精确（对地）武器系统。而且在 2015 年时，芬兰空军的"大黄蜂"机群还是该国空军自二战以来的 70 年历史中首次投下实弹炸弹的战机，即同期芬兰空军向美国采购了 AGM–158"联合空对地防区外导弹"（JASSAM）。此外，芬兰空军的"大黄蜂"机群还可配备有 AAQ–28 型莱特宁（LITENING）模块式瞄准吊舱（位机腹下中线挂载点）。

2015 年 2 月，芬兰空军公布其拥有的 55 架 C 型和 7 架 D 型"大黄蜂"仍可担负作战任务，这些战机分别部署于 3 个航空兵中队，其具体包括：驻拉普兰（斯堪的纳维亚半岛最北端地区）空军司令部所在的罗瓦涅米空军基地，下辖第 11 战斗机中队；驻坦佩雷机场空军基地的萨卡昆达空军司令部所属的第 21 战斗机中队；以及驻库奥皮奥空军基地的卡累利阿空军司令部所属第 31 战斗机中队。

科威特空军

1988 年中东国家科威特正式向美国采购了 40 架 F/A–18C/D 系列"大黄蜂"战机，包括 32 架 C 型和 8 架 D 型，它们在该国被称为"KAF–18C/D"。由于之后该国遭受伊拉克入侵，以及以美国为首的联军发动海湾战争将入侵伊军逐出该国，因此这批战机实际于战争结束后的 1991 年 10 月开始交付。因而，这批战机并未能及时担负起保护该国的使命。

科威特空军的"大黄蜂"战机在交付时获得了更新型的 GPS 导航设施以及座舱增压系统，至 2015 年时该国空军仍有 27 架单座 C 型机仍然在役（堪用的双座 D 型机数量未知）。

2015 年中期，科威特空军宣布新的采购计划，准备再从美国采购 28 架 E/F 型"超级大黄蜂"战机，未来还可能采购另 12 架同型战机。尽管如此，美国的出口审批流程仍较为拖延。直至 2016 年 2 月时，意大利政府宣布，该国已同意向科威特出售欧洲战斗机"台风"，但考虑到一些国家在购买国防装备时变化无常的态度，这笔交易可能会落空。

目前，装备 F/A–18C/D 型"大黄蜂"战斗机的科威特空军部队包图中一架西班牙空军的A/F-18A型战机正在起飞，它隶属于驻萨拉戈萨空军基地的第15航空联队。注意其两套尾喷管内部颜色的差异，其中一根喷管内部是乳白色，另一根喷管是暗灰色，这表明其左边的引擎及其喷管近期获得更换还未被燃气熏黑。（西班牙空军）

括部署在艾哈迈德·贾比尔空军基地的第 9 和第 25 航空兵中队。

皇家马来西亚空军

皇家马来西亚空军（TUDM），不同寻常地混编有一支来自美国、英国和俄罗斯军事装备硬件的机群。包括其 1997 年从美国采购的 8 架 F/A-18D 型战机，与其搭配使用的还包括俄制苏 -30MKM "超级侧卫" 重型战斗机及米格 -29N "支点" 前线战斗机、英国 BAE 公司的 "鹰208"式战机，以及更早配备的美国诺斯罗普公司 F-5E/F"虎Ⅱ"式战斗机。

目前，马来西亚准备获得新的 4.5 代多用途战斗机，用以替代其老化的米格 -29N 战机。有媒体报道称，大约在 2015 年中期，不仅波音公司积极向马来西亚推销其 F/A-18E/F "超级大黄蜂"战机，而且（如果马来西亚决定采用）还将向其拥有的 D 型 "大黄蜂" 提供升级后的电子扫描阵列雷达。竞争机型还包括欧洲战斗机 "台风"、瑞典萨伯公司的 JAS-39 "鹰狮"战斗机、法国达索公司 "阵风"战斗机和美制 "超级大黄蜂"战机。

目前，皇家马来西亚空军装备 "大黄蜂" 机队的部队包括驻巴特沃斯空军基地的第 1 航空兵师下辖的第 18 航空兵中队。

西班牙空军

20 世纪 70 年代末，西班牙空军启动了其 "未来战斗 - 攻击机" 项目（FACA），之后就决定采用 F/A-18A/B 型 "大黄蜂"。当时，西班牙准备获得一种新型战机以替代其老旧的 "幻影Ⅲ"、F-5A/B "自由战士" 和 F-4C "鬼怪" Ⅱ 等战机；为此，该国空军评估了一系列竞选机型，包括 F-5E/F、F-15、F-14、F-16、欧洲 "狂风" 和法制 "幻影 2000" 等多型战机。

与加拿大类似，西班牙最初希望获得陆基型 F-18L 战机，但由于该机型研发进度过于拖延使其最终放弃了这款衍生型战机。最后，西班牙空军选取了麦道公司的 F/A-18A 型战机，最初该国希望采购 144 架，但之后在 1983 年 5 月时实际上被削减采购了 72 架，包括 60 架 EF-18A/C.15 和 12 架 EF-18B/CE.15 战机，战机于 1985 年 11 月开始交付，一直持续至 1990 年 6 月。

西班牙空军装备的 "大黄蜂" 系列战机，将其作为一款全天候拦截机使用，其编成的 4 个航空兵中队除防空及拦截任务外，还可担负其他次要任务（包括对海作战、空地打击，以及对敌方防空系统的压制等）。

1990 年时，该国"大黄蜂"机队陆续接受升级，使其作战能力达到 EF–18A+/B+ 的水平。之后，西班牙又采购了额外 24 架美国海军撤换下来的 F/A–18A 型战机，在交付前由美国将其升级至 A+ 的配置和水平；这批二手战机于 1995 年 12 月开始交付，至 1999 年 12 月完成交易。

近期，西班牙空军通过欧洲军务承包商 EADS CASA 完成了对其 EF–18M 机队的重大升级项目，升级后战机将能搭载并使用 IRIS–T 型近程红外格斗导弹（替代 AIM–9X 型导弹）以及 AIM–132（ASRAAM）这类其他欧洲国家空军使用的空战武器系统。

目前，西班牙空军装备"大黄蜂"系列战机的部队包括驻马德里 – 托雷洪空军基地的第 12 航空联队下属第 12 航空大队，其下辖第 121、122 中队；驻萨拉戈萨空军基地的第 15 航空联队，下辖第 151、152 和 153 航空中队；以及驻拉斯帕尔马斯格兰多空军基地的第 46 航空联队，下辖第 462 航空中队。

瑞士空军

随着瑞士空军主要装备的法制"幻影 III"战斗轰炸机机队在 20

▼ 战机尾喷管燃气在飞行中凝成的烟带，图中战机搭载着一枚增强型激光引导训练弹升空。（美国海军）

作为中立国家的瑞士曾采购过C/D型"大黄蜂"战机满足其防空作战需求。该国采购的战机可为该国提供可靠的空防保护，同时还会日常遂行各种空中拦截和伴飞任务（比如针对一些外交班机），以提醒其他国家这个中立国家拥有可靠的空中作战能力。（史蒂夫·戴维斯/FJ摄影）

世纪 90 年代末期退役，造成其空中战力缺失，瑞士发现他们急需一款合适的、能够一直服役至 21 世纪初期的空防战斗机。

因此，瑞士空军于 1985 年明确了对未来战斗机的性能需求后，即启动了未来战机采购流程。根据其规划，新战机将主要作战使命确定为防空用途，瑞士政府及军方曾评估过法国达索公司"幻影 2000"和"阵风"战斗机、以色列飞机制造公司的"幼狮"（Lavi）战斗机、美国诺斯罗普公司的 F-20 "虎鲨"和 F/A-18 "大黄蜂"战机、通用动力公司的 F-16 "战隼"和瑞典萨伯公司的 JAS-39 "鹰狮"战斗机等。

1988 年 5 月，瑞士空军从众多候选机型中挑选了两种备选机型作最后的比较：F-16 和 F/A-18 战机。之后，两种战机进行了竞争性试飞，1988 年 10 月瑞士空军更倾向于选择 F/A-18 "大黄蜂"系列战机。之后在 1991 年，瑞士空军再次重启选型竞争，当时俄制米格 -29 和达索公司"幻影 2000-5"型战机也曾被纳入考虑范围，但最终瑞士空军仍坚持了最初的采购方案，采购 26 架 F/A-18C 型和 8 架 F/A-18D 型"大黄蜂"战机。

尽管瑞士空军于 1992 年计划与波音公司签署正式的采购合同，但这笔采购案所涉及的金额（更具体地说，当时这笔采购案的金额——34.95 亿瑞士法郎）被认为过高，超过了这个中立国家所能承受的水平。继而在 1993 年 6 月 6 日，瑞士就这项采购案举行了全民公投，结果以微弱优势通过了这项采购。

瑞士空军基于多种原因较为青睐"大黄蜂"系列战机，其中最重要的是这款战机出色的加速性能和爬升率所赋予的优异的短距跑道起降能力，而这正是战机遂行紧急升空实施拦截防空作战的关键指标；此外，该战机还具备优化的多任务作战能力，将使瑞士空军具备更大的作战灵活性，尽管在抵抗入侵初期该机型主要作为防空战斗机发挥其作用。

而且，在瑞士空军决定采购"大黄蜂"系列战机时，该战机已发展至 C/D 型阶段，使其更适宜满足其所需，例如其升级的 APG-73 型雷达具备较好的下视探测性能，战机主框架采用强度更高的钛合金构件使其达到 30 年服役寿命（机体结构疲劳寿命从最初的约 3000 小时提升至 5000 小时），而且这也使"大黄蜂"战机成为瑞士空军装备的首款机动性能达到 9g 过载的战机。输往瑞士的"大黄蜂"战机还内置有卫星导航 / 惯性导航系统（GPS/INS）。最后，令瑞士空军满意的是，这款喷气战斗机战时还能够被部署在瑞士多山地形的山洞机库中，为适应这种部署模式，其机体空间可安装第二块内部电池。此外，与加拿大对其"大黄蜂"机群的特别改进类似，瑞士的战机也配备了夜间视觉识别灯具。

瑞士空军采购"大黄蜂"战机主要用于防空和拦截任务,尽管这些飞机仍保留了对地作战软件及功能,但瑞士很少使用这些功能。为适应其作战需求,瑞士特别要求其采购的"大黄蜂"机群换装同期推力更大的F404-GE-402"增强性能型涡扇引擎"以提升其紧急升空拦截能力,他们还要求重新设计战机的低阻 AIM-120 挂载点,替换原来的挂载设备,新挂载设备可适用 AIM-120 和 AIM-9P-5 等型号美制空对空导弹,搭配这些典型拦截任务挂载弹药后,战机以 1.4 倍音速爬升至 49000 英尺(约 14935 米)高度时,较原机型(以相同挂载爬升至相同高度)减少约 25% 的所需时间。

瑞士空军总计从波音公司采购 26 架单座 C 型和 8 架双座 D 型"大黄蜂"战机,大部分战机都按时以零部件形式从美国交付,并在其国内由位于埃曼的施魏策尔航空系统公司完成组装 [1]。这项似乎较为节省的采购方案,实际上并未能使瑞士减少多少花费,但有益于其国内航空工业界积累维护这款战机的经验。

1996 年 1 月 20 日,瑞士空军的第一架 F/A-18D "大黄蜂"战机(编号 J-5231)在密苏里州圣路易斯升空;数月后(4 月 8 日)第一架 F/A-18C(编号 J-5001)于同地升空。接着至 1997 年 1 月 23 日,第一架由瑞士国内组装的"大黄蜂"战机——编号为 J-5232 的 F/A-18D 型战机,正式交付给瑞士空军。

1997 年 9 月,瑞士驻皮亚尼的第 17 航空中队成为首个获得批量"大黄蜂"战机的战术部队,不久后的 1998 年,第 18 航空中队完成换装。而最后一个换装该机型的中队(第 11 航空中队),则于 1999 年 11 月接装,该中队被替换的是 F-5E/F "虎 II" 型战斗机。之后,第 11 中队更被换防至位于梅林根的"秘密"山地空军基地中。1999 年 12 月,最后一架 F/A-18C(J-5026)完成交付。

瑞士空军在其"大黄蜂"机队服役期间,完成过两次重要的升级项目——"升级 21"和"升级 25"。至 2015 年 10 月时,瑞士空军中仍有 26 架 F/A-18C 和 5 架 F/A-18D "大黄蜂"战机处于服役状态。

目前,瑞士空军内配备着"大黄蜂"战机的单位包括驻梅林根空军基地的第 11 航空中队(隶属于第 13 航空联队),以及驻皮亚尼空军基地的第 17 中队(隶属于第 11 航空联队)和第 18 航空中队(隶属于第 14 航空联队)。

---

[1] 关于瑞士采购"大黄蜂"战机数量的公共消息来源,以及实施投入服役的数量上有差异。在这里使用的数字由瑞士空军提供给作者,作者在 2005 年访问瑞士空军的第 11 和第 18 战斗机中队时询问获知此数量。该国目前现役此型战机的数量,是由《环球航空》于 2015 年发布的数字。

F/A-18系列战机被设计可遂行多样化的全天候作战任务,该机实际参加的第一次作战行动,是1986年4月1日午夜针对利比亚的空袭行动。次年,该系列战机获得升级进一步完善了其全天候作战能力。(美国海军)

4 战争中的"大黄蜂"战机

　　"大黄蜂"系列战机服役以来首次经历战火考验,是在1986年4月。当时,美国海军第VFA-132、VMFA-314和VMFA-323舰载机中队从位于地中海利比亚附近海域的美海军"珊瑚海"号航母上起飞,遂行了针对利比亚的防空压制任务。这次行动代号被美国空军称为"黄金峡谷行动"(El Dorado Canyon),而海军和海军陆战队则称为"草原烈火行动"(Prairie Fire)。为打击利亚比对针对美国平民和军事目标的恐怖势力的支持,时任美国总统罗纳德·里根签署了此次行动的作战命令。

随着 1986 年空袭利比亚作战行动的结束，F/A-18 系列战机发挥出其作为一款舰载多用途战机的应有性能，"大黄蜂"系列战机继续成为有史以来最多才多艺、最富杀伤力的战术舰载战斗攻击机。自 1986 年以来，曾装备该机型的美国海军、海军陆战队和皇家加拿大空军部队陆续参与了 1991 年海湾战争，20 世纪 90 年代末在巴尔干半岛针对前南斯拉夫政权的空中战役，以及之后北约及美国针对伊拉克、叙利亚、阿富汗和利比亚等国实施的突中作战行动。

1991 年海湾战争

起因于伊拉克入侵科威特的第一次海湾战争——"沙漠风暴行动"

▼ 海湾战争期间，空中拍摄的多国战斗机机群的照片，图中是1990年"沙漠盾牌行动"期间遂行空中作战任务的联军战机编队，从左至右分别是卡塔尔空军的F-1"幻影"、法国F-1C"幻影"、美国空军第401战术战斗机联队的F-16C"战隼"战斗机、加拿大空军的CF-18A"大黄蜂"和卡塔尔空军的"阿尔法"喷气机。（美国空军）

（ODS），于 1991 年 1 月 17 日启动。从战争一开始，联军中的"大黄蜂"机队就广泛、密集地参与了作战行动；其间，两名海军"大黄蜂"战机飞行员取得了击败伊军米格机的空战战绩，同时他们还广泛担负了对地打击任务，充分证明了其设计之初的多用途、多任务能力。这场战争的主要作战阶段仅持续了一个月，美国海军、海军陆战队和皇家加拿大空军所派遣的"大黄蜂"系列战机共完成了 4551 个作战飞行架次，其间仅美国海军损失了两架"大黄蜂"及其飞行员。

"沙漠风暴"行动期间，美国海军部署了 9 个"大黄蜂"航母舰载机中队（VFA-15/81/82/83/86/87/151/192/195），其中 4 个中队还曾参加了主要作战行动之前的防御性行动（即"沙漠盾牌行动"）。总计而言，美国海军及海军陆战队共在战争期间部署了 190 架各型"大黄蜂"战机（具体包含 106 架 F/A-18A/C 单座型、84 架 F/A-18B/D 双座型战机）。事实上，战争期间美国向战场周边部署的 8 支航母战斗群中，仅"突击者"号和"约翰·F. 肯尼迪"号航母部署的舰载机联队未编配两个中队以上的"大黄蜂"系列战机，而"中途岛"号航母上则实际部署了 3 支"大黄蜂"中队。

除了随航母部署在海上的"大黄蜂"机群，海军陆战队还在陆上

▼ 航母甲板上身着黄色夹克的地勤人员正在指挥一架 F/A-18A 型战机，准备进入弹射位置。航母搭载着这些战机进入冲突区域，并向作战空域弹射出"大黄蜂"机群，使美国能够向全球施加其军事、政治影响。（美国海军）

图中一架皇家加拿大空军的"大黄蜂"战机搭载着GBU-12型激光制导炸弹。加拿大空军的"大黄蜂"战机在20世纪90年代的巴尔干战争中广泛地参与了行动。（皇家加拿大空军）

机场部署了 6 个"大黄蜂"机群中队，它们分别部署在阿联酋、巴林等基地，其投入可担负（夜间）陆攻任务的大量 D 型机主要配合随地面部队行动的前沿空中控制人员［FAC（A）］，为地面行动提供各种支援。相较其他国家和美国海、空军种等参战的空中力量而言，海军陆战队的"大黄蜂"机群出动了主要的对地攻击飞行架次。

皇家加拿大空军（RCAF），是唯一一个派遣"大黄蜂"机队参与"沙漠风暴行动"的外国空军。他们向卡塔尔多哈等机场部署了总共 241 架 CF-18 系列战机，作为加拿大参与此次战争的主要力量，其行动代号在加国内被称为"摩擦行动"。在主要作战阶段之初，这些 CF-18 机队主要担负战斗空中巡逻（CAP）和为其他攻击机群的护航任务，但随着加拿大地面部队于当年 2 月随联军向北推进时，它们同样担负为加陆上部队提供支援的攻击性任务，同时还遂行了各种遮断敌方补给线和集结点的打击任务。总计，加拿大空军的"大黄蜂"机群在战争中完成了 2700 架次战斗空中巡逻任务，累计完成 5700 个战斗飞行小时。

20 世纪 90 年代巴尔干战争

对于持续了整个 20 世纪 90 年代中后期的重要地区冲突，美国及其盟国在中欧和巴尔干地区遂行了长时间的空中攻防行动。鉴于此阶段冲突中南联盟军队拥有相对较先进的防御力量（包括机动式 SA-6 和 SA-8 型地空导弹和米格 -29"支点"战机等），以及当时糟糕的天气和复杂崎岖的山地地形，巴尔干战区成为"测试"联军"大黄蜂"机队全天候多用途精确作战能力的"试金石"。

巴尔干半岛上空的行动，最早始于 1993 年，最终于 1999 年结束。其间战事除了不时缓和或紧张外，更向美国、加拿大和西班牙等装备着"大黄蜂"系列机群的国家表明，对其展开现代化升级和更新的重要性。事实上，战争中，美军率先大规模使用了一系列型号广泛的 GPS 制导弹药，无论战区天气情况如何，这些武器都能较有效地发挥作战效力。

1992 年夏季，当美国及其盟国海军的力量被派往东地中海实施针对南联盟的武器禁运行动时，各国"大黄蜂"战队随着首批进驻该地区的北约空中力量进入战区。

1993 年 4 月，美国海军陆战队部署于意大利阿维亚诺空军基地的

F/A-18 "大黄蜂"系列机队,参与了针对巴尔干半岛上空建立禁飞区的作战行动。从当年 6 月起,美国海军和海军陆战队的"大黄蜂"机队还为在地面行动的联合部队"维持和平"力量提供了各种所需的近距离空中支援(CAS),以及为其他北约战机提供了针对南联盟地面防空力量的压制任务(SEAD)。

1994 年 11 月 21 日,美军以其 F/A-18 机群为主,对位于克罗地亚的乌德比纳机场实施了大规模空中突击,通过摧毁当地各类军事设施及装备,迫使塞尔维亚方面无法再利用此机场部署其作战飞机,并据此发起针对波斯尼亚人的攻击。

随着战事逐渐转向以政治手段实现区域"和平",1995 年 8 月 30 日联军针对对手展开"审慎力量行动"(ODF)。此次行动针对塞尔维亚大量军事目标发起一系列破坏性空中打击,行动首先针对该国位于萨拉热窝附近的一体化防空系统(IADS)发起一连串密集打击。其间,从美海军"西奥多·罗斯福"号航母上起飞的 F-14 和 F/A-18 系列机群(VFA-15、VFA-87 和 VMFA-312 中队),进入战区后向各类防空目标发射大量 AGM-88 "哈姆"反辐射导弹、AGM-84 "防区

▼ 隶属于 VMFA-533 "骑士鹰"中队的两架 F/A-18D "大黄蜂"战机停驻在伊拉克境内艾尔阿萨德空军基地。VMFA-533 中队被指派部署给海军陆战队第 1 远征部队(MEF),以持续美军发起的全球反恐战争。(美国海军)

外陆攻导弹"和"铺路石"系列激光制导炸弹。不久后,美海军"美国"号航母上的3支"大黄蜂"中队(VFA-82、VFA-86和VMFA-251中队),接替"西奥多·罗斯福"号航母及其舰载机中队。同时,海军陆战队部署在意大利阿维亚诺基地的第VFMA(AW)-533中队(当年9月15日被VFMA-224中队替换),以及西班牙驻该基地的EF-18系列战机机群(第12和第15联队),在行动中执行了大量战斗空中巡逻(CAP)、防空压制(SEAD)和对地打击任务。

巴尔干战争期间,海军陆战队投入的F/A-18D型战机配备着APG-73雷达、F404-GE-402引擎、激光指导装置以及自1995年夏季后更新的ALQ-126型机载自卫干扰装置(ASPJ)电子战系统,使其成为战区最为先进的"大黄蜂"战机。其在遂空中任务时,典型的武器挂载包括两枚AIM-9系列近距格斗导弹、一枚AIM-7或AIM-120中距导弹、两枚GBU-12型500磅(约226.8千克)级激光制导炸弹、一枚MK82低阻通用型500磅(约226.8千克)无制导炸弹(铁炸弹)以及一套前视红外传感器/激光目标指示(FLIR/LTD-R)吊舱。在遂行防空压制任务(SEAD)时,战机通常还可选择搭载GBU-16型1000磅(约453.6千克)级激光制导炸弹。

海军陆战队机载武器系列操作人员(WSO)还会将数字式侦察吊舱挂载在诸如"大黄蜂"这样的任务战机上,在战机任务途中侦照目标图像、炸弹投下后的毁伤效果,还可用于探测直升机着陆地点和其他感兴趣的目标。在"审慎力量行动"期间,海军陆战队的F/A-18D战机共完成超过100个架次的打击飞行任务。

1995年11月,相关冲突方签署《戴顿和平协议》,但多国维持和平部队的"大黄蜂"机队仍参加了北约空中力量在巴尔干空域的日常巡逻架次,以监视塞尔维亚人是否遵守《戴顿和平协议》。在1997年8—11月间,加拿大空军的"大黄蜂"机群还参与了北约空中力量的战区监视行动,在加军内部此次行动代号为"塔楼行动"。

以"彻底解决这一地区近10余年的麻烦"为由,北约空军再次大规模集结其空中力量,其中亦包含有大量各国装备的"大黄蜂"机群,关于1999年3月全面实施了"联盟力量行动"(OAF)。此次行动是北约部队为应对塞尔维亚总统米洛舍维奇拒绝将其地面部队撤出科索沃后采取的军事行动。美国海军陆战队的F/A-18D"大黄蜂"部队持续部署于意大利阿维亚诺基地,保持在该地区持续的力量存在,继而更多的F/A-18D战机(来自VMFA-232和VMFA-533中队)被部署到匈牙利塔萨空军基地,参与在当地的空中行动。之后,随着美国军方"大黄蜂"机队的更新与换装,更多F/A-18C型战机成为美海军第

6舰队舰载机联队的主力机型被部署到亚德里亚海，参与在巴尔干半岛的行动。从外国用户的角度看，西班牙的8架EF-18型战机参与了此次行动，它们同样部署在拥挤的意大利阿维亚诺空军基地，参与了1998年6月底由18架加拿大空军CF-18战机对塞尔维亚军事目标的打击行动（代号"回声行动"）。

空中打击行动始于当年3月24日，其间部署在匈牙利的海军陆战队"大黄蜂"机队完成了597次出击任务，向作战区域投掷了303500磅（约137665.29千克）弹药，其间"大黄蜂"机队首次使用了"先进战术空中侦察系统"（ATARS）侦察模块，还有一些战机搭载并向目标发射了无制导的白磷火箭弹，并在前沿空中控制人员[FAC（A）]和目标指示人员的协调下向目标精确投掷了各类弹药，此外还有一些"大黄蜂"战机向敌方雷达或电磁辐射目标发射了各型AGM-88"哈姆"反辐射导弹。与此同时，加拿大空军的CF-18战机的出击架次约占同期北约空中力量出击架次的10%，共遂行了120次防御性防空护航任务和558次打击任务，总计达678出击架次共2577战斗飞行小时；弹药方面，CF-18机群共在任务中投掷了397枚精确制导弹药和171枚无制导弹药。

1991—2003年伊拉克强制实施禁飞区行动

尽管萨达姆·候赛因政权及其军队于1991年海湾战争中大败而归，但并非彻底失败，之后联合国批准了先后在伊北部和南部空域建立起"禁飞区"（NFZ）。

为强制在伊北部空域实施禁飞，联军最初实施了"实施安抚行动"（OPC）、后续又实施了"实施安抚行动II"，以保护当地的库尔德人在海湾战争后免遭伊拉克政府军对其的压迫和侵害。当然，此类行动并未阻止土耳其政府对伊北部的库尔德人实施轰炸，联军空中力量的很多机组人员对此非常不满。

1992年，"实施安抚行动"为"北方警戒行动"（ONW）所取代，同期联军在伊南部划定空域实施强制禁飞行动，并实施了所谓的"南方警戒行动"（OSW）。美国向"北/南方警戒行动"投入了大量军力，并在这些空域持续实施了强制禁飞超过了10年之久。对于美军而言，这类长期性的行动消耗了任务战机大量的机体寿命时间，涉及各类F-16、F-15E和F/A-18系列战机。在广大空域强制实施的禁飞行动，涉及了多个国家装备的"大黄蜂"系列战机，甚至包括科威特空军装备的此类战机（该国至少参与了"南方警戒行动"的巡逻飞行）。

至1998年12月，各国"大黄蜂"机群已在伊拉克北部和南部的禁飞区执行了约6年的战斗巡逻飞行任务，之后它们又参与了联军针对伊境内重要目标的"沙漠之狐行动"（ODF）。这次作战行动是在海湾战争主要作战行动结束多年后展开的，其很大程度上仅限于惩罚性的打击行动（强制伊遵守联合国决议）。

这次惩罚性行动本质上是经预先精心筹划的，且相对简单，旨在以短促且密集的空中打击行动惩罚伊拉克领导层对相关协议的违背。当然，在萨达姆·侯赛因政府强硬回应联合国或美国的要求时，这些惩罚性行动的强度就会加剧。因而，"沙漠之狐行动"主要由空中力量实施，其密集行动主要持续了4天，其间摧毁了大量伊拉克军事和政治目标。海湾战争后，国际社会对伊拉克的限制，主要是为遏制伊拉克制造大规模杀伤性武器的能力，它是对萨达姆政府拒绝配合联合国大规模杀伤性武器核查活动的军事应对。

行动中，美国海军部署于"企业"号航母（CVN-65）上的第3舰载机联队（CVW-3）和"卡尔·文森"号航母（CVN-70）上的第11舰载机联队（CVW-11），两个联队各编配有两个"大黄蜂"战斗机中队，全力投入了行动，这些战机在行动中成功打击了超过25处防空类目标（且无一损失）。

"沙漠之狐行动"（ODF）被认为取得了成功，但行动也激怒了不妥协的萨达姆·侯赛因，使他更为好战地挑衅联军在伊北部和南部

▲ 一架B-52"同温层堡垒"战略轰炸机飞经海军"尼米兹"号航母，途中两架舰载F/A-18"大黄蜂"战机参与为其护航。该B-52轰炸机是隶属于部署在关岛安德森空军基地的第96远征轰炸机中队。（美国海军）

设置的禁飞区，频繁出动战机和防空力量进入这些区域，并在接下来的几年里不断挑战美国及联军设立的禁飞区。2000年11月—2001年1月的约60天里，联军依托其在海湾区域部署的航母出动了60余次舰载机编队，美国决策层指定其部署在当地的海军"哈里·S.杜鲁门"号航母（CVN-75）上的第3舰载机联队（CVW-3）针对伊境内各类目标实施了大规模惩罚性打击，打击的主力机群包括"大黄蜂"和"雄猫"系列战机。其间，美军舰载机编队打击了5处伊军重要的指挥控制、通信目标，行动中无一战机损失。

至2002年9月，驻美海军"乔治·华盛顿"号航母（CVN-73）上的第17舰载机联队（CVW-17）派出3支F/A-18C"大黄蜂"中队（VFA-34"蓝色冲击波"、VFA-81"太阳斑线"和VFA-83"暴怒"中队），打击了伊境内阿-鲁特巴南空军基地，作为同期惩罚性打击行动的一部分。

在当时情况下，美国海军的"超级大黄蜂"机队已开始进入中东战区服役，并部署到了担负作战任务的海军"亚伯拉罕·林肯"号航母（CVN-72）上（第14舰载机舰队）。该战斗群于当年夏天首次派出了由F/A-18E/F"超级大黄蜂"战机编成的作战编队，但直到当年

▼ 多架隶属于VMFA-121中队的F/A-18D型战机挂载着AGM-65"幼畜"空对地导弹，发射后可自主攻击锁定目标，在2003年伊拉克战争中它们被广泛地用于实施对地攻击支援任务，或担负起引导其他战术攻击机的打击行动，高度密切协同摧毁战场的敌方隐形、突然出现的临机目标。（美国海军）

11 月 6 日新的"超级大黄蜂"战机才实际上进入战区与目标交战。当时，两架 F/A-18E 型战机遂行打击行动，向伊境内阿尔库特附近的两处地空导弹发射设施、位于泰勒利尔空军基地的一处防空指挥控制地堡，投掷了多枚 2000 磅（约 907.18 千克）级 GBU-31"联合直接攻击弹药"（JDAM）。

总体上，VFA-115 中队广泛地参与了"南方警戒行动"强制禁飞区行动，与其他部署于"亚伯拉罕·林肯"号航母上的"大黄蜂"中队相比，其消耗的弹药超过了两倍，其命中率达到了创纪录的 100%（共向 14 处伊军目标投掷了 22 枚"联合直接攻击弹药"且都命中目标），此命中率超过了部署期间对战机的任务战备需求。此外，换装了 F/A-18E/F"超级大黄蜂"战机后，其优良的可维护性的优势体现出来，其每飞行小时所需的维护时数比其取代的"雄猫"系列战机减少约 75%。

进入 2001 年以后，美国开始卷入在阿富汗的战事，全球反恐战争因同年"9·11"事件而全面打响（参见下节）。由于繁重的作战任务，海军对新型"超级大黄蜂"战机中队的需求日益强烈，特别是为遂行对地支援任务的夜攻型战机。为此，海军加速了其战机的换装更新，

▼ 一架隶属于 VMFA（AW）-332 中队的 F/A-18D 型战机，在"伊拉克自由行动"中带弹起飞遂行对地打击任务。其挂载的 GBU-12 激光制导炸弹对于打击城市区域的目标非常有效，但其 500 磅（约 226.8 千克）的量级仍可能导致对城市的附带毁伤。（美国海军）

新机型在海军内部被称为"犀牛"（Rhino）。2003 年 3 月，海军 2 个"超级大黄蜂"舰载机中队开始作战部署，即部署于海军"尼米兹"号航母（CVN-68）上的 VFA-14"顶帽者"和 VFA-41"黑色王牌"中队。在之后的几年里，大量新型 F/A-18F 型战机与海军的 F-14D 战机混编，构成了舰载战斗、攻击机的主力。

2003 年 3 月，伊拉克战争爆发，美军实施"伊拉克自由行动"（OIF），而此前在伊南部和北部空域强制实施的"南方/北方警戒行动"亦随之结束。

2001 年至今全球反恐战争

2001 年，在美国及联军部队针对阿富汗塔利班政权发起全面攻击时，其航母舰载第 17 联队（CVW-17）亦以空中力量对伊南部的阿-鲁特巴南空军基地发起空中攻击。在"全球反恐战争"（GWT）的名义下，美军因塔利班和"基地"组织实施的恐怖行动对阿富汗政府发起了"持久自由行动"（OEF），时任美国总统乔治·W. 布什（George W. Bush）下令以武力瓦解阿富汗塔利班政权，并摧毁"基地"组织（Al-Qaeda）

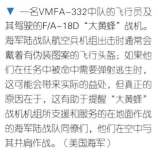

▼ 一名VMFA-332中队的飞行员及其驾驶的F/A-18D"大黄蜂"战机。海军陆战队航空兵机组出击时通常会戴着有伪装图案的飞行头盔；如果他们在任务中被命中需要弹射逃生时，这可能会带来实际的益处，但真正的原因在于，这有助于提醒"大黄蜂"战机机组所支援和服务的在地面作战的海军陆战队同僚们，他们在空中与其并肩作战。（美国海军）

的恐怖网络。在阿富汗空域，美海军第5舰队的战舰和舰载机联队参与了作战行动，其航母编队驶入阿拉伯海和印度洋，向战区持续投射其舰载战斗机编队，其中大部分由各型"大黄蜂"战机组成。与此同时，澳大利亚派出军队参与行动，初期派出4架"大黄蜂"战机赴美国在印度洋上的迪戈加西亚岛基地担负空中巡逻及防空任务，尽管微不足道，但却是一种对美国及其盟国全球反恐事业做出承诺的象征性姿态。

由于阿富汗是个内陆国家，因此由海上航母针对其内陆目标实施的打击行动，通常需要持续8个小时，最初美海军的F/A-18机群的飞行员在巴基斯坦空域实施战斗空中巡逻，但至2001年10月7日联军在阿富汗的作战行动全面启动后，VFA-15"威士伯"成为首个攻击塔利班目标的"大黄蜂"中队。由于塔利班政府及其武装力量毫无防空能力，因此美军的舰载F/A-18机群从容地打击塔利班的指挥控制设施，以及所有探测发现到的部队目标，并在该国北部的山地中追逐其发现的塔利班或"基地"撤离的军事力量。

对于这些任务，美军"大黄蜂"机群搭载的ASS-38"夜鹰"吊舱被广泛地用于定位和跟踪对手在地面的目标，使战机能以较高的精度向发现的时敏目标投掷其500磅（约226.8千克）GBU-12激光制导

▼ 图中战机是参加2015年5月29日"汞合金飞镖15-2"演习的两架皇家加拿大空军（RCAF）第410战术战斗机中队（担负训练任务）的CF-18"大黄蜂"战机编队，它正与第22空中加油机联队所属的KC-135"同温层"加油机伴飞展开空中加油作业。两架CF-18战机各自通过加油机上的多点授油吊舱系统接受空中加油。这类加油吊舱提升了空中力量空中加油机队的加油效率和灵活性，使KC-135这样的重型加油机能够为北约战机和美国海军舰载机提供支援。这架美空军的KC-135加油机从堪萨斯州麦康内尔空军基地起飞，它由来自驻华盛顿州费尔柴尔德空军基地的美空军第92空中加油联队机组人员驾驶并操纵。（美国空军/参谋军士本杰明·W.斯特拉顿摄）

炸弹。至2002年夏，塔利班政权已崩溃，联军空中作战力量开始集中支援联军进入该国的地面部队，特别是以近距离空中支援（CAS）的形式为地面部队提供应召空中支援。

当时，美国总统坚持认为全球恐怖主义及其支持势力必须被连根拔除，因此在阿富汗的战事初步告捷后，小布什很快就把注意力转移到伊拉克和萨达姆·侯赛因政权身上。在现在看来臭名昭著的借口下（萨达姆政权正在集结其大规模杀伤性武器用于针对西方发起并资助恐怖袭击），美国和英国决定采取军事行动彻底解决伊拉克政权。

全球反恐战争的焦点重新转回伊拉克虽然是一场政治上的灾难，但战争本身却为"超级大黄蜂"提供了新的舞台，其间它们展示了自己的新作用——"与地面侦察紧密协调的对地打击行动"（SCAR）或战术。2002年中期，阿富汗战场上这类任务涉及对各种时敏目标的打击行动，新的"超级大黄蜂"机队在阿富汗空域广泛实施了需要高度协同的"猎—歼"战术，此前传统型F/A-18C/D"大黄蜂"和F-14D"雄猫"战机亦曾实施了此类战术。

▼ 图像情报人员正在将数据存储设备安装进一架F/A-18F"超级大黄蜂"战机的"共享侦察吊舱"（SHARP）上，该吊舱挂载在战机机腹下中轴线位置。该共享侦察吊舱具有多和成像侦照模式，被设计用于取代海军此前使用的"战术机载侦察吊舱系统"（TARPS）。（美国海军）

精准无缝的空地协同，使所有空中力量都能在特定空域与地面部队紧密配合高效地杀伤敌方（即 SCAR 战术），而在空中方面，（响应地面力量需求）发现、识别目标并实施打击，继而评估打击效果以及附带毁伤情况的职责，很大程度上由"超级大黄蜂"战机担负，（或者在需要时）将目标及打击参数信息转交给其他打击平台（在其进入作战区域时）。这与机载的前沿空中控制人员［FAC（A）］战术（引导打击特定目标）的模式相类似，尽管这些战机只有在己方（地面）力量与敌方未产生实际接触和交火之时，通常才会发挥此类作用。当然，与地面紧密配合协同空地打击与通过前沿战机空中控制（对地面实施支援行动）之间的区别，在于遂行前一类战术的空中战机平台并不会干扰其他战机对其预定目标实施打击，它们只是"超越"这些（可能己方其他战机锁定的）目标，并使其他战机如期展开其自身的打击行动，并在投射弹药前进行相关附带毁伤评估。

2003 年 3 月在美军全面攻入伊拉克的空中作战期间，大量打击战斗机（包括"超级大黄蜂"机群）通常在地理区域划分的特定空—

▼ 图中F/A–18+"大黄蜂"战机打开机背部的减速板，其内部描绘着星条图案，这架战机隶属于VMFA–115"银鹰"中队，它正准备从海军"哈里·S. 杜鲁门"号航母（CVN–75）上弹射起飞。（美国海军）

地域——这些特定空—地域常被界定为各个具体的"杀伤箱"（kill boxes），担负巡逻及与地面部队紧密协同的支援任务。这样以地理区/空域划分支援战机任务区域具有的优点，在于有利于集中相应战机在特定空－地域搜索、探测并攻击目标，有利于消除大量联军战机在共同行动时可能出现的冲突（例如，当多架战机共同进入某个"杀伤箱"区域时，可能造成针对同个目标的重复打击）。通常，针对每个划定的"杀伤箱"，会指派两架"超级大黄蜂"战机组成的巡逻编队专门负责，在此虚拟"箱体"中，战机通常主要担负的任务被称为针对固定目标的"杀伤箱遮断"（KI）打击，或是向北方快速推进的联军地面部队进入此杀伤箱空－地域后，为其提供所需的近距离空中支援（CAS）。一般，每个"杀伤箱"的尺寸是 30×30 英里（约 48.3 千米）大小的地域及其向上方延伸的空域。巡逻战机在各自箱体区域内完成其主要使命后，将重新针对箱体内可能存在的其他有价值的固定目标或临机目标，担负"与地面侦察紧密协调的对地打击"（SCAR）任务。

"与地面侦察紧密协调的对地打击"（SCAR）战术的具体实施，因各种不同状态或条件而各有不同。在伊拉克上空执行任务时，"超级大黄蜂"机群的机组们通常的一个选择，就是持续在战场的中空空

▼ 身着红色夹克的甲板空勤人员（武器专家），正在检查图中"大黄蜂"战机翼下挂载的GBU-12炸弹和翼尖挂载AIM-9X红外格斗导弹，战机即将升空遂行作战任务。如果任务空域并无显著的空中威胁，在伊拉克和阿富汗上空遂行任务的"（超级）大黄蜂"，通常不会额外携带空对空弹药。（美国海军）

域待机巡逻,利用其配置的 3 类主要的传感器系统搜索探测潜在的目标:"先进前视红外瞄准"吊舱(ATFLIR)、机载(具有下视能力的)电扫雷达和飞行器的目视。通常,在某个空域巡逻时,(当需要)将已发现目标的信息传递给同空域的其他战机时,例如机组已耗尽了其弹药时,当(1 号机发现了)某个目标,(双机编队中的)2 号机(僚机)有时会率先发起攻击。巡逻飞行期间,长机会在探测到(并飞经)潜在目标时,即时判定其敌意状态,以及快速评估(以机上某种弹药)对其实施打击后是否会导致民众伤亡(预评估附带毁伤);如果确定需打击,长机会为僚机〔跟在其飞行路径之后约 3 英里(约 4.83 千米)处〕创造攻击机会,(例如用机载激光指示器照射目标)使僚机能够有效投掷其激光制导或 GPS 制导炸弹。这一战术的额外优点,在于可以减少僚机的弹药消耗,允许其携带更多宝贵的燃料。考虑到僚机通常比长机耗费更多燃料(毕竟它们必须经常控制其油门以保持与长机的队形),因而这非常重要。

在伊拉克战争中,曾大量遂行过此类"与地面侦察紧密协调的对地打击"(SCAR)战术的"超级大黄蜂"中队,是 VFA-15"威士伯"中队。该中队此前在阿富汗战争中曾针对塔利班目标,在持续部署的 4 周时间里遂行了大量战斗飞行任务,休整后又随"西奥多·罗斯福"号航母于 2003 年重返波斯湾战场,并于当年 3 月 19 日全力投入了"伊拉克自由行动"(OIF)。

3 月 19 日晚,部署于美海军"亚伯拉罕·林肯"号航母上的舰载机 VFA-25"铁拳"和 VFA-113"尾刺"中队,担负了行动的首轮夜间攻击任务,它们在支援保障机群的配合下直飞巴格达上空,打击该国重要的战略目标。作为联军信息行动及媒体公关之一,他们的行动被提前提供给了新闻媒体,以运用这些新闻使其受众感受到(对联军战争力量的)震撼与敬畏。

行动中,海军舰载航空兵 F/A-18 系列"大黄蜂"战机中队,无疑正是向对方国家领导层和民众意识中投射"震撼与敬畏"的力量中的一部分。VFA-25"铁拳"中队在初期主要作战阶段(30 余天)保持了平均每天 20 个战斗架次的出击率,负责持续打击伊军位于巴士拉、纳西里耶、阿尔库特、纳杰夫、希拉等地以及巴格达的军事目标。在行动高峰期的 18 天内,该中队完成了 272 次出击架次,打击多个伊军装甲师、军用机场、基地设施、战略级指挥与控制基础设施。又例如,至当年 4 月 15 日时,VFA-15"威士伯"中队累计向各类伊军目标投掷了 245000 磅(约 111130.13 千克)弹药。

这些舰载 F/A-18 系列"大黄蜂"战机中队,只是所有参与"伊拉克自由行动"各型"大黄蜂"机群中的一部分;其具体包括部署于海军"星座"号航母上的 VFA-137 和 VFA-151 中队,部署于"小鹰"号航母上的 VFA-27、VFA-195 和 VFA-192 中队,部署于"企业"号航母上的 VFA-82 和 VFA-86 中队;以及当时仍配备着老式"大黄蜂"机群的 VFA-97 和 VFA-94 中队(部署于"尼米兹"号航母上),都曾在战争行动高峰时期以"疯狂"的节奏展开其战斗飞行任务。而联军方面,皇家澳大利亚空军(RAAF)派出的第 73 航空中队所属 14 架 F/A-18A/B 战机,部署在位于卡塔尔的基地内,并在澳军方"驯鹰人行动"(Operation Falconer)中高强度地参与作战行动。

随着战争全面爆发,美军及联军空中力量广泛使用了新装备的 GBU-38 型 500 磅(约 226.8 千克)级联合直接攻击弹药(JDAM),利用"铁炸弹"加装 GPS 制导套件和航迹控制尾翼,使其在维持较低成本的前提下获得更高的攻击精度。联合直接攻击弹药的诞生,源自美军在巴尔干战争期间的教训,当地经常恶劣的天气极大地限制了美空中力量对激光制导弹药的运用,因此美军在战后迫切需要研制一种低成本的精确点杀伤弹药。联合直接攻击弹药的制导组件除应用于 500 磅(约 226.8 千克)级炸弹外,还可应用于 1000 磅(约 453.6 千克)和 2000 磅(约 907.18 千克)级炸弹,分别形成 GBU-32 和 GBU-31 弹药,而"(超级)大黄蜂"机群都可挂载并使用它们。除 GPS 制导弹药外,战机还可使用 GBU-12 激光制导弹药和 AGM-65 "幼畜"导弹,其具体弹药挂载和作战运用主要取决于任务类型(遮断、打击任务,或为地面部队提供近空支援等)。

2003 年战争中,美军还有限地使用了 AGM-154 "联合防区外武器"(JSOW),例如,部署在"亚伯拉罕·林肯"航母上的 3 个"大黄蜂"中队在战争中投掷了 65 枚此型弹药。至于使用量更少的弹药还包括 AGM-84(SLAM-ER),整个战争中"大黄蜂"战机仅发射了 3 枚该弹药。

海军陆战队在战争中投入的 F/A-18D(RC)"攻击三角"性能可靠并继续发挥着其攻击中坚的作用,它为海军陆战队部队担负了大量空中夜攻任务和机载空中协调控制[FAC(A)]的职能。在其协调控制下,美国空军、海军和联军空中打击机群,利用按地理区域划分的"杀伤箱"联合火力协调方法,进行了卓有成效的对地协同攻击行动(比如实施 SCAR 战术)。为了更充分发挥 F/A-18D(RC)"攻击三角"战机的作用,海军陆战队甚至将这些具备出色战场感知能力的"大黄蜂"衍生机型部署至占领的伊境内前沿机场中。

2003 年 4 月底,萨达姆政权在联军的陆、空协同攻势下迅速崩溃,此次战争的主要作战阶段很快结束，而此时距战争打响仅过去约6周。从此时起，参战的各型"大黄蜂"机群开始广泛地支援美国及其盟军与当地小规模武装组织、恐怖组织爆发的大量低强度交战活动。

例如，对于VFA-115"鹰"中队的"大黄蜂"机群，它们在支援于阿富汗空域实施的"持久自由行动"（OEF）和"南方警戒行动"（OSW）期间共完成了214次作战任务，其数量仍不足以全面支持这类大规模空中行动。至2003年随着"伊拉克自由行动"最激烈之时，它们再次投入战场。4月3日，该中队战机搭载"快速战术图像"（FTI-II）照片侦察吊舱对战区实施了首次作战飞行，后续该中队主要遂行了大量近空支援、打击、护航、防空压制和空中加油等任务。

部署到"亚伯拉罕·林肯"号航母上后，VFA-115中队还与来自VFA-14和VFA-41中队的"超级大黄蜂"分遣队共享其在航母上的部署位置与机库，后两个中队是"尼米兹"号航母前沿部署至该航母上的机队，配合VFA-115中队的行动。例如，VFA-14中队的两架F/A-18E"超级大黄蜂"主要担负伙伴加油任务（利用其更大的内油和副油箱挂载能力），而VFA-41中队派出的两架同型战机主要担负空

▼ 图中KC-135"同温层"加油机隶属于驻扎在堪萨斯州的空军国民警卫队第190空中加油机联队，它正准备在威克岛空域为海军舰载F/A-18"大黄蜂"实施空中加油，该战机当时正在执行一次从日本飞往美国太平洋岛屿的护航任务。（美国空军/参谋军士本·富尔顿摄）

图示是2009年10月2日，一架美海
军F/A-18"大黄蜂"战机在阿富汗
空域接受第908远征空中加油中队的
KC-10A的空中加油。（美国空军）

► 2011年8月，部署于阿富汗坎大哈机场的第451远征后勤战备中队和第22空运中队的官兵，正在将一架海军的F/A-18E/F"超级大黄蜂"战斗机装载到空军C-5"银河"货机的货舱中。这架战机因严重故障失去作战能力，之前它曾在"持久自由行动"中广泛参战，故障后不得不运回国内大修。（美国空军）

中协调控制机［FAC（A）］的作用。与此同时，这两个中队的其他战机则仍部署于"尼米兹"号航母上，随其逐渐前往波斯湾作战海域。当该航母抵达任务区域外，这两个"超级大黄蜂"中队丝毫未浪费时间立即投入了战斗。

而至此时，伊拉克战争的主要作战阶段已宣布结束，海军"亚伯拉罕·林肯"号航母上的F/A-18"大黄蜂"机群已向伊军各类目标投掷了380000磅（约172365.1千克）弹药，其中一些战机作为伙伴加油机在空中向机群输送了350万磅（约1587573.3千克）航空燃料。鉴于VFA-115"鹰"中队在战时的出色表现，这为该中队乃至"林肯"号航母战斗群赢得了海军的集体嘉奖（Navy Unit Commendation）。

随着萨达姆·侯赛因政权的垮台，联军"伊拉克自由行动"后续很快演化为针对当地隐匿于城区复杂环境中的武装和恐怖组织的低强度城市战，敌方作战人员看上去与当地平民几乎没什么两样，但却对进驻的联军部队展开持续的袭击。毕竟，敌方主要由当地各派别的民兵组成。

在后续作战阶段，联军的空中力量担负了繁重的对地面部队的支援任务，而"超级大黄蜂"（其间美军各航空中队相继完成换装并前往战场参战）以及"大

黄蜂"机队同样担负了大量类似任务。此外，主要以 F/A-18 "大黄蜂"系列战机为主力的海军航空兵部队，不仅全力投入伊拉克的战事，而且同样广泛参与在阿富汗的行动。

对大多数 "大黄蜂" 中队而言，美国当时的对外政策（全力展开全球反恐战争）意味着战事不会在短时间内结束，各主要部队将不断在伊、阿两个战争区之间持续部署（间隙休整时间较少）。例如，VFA-14 "顶帽者" 中队于 2003 年 3—4 月部署到伊拉克周边参与 "伊拉克自由行动" 任务，直至 2005 年时才随配属的 "罗纳德·里根" 号航母（CVN-76）退出作战部署；其间，该中队共完成超过 2100 次出击，累计达 4300 飞行小时；类似的，VFA-154 中队的 "超级大黄蜂" 机群（隶属于第 9 舰载航空兵联队，配置在海军 "卡尔·文森" 号航母上），于 2005 年 4 月参与 "伊拉克自由行动"，这也是该中队换装 "超级大黄蜂" 后首次作战部署，之后在 2007 年该中队又配属海军 "约翰·C. 斯坦尼斯" 号航母（CVN-74）再次投入伊、阿战场。

一直至 2016 年时，海军和海军陆战队的各 "大黄蜂" 系列战机中队，仍有部分保持部署在北印度洋参与在伊、阿的行动，尽管此时行动节奏和参战频率已显著降低（与行动之初相比）。例如，自 2009 年

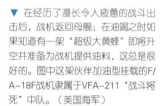

▼ 在经历了漫长令人疲惫的战斗出击后，战机返回母舰；在油竭之时如果知道有一架 "超级大黄蜂" 即将升空并准备为战机提供油料，这总是很好的。图中这架伙伴加油型挂载的 F/A-18F 战机隶属于 VFA-211 "战斗将死" 中队。（美国海军）

以来"伊拉克自由行动"中需要舰载航空兵支援的地面行动已大大减少，自那时起曾出现过持续数月都未向地面投掷一枚弹药的情况。

当然，战争策划者们并不担心形势会出现令人厌倦、焦虑的情况。随着西方特别是美国军队加速从伊拉克和阿富汗撤离，他们并非偃旗息鼓，而是正在积极战备，准备干涉另一个主权国家。

2011 年利比亚战争

尽管在伊拉克和阿富汗的战事在 21 世纪头 10 年之后逐渐"熄灭"，但 2011 年西方再次掀起了在利比亚的战事，他们支持当地的反抗和叛乱并致力于推翻该国统治者穆阿迈尔·卡扎菲（Muammar Gaddafi）。这次由北约发起的针对利比亚的军事行动，最初被美军命名为"奥德赛黎明行动"（OOD），之后随着北约接管了此次行动组织实施，行动又被重新命名为"联合保护行动"（OUP）；至于参与北约行动的各个国家，也都对此行动赋予了各自名称，例如英军就称之为"依拉米行动"（Operation Ellamy）。

参与行动的空中力量中，除了一系列欧洲国家和美国作战飞机，

▼ 一架隶属于VFA-41"黑色王牌"中队的F/A-18F"超级大黄蜂"战斗机正在波斯湾上空执行战斗任务。（美国海军）

还涉及多个国家派出的"大黄蜂"机队，包括西班牙空军的 4 架 EF–18M 战机、皇家加拿大空军的 7 架 CF–18 战机，以及美国海军的"大黄蜂"系列战机（C/D/E/F 型）。这些战机广泛参与了北约强制在当地划设的禁飞区。加拿大军队的 CF–18 战机主要部署于西西里岛的特拉帕尼—比尔吉空军基地，而西班牙空军战机则驻撒丁岛的德奇莫曼努空军基地。

具体而言，加拿大空军派出的"大黄蜂"战机来自第 425 和第 409 战术战斗机中队（隶属于驻冷湖的第 4 航空兵联队），行动中它们被编为"西南风特遣队"（TF Libeccio）。2011 年 3 月底，他们完成了首次赶赴作战空域的巡航出击，最终在该国空域进行了遮断打击；至当年 11 月底结束行动时，总共完成了 946 个架次并投掷了 696 枚弹药，其出击架次约占北约空中力量总出击架次的 10%。

与此同时，西班牙空军派出了其第 15 联军的数架"大黄蜂"战机，它们在行动中搭载有 AAQ–28 莱特宁（LITENING）模块式瞄准吊舱，强化了其遂行防御型制空以及强制执行禁飞区的能力。从当年 3 月 19 日至 4 月 17 日，西班牙空军派出的"大黄蜂"机队完成了 45 次战斗空中巡逻任务总计约 328 飞行小时。"奥德赛黎明行动"还是美国海军冠之以古怪绰号的 EA–18G "咆哮者"战机大显身手的舞台，此前的"伊拉克自由行动"中 G 型机曾广泛用于战场，以其独特能力参与了攻击行动（比如干扰利用手机信号遥控引爆的简易爆炸装置）。在利比亚，"咆哮者"被广泛用于探测可能的威胁性电磁辐射源，实施广泛的通信干扰，或将潜在目标信息通过数据链传输给其他联军打击机群。

◀ 一架 EA–18G "咆哮者"电子战战机完成任务后返回海军"卡尔·文森"号航母（CVN–70）并在着舰甲板区用尾钩挂上阻拦索成功着舰，该战机隶属于 VAQ–139 中队。在美国和联军战机打击叙利亚境内目标时，该战机为行动提供着强大的电子保护。（美国海军）

2014 年 6 月至今打击"伊斯兰国"

"坚定决心行动"（OIR），是美国武装部队在伊拉克和叙利亚针对"伊斯兰国"（IS）的军事行动所起的代号。

2014 年 6 月—2015 年 12 月间，美国及其北约盟友在中东地区针对崛起于当地的"伊斯兰国"恐怖组织发起的全面空中打击，其间针对位于伊拉克的 5000 余个目标以及叙利亚的 2700 个目标发动了超过 7800 架次的空中打击。在这些打击任务中，美海军和海军陆战队持续部署至中东海域的 4 艘航母打击大队的多个"超级大黄蜂"机队，贡献了重要力量；每个航母打击大队都配备了 4 个"大黄蜂"系列战机（C/D/E/F 型）中队。此外，海军陆战队的"大黄蜂"中队还被派驻在陆上空军基地参与了行动，例如驻巴林空军基地的 VMFA-232 中队。

美军投入行动的"大黄蜂"机队还得到加拿大空军派出的 CF-18 机队和澳大利亚空军的 F/A-18A/E 等各型战机的支持。2014 年 9 月在"冲击行动"（OI）期间，被部署在科威特基地的加国空军 CF-18 机队于当年 11 月 2 日，首次对该地区的恐怖组织展开了打击。至 2015 年 11 月时，他们完成 200 余次打击（联军总的空中打击次数的 2.5%）；至 2016 年 1 月 17 日，共完成了 2038 个出击架次。之后，即将执政的加拿大自由党政府，承诺将从"冲击行动"中撤出（前政府）派出的 CF-18 机群，但（在本著作完稿的 2016 年 1 月之时）并未就此给出截止时限。

与此同时，2014 年 8 月澳政府决定参与联军在中东的反恐行动并启动"秋葵行动"（Operation Okra），为此皇家澳大利亚空军派出了 6 架"超级大黄蜂"战机被部署在阿联酋艾尔·明翰空军基地。2015 年 3 月，澳空军从其第 75 航空中队抽出了 6 架 F/A-18A 型战机派驻中东，替换先期派出的 F 型战机。根据其官方发布信息表明，至 2015 年 6 月，澳空军派出的两批次"大黄蜂"系列战机共完成了 5000 飞行小时，投掷约 400 枚弹药。至当年 11 月，在中东的 F/A-18A 战机又累计完成了 580 次出击，投掷了 363 枚弹药。

担负北美防空使命的"大黄蜂"机队

2001 年"9·11"恐怖袭击事件之后，美国立即宣布与加拿大政府一起，在北美实施"高贵之鹰行动"（ONE），共同保护北美地区的机场、军事设施、重要基础设施、民众集中地区、政治中心以及其他潜在目标，使之免受恐怖组织的后续蓄意攻击。

　　为了充分发挥空中力量的优势，保护这些设施或地点，北美防空司令部（NORAD）指令美国和加拿大驻北美地区的战术战斗机部队（也包含美海军、海军陆战队和皇家加拿大空军驻北美各地的各型 F/A-18 系列战机），在北美空域展开空中警戒和监视任务。

　　自 2001 年 9 月 14 日"高贵之鹰行动"启动以来，加拿大空军的任务 CF-18 机队共响应了约 3000 余次情况，但其中绝大部分都不值得关注。随后，加拿大的"大黄蜂"机队日益发现他们越来越多地开始拦截并伴飞不请自来的俄罗斯图-95"熊"式轰炸机、伊-20 侦察机、米格-31"狐蝠"截击机和米格-29"支点"战斗机，使之远离美国和加拿大的空域。

2013 年马来西亚在婆罗洲的空中行动

　　马来西亚空军自获得 F/A-18D"大黄蜂"战机后，于 2013 年 3 月首次在实战中运用了这款战机。当月，3 架"大黄蜂"和 5 架 BAE 公司的"鹰 208"式战机打击了一处位于婆罗洲的叛乱武装分子营地，之后马来西亚陆军和警察部队进而突击了该营地。约 235 名苏禄苏丹国和北婆罗洲的安全部队占领了这处位于拉哈达杜（Lahad Datu）附近的营地。而该处同时也是争议土地，菲律宾对这场沙巴地区（前北婆罗洲）的土地宣称其拥有主权。

▼ 2015年5月，一架隶属于VFA-136"骑士鹰"中队的F/A-18E"超级大黄蜂"战机从"西奥多·罗斯福"号航母（CVN-71）上起飞，其任务将是打击位于伊拉克和叙利亚境内的"伊斯兰国"目标。图中战机配备着GBU-38和AGM-65型弹药。（美国海军）

航空工程师正在为一架F/A-18E"超级大黄蜂"战机更换轮胎，该战机隶属于VFA-122"飞鹰"中队，它们部署在海军"约翰·C.斯坦尼斯"号航母（CVN-74）上。由于舰载战机采取阻拦着舰的方式，其机体和轮胎的磨损非常快。（美国海军）

5 详解"超级大黄蜂"战机

单座型 F/A-18E "超级大黄蜂"的重量达到 31 万磅(约 140613.63 千克),比 23 万磅(约 104326.25 千克)的 F/A-18C "大黄蜂"战机重得多。"超级在黄蜂"战机的尺寸和重量比其前作有很大增加,在从这两款战机的下部观察时这尤为明显。

▶▶ 很容易区别"超级大黄蜂"与传统型"大黄蜂"两种战机，前者主翼前缘边条看上去就大一号膨起的眼镜蛇一般，而且其矩形进气口与后者有很大不同；同时，前者的主翼和各飞行控制翼面较后者更大。（美国海军）

▼ "超级大黄蜂"战机的机身散布着各类天线、突起物、进气口和通气口。在这些开口中，就包括辅助动力单元（APU）的排气口，它位于机身两部引擎之间的下部。（美国海军）

F/A-18E/F "超级大黄蜂"战机，是一种多用途的舰载战斗攻击机，其中单座 E 型重约 31500 磅（约 14288.16 千克）、双座 F 型重约 32000 磅（约 14514.96 千克）。

该战机有两台通用电气公司的 F414-GE-400 型涡扇引擎，该引擎采用全权数字引擎控制技术（FADEC，参见下一章）。其可加压座舱由整体式气泡式座舱盖（电控操作）封闭。战机还配备有辅助动力单元（APU），使战机引擎具备独立的自启动能力。

"超级大黄蜂"战机的特征，还包括主翼中部可变弯度（变弧翼）、机身两侧前部更大的翼前缘延伸边条（LEX），其双 V 型垂直尾翼的外倾角度达到 20 度等。该战机还采取放宽静稳定性控制设计，以提升其空中格斗的机敏性，但降低了在航母降落时的着舰速度。相应的，

F/A-18E/F

Super Hornet

▶▶ 一名航空中队电子工程师正在使用万用表检查一套安装于F/A-18E/F战机上的变流机组发电机的阻抗。

▼ 简图所示为"超级大黄蜂"战机的总体布局和结构,包括4处机内油箱和主机翼油箱,以及右侧垂直尾翼内油箱,当出现紧急情况时,多余燃油将通过它向弃油喷嘴供油。

该机由数字式电传飞行操控系统(FCS)操纵,再通过液压系统驱动全机身各处的飞行控制翼面,包括副翼、(垂尾上的)双方向舵面、前缘襟翼、后缘襟翼、翼前缘延伸边条扰流板和差分全动平尾等。战机的主机翼前缘还设计有很多小的"突起"(有时也被称为"犬齿"或"锯齿"),它可增加外侧翼面积,并在战机进场和着陆打开各种翼面配置(以配合降低速度)提升对战机滚动状态的控制。当然,老式的传统型"大黄蜂"则设计有机背部的减速板,而到了E/F型时则取消了此设计,其减速功能则通过各主飞行控制翼(舵面)的差动偏转(differential deflection)来实现。

F/A-18F是"超级大黄蜂"的双座型号,它配置有串列双人座舱。在作为教练机时,其后座舱可配置有飞行操控杆、油门和方向舵踏板;而作为任务战机时,后座舱则可配置为两套手动控制系统、一套前部控制显示屏(UFCD)适配接口以及用脚操控的通信开关。后座舱的控制和显示设备,皆独立于前座舱的控制系统。

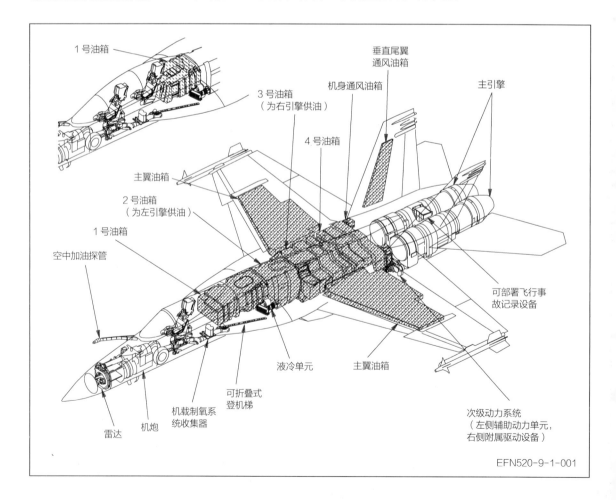

EFN520-9-1-001

辅助电源系统

F/A-18E/F"超级大黄蜂"的辅助电源系统，包括两套安装于机体的附属驱动设备（AMAD）和一套辅助动力单元（APU）。

在通常的操作运行中，每套机体附属驱动设备都由机械连动装置，被各自的主引擎通过一套转动传输杆来驱动，它（从主引擎获得的动力）被用于带动以下设备：燃油增压/（引擎）引射泵、一套交/直流发电机以及一套压力为3000/5000磅力/平方英寸（约210.92/351.53千克力/平方厘米）的液压泵。每套机体附属驱动设备上的空气涡轮启动器（ATS），由气动压力驱动的旋转，以获得引擎曲柄/启动能力。

机上辅助动力单元是一套小型的燃气涡轮引擎，在引擎常规启动时被用于产生推动空气涡轮启动器（ATS）的气体源；或者为机上环境控制系统（ECS）提供替代性的空气源。该辅助动力单元位于两具引擎之间，其进气口和排气口都朝下布置。

辅助动力单元的启动，所需电力则由一套电池提供，其电力被提供给该辅助动力单元的蓄能器，由其驱动一套液压马达进而启动该辅助动力单元。辅助动力单元从左引擎燃油开闭阀门的前端燃油馈线获得燃料输入，在单元电源的配合下完成点火启动。在通常的运行中，辅助动力单元杆还会驱动旋转一套独立的压缩机，由其为主导引启动或环境控制系统供应空气。

供电系统

战机的电力供应系统，其主体是两台发电机、两套变压器整流器组（TR）、一套附有专门充电装置的电池组和一套电力分配系统。机上供电系统可提供发电机隔离、总线连接、发电机自动复位和交流总线隔离电路的故障保护。

机上每台发电机通过永磁发电设备（PMG），可提供1路主要的交流电源和3路独立的的直流电源。在通常的操作中，左侧发电机提供的电力仅用于左侧设备总线，而右侧发电机的电力仅负责右侧设备。如果某套发电机出现故障，另一套发电机将仍能担负起整机的电力负载，提高了系统的冗余性。

战机主引擎的启动，通常由电池（属于辅助动力单元）提供最初的能量，当战机于地面启动其主引擎时（如试车）则可由外接电源启动。机上的电源母线（汇流条）系统，包括一左一右分布的115V交流母线（AC Bus），右侧单侧24V交流母线，左侧及右侧的28V直流母线、

◀◀ 一名隶属于VFA-81航空中队的机械师及其同伴正在机库内准备拆下一架F/A-18E/F"超级大黄蜂"战机机腹下一处舱室的外板，该中队当时部署于海军的"卡尔·文森"号航母（CVN-70）上。（美国海军）

▲ 尽管"超级大黄蜂"战机拥有内部电池，但战机在地面检修或解决其故障时，通常使用外部供电。（美国海军）

28V 应急直流母线和一套 28V 的维护母线。

机上的直流电源，来自两套变压器整流器组（TR）以及从每个永磁发电机上引出的 3 路直流输出；此外，机上电池及充电设备也可提供直流电。

当然，每个变压器整流器与各自的 115V 交流母线相连并由其驱动，而其输出则采取并行连接、驱动着机身左右两侧的 28V 直流母线，并为其应急直流母线提供主要能量输入。如果一套变压器整流器组出现故障，另一套备份设备同样能满足整个战机各部位对直流电的需求。

每个永磁发电机上引出的 3 路直流输出中，2 路接入战机飞行控制计算机（FCC）为其供电，另 1 路接入应急直流母线作为备份。具体而言，左侧的永磁发电机作为飞控计算机 A（线路 1/2）的主供电电源，而右侧的同类电机则作为飞控计算机 B（路线 3/4）的主供电电源。当战机主引擎加速达到大约 50% 的 N2 转速（涡轮转速）时，发动机就会上线发挥作用。

战机（辅助动力单元上的）电池，其主要作用是启动引擎。电池还直接为维护母线（28V）供电，驱动战机座舱罩的开闭、机身侧登机梯的收放，以及监控战机交流电源供应的设备供电。由于各电源供电系统的冗余备份充裕，战机在飞行中不太可能发生完全丧失交流电和直流电的情况，特别是其电池可提供战机供电最后的"防线"，其

作为最后的应急母线备份的能力可为战机上的飞控计算机提供 5 ~ 10
分钟的应急电源，一旦出现最后备用电池也耗尽的情况，战机将丧失
控制。

灯光系统

战机的外部照明系统，可在特定光照条件下突出飞机的位置，或
便于飞行员辨识附近其他飞机的特点，还为航母着舰信号军官（LSO）
提供战机的目视信息指示；同时，在战机空中加油、着陆或滑行时，
也可根据其外灯光系统将最新型 F/A–E/F 型与其他 F/A–18 "大黄蜂"
区分开来。（在最新型的"超级大黄蜂"机型上）具有以下外部灯光，
包括频闪灯、夜航标位灯、编队灯、进场灯（降落指示灯）、加油探管灯、
降落 / 滑行灯。其频闪灯、夜航标位灯还拥有两种使用模式：常规和
夜视模式。

液压动力供应系统

战机的液压动力供应系统，由一套双（液）压系统构成［包括
3000/5000 磅力 / 平方英寸（约 210.92/351.53 千克力 / 平方厘米）］，
用于驱动或激励主要的飞行控制翼（舵）面，并用于实现以下实用的
液压功能：起降架、轮胎制动设备、防滑装置、尾钩、弹射钩杆、加
油探管、前轮转向装置、机炮和驻车制动设备的收放和动作。机上的
两套液压蓄能器，将在一些紧急情况下的液压驱动提供动力。

机上的液压系统包含两套独立的液压设备——HYD1 和 HYD2。
每套系统又可分为两组机构，提供四套独立的液压回路，它们被标识
为用于驱动机身左侧各部位的 1A 和 1B，以及右侧的 2A 和 2B。其中，
HYD1 的两组液压回路专用于单独实现飞行中（相关设备及活动翼、
舵面的）控制，HYD2A 同样可实现相关活动翼、舵面的飞行控制，
HYD2B 则连动着一些控制翼 / 舵面、阻拦尾钩、辅助动力单元和应急
制动蓄能器。

战机上所有的飞行控制翼、舵面的驱动，都由 HYD1 回路的两组
液压系统和 HYD2 回路的一组液压系统驱动，两者既可同时用于驱动
各类舵面，也可通过液压转换阀门由其中之一进行驱动。

机上的其他需液压动力的公用设备的驱动仅采用压力为 3000 磅力
/ 平方英寸（约 210.92 千克力 / 平方厘米）的液压系统。机上液压系
统的还配置有两套减压器，一套与 HYD 2A 液压回路相连、另一套与

图中部署在海军"乔治·华盛顿"号航母（CVN-73）的一架F/A-18C"大黄蜂"战机正在例行维护，一名航空中队的结构工程师正从战机的检修舱口拆下紧固螺栓。（美国海军）

407

HYD2B 回路相连，它们在液压泵输出 5000 磅力 / 平方英寸（psi）（约 351.53 千克力 / 平方厘米）的液压压力时，将其降至 3000 磅力 / 平方英寸（约 210.92 千克力 / 平方厘米）供公用设备的液压设备使用。

　　每套液压系统可由一套安装于机体的附属驱动设备（AMAD）上的单、双压可变容量液压泵输出压力，基于战机的飞行状态，飞行控制计算机（FCC）（自动地 / 也可人工干预）控制着该泵体的运用。例如，在高速飞行时，机体在空气介质中所受很高气压时，需要液压系统以更高的压力［5000 磅力 / 平方英寸（约 351.53 千克力 / 平方厘米）］实现受控部件（如活动翼 / 舵面等）的运动。一旦其中一套液压系统出现故障时，另一套泵系统输出的液压压力仍可为整机各个控制翼 / 舵面提供驱动动力。战机的液压传感器系统，可将系统压力（指标）传递并体现在驾驶舱的液压压力计以数值形式供机组参考。战机整个液压系统（HYD1A、HYD1B、HYD2A 和 HYD2B）还配备有告警机制，当个别液压阀门或开关实时检测到液压回路的压力低于 1400 磅力 / 平方英寸（约 98.43 千克力 / 平方厘米）时，就会向机组发出（某处液压系统）故障的警示。

▼ 航母作战部署的夜间，飞行甲板上的危险增加。图中这架 F/A-18E "超级大黄蜂" 战机正准备从海军 "尼米兹" 号航母上弹射起飞，其滑行灯表明夜间甲板作业时这些灯光的重要性。（美国海军）

战机的液压回路中的介质，存储于一个单独的液压油箱中，由其提供给各个液压回路或系统。为了适应机上液压系统的需求和使用，HYD2 的液压油箱储量要大于 HYD1 的储油量。

机上其他需要液压发挥作用的部件则由 HYD2 系列液压装置驱动，这些部件包括起落架收放装置、前轮转向装置、轮胎刹车和防滑装置、弹射钩杆及附件、钩挂阻拦索的尾钩收放装置，以及空中加油探管的收缩装置等。其中，战机在飞行中的空中受油探管的收放，将在后续加油系统部分详细阐述。

战机起落架系统

"大黄蜂"系列战机起落架系统采取三点式设计，包括 1 组带转向装置的前起落架和 2 组固定的后部主起落架。起飞后，战机前起落架向后收回机体内，而后部两套主起落架则向内侧收回。当起落架全部展开时，所有起落架舱门都保持着开放状态。

机体后部的主起落架，每套起落架组包含 1 组取平连接构件，它被设计用于在放下其所连附的起落架后使主轮正确对齐。连接起落架轮胎与主起落架支杆的部件，被设计成离轴 / 偏轴式旋转，如此起落架轮就能很好地进入主起落架轮套上。至于起落架组的取平构件则从其所装配备的方向旋转，使其与飞机的纵轴保持一致，并锁定中心位置，保持主起落架放下后轮胎位置正直。

通常情况下，起落架的收放由座舱内的 LDG 手柄控制，其机械部件的运动动力来自 HYD 2A 系统的液压动力。在战机起飞时，随着前起落架不再承重以及弹射钩杆（launch bar）收回后，飞行员可将 LDG 手柄向上推至"UP"的位置，如此操作将向起降架系统选择阀门送出一个电信号，以启动相关液压系统运动实现各起落架收回机体内。类似的，（在需要着陆时）飞行员将 LDG 手机下拉至"DN"位置后，相应电信号将以同样的方式使各起落架伸展并放下。

如果起飞弹射钩杆时在战机弹射升空后没有上升返回至需锁定位置，或者前起落架仍处于并显示承重状态（WOW，即战机仍未获得足够升力），那么前起落架就无法被缩回。无论在何种情况下，（只要战机仍处于未起飞的状态）飞行员即便将 LDG 手机置于 UP 位置时，其后主起落架和前起落架仍将保持伸展状态。

应急状态下起落架的放下，同样由前座舱的 LDG 手柄以机械机构控制，或者在第 21 ~ 第 25 批次量产型战机的"EMERG LDG"手柄控制，这种情况下，起落架系统将由辅助动力单元的蓄能装置驱动并提供的液压压力帮助下被放下。这两套手柄，都通过一系列机械连接件和电缆连接到起落架的应急（收放）选择阀上。

战机前起落架轮转向装置（NWS），被用于为前轮提供方向控制并减少（战机在地面移动时）前轮的摇动（提供减震阻尼）。前起落架轮转向装置，装配在前起落架组件中，由飞行控制计算机以电路加以控制，获得电信号后其机械部件的运动将由 HYD2A（主液压动力）或 HYD2B/辅助动力单元蓄能器（备份动力）所驱动。一旦出现 HYD2A 液压动力故障，（与转向装置相连的）液压回路内液压压力加载换向阀将转向（接通）HYD2B 的液压回路（如可用的话），或由辅助动力单元（APU）蓄能器为其提供最后的备份驱动力。对于飞行员而言，他则通过脚下的转向踏板向飞行控制计算机发出指令。

战机前起落架轮转向装置（NWS）有两种工作模式：NWS（L）和 NWS（HI）。在 L 模式（即低转角模式）下，在飞行员的平视显示器（HUD）中提示为"NWS L"，这时飞行员全部压下转向踏板后，前轮将可偏转约 22.5 度的角度。而在 HI 模式（即高转角模式）下，这同样在飞行员平视显示器（或抬头显示装置）中提示为"NWS HI"，此时踏板全部压下后前轮最大可偏转约 75 度。战机前轮转向系统（处于低增益）状态运行时，还可对飞行控制计算机发出的偏向率反馈输入（做出响应/微调），这被设计用于抵消飞行员诱导振荡/偏向（PIO）导致的战机（地面行进）方向偏移，而这种偏移会在战机起飞或降落滑行时增加阻力。

战机起落架的轮胎制动系统，提供了正常的制动、防滑、紧急制动、停车制动和防主轮自旋等功能。该系统通常的制动功能及组件运动主要由 HYD2A 液压系统的液压动力驱动，且其具有独立的防滑功能，当防滑功能被激活时，可对战机在湿滑地面滑行时，或在刹车时为防止轮胎打滑提供最大的制动力。当采取紧急制动措施时，制动系统的紧急制动将由 HYD2B 液压系统提供压力驱动（如果其可用时）；或者，在 HYD2A 液压系统出现故障时，刹车及辅助动力单元蓄能器将提供备份液压动力。制动系统的防主轮自旋功能，则在战机起飞起落架收回前，始终防止主起降架轮胎出现自旋。

每一个主起落架轮胎制动刹车，由座舱内单独的制动踏板控制。飞行员用脚在每个制动踏板上下踩的力，都通过一系列的电缆和机械连接件直接通往位于各起落架控制液压伺服阀上。飞行员踩下制动踏板的程度，与伺服阀打开程度以及向制动刹车系统施放的液压动力成正比。双制动踏板动作提供对称的轮胎制动车，而个体制动踏板动作提供差动制动。而在 F/A-18F "超级大黄蜂"（训练型）战机上，在后座舱机组成员的制动踏板还通过第二套线缆与各起落架制动系统的液压伺服阀相连，（当座舱前后两人同时踩下制动踏板时），制动系统伺服阀则由踩下制动踏板力度最大的飞行员控制。

　　战机起落架各轮胎的驻车制动，在战机固定停放时用于确保战机起落架不会溜滑。HYD2B液压系统的备份液压压力或来自辅助动力单元蓄能器的液压动力，将通过应急刹车液压回路，被送往轮胎制动液压伺服阀各后起降架主轮胎刹车。

拦阻钩（尾钩）

　　战机拦阻钩（arresting hook），通常总是由一套充氮蓄能器（拦阻钩制动装置／阻尼器，该制动装置整合在拦阻钩收放致动器上）所控制。飞行员通过座舱下拦阻钩开关，将其打开（置于"DOWN"位置）后挂着阻拦钩的机械机构将被释放，使阻拦着拦阻钩的阻尼消失，拦阻钩在重力作用下自然放下。取消此阻尼后，拦阻钩将在不到两秒内放下。当战机着舰触到甲板时，拦阻钩阻尼装置控制着其保持在下放位置防止其上弹（而无法挂住阻拦索），同时阻尼装置还确保向拦阻钩施加向下作用力，确保其能钩挂上阻拦索。

　　当飞行员将拦阻钩开关置于"UP"位置时，阻拦钩收放装置开始发挥作用。开关扳动后，电传系统将控制信号传输至机尾部与拦阻钩

▼ 图中F/A-18E型"超级大黄蜂"战机隶属于VFA-86"响尾蛇"中队，该中队的战机正逐一从海军"德怀特·D.艾森豪威尔"号航母（CVN-69）上弹射起飞。尽管战机已打开相关灯光可供目视观察，但它还有肉眼不可见的夜视灯光。（美国海军）

收放装置的隔离阀上,进而驱动 HYD2B 液压系统输出液压动力牵动拦阻钩收放致动装置。HYD2B 的液压动力将克服阻拦钩阻尼器向下的压力,从而向上收起拦阻钩;待其上升挂起至并被阻拦钩锁闭机制捕捉后,从而被锁定在挂起的位置。正常情况下,拦阻钩将在 4 秒内完成上收挂起并被锁闭。当然,如果 HYD2B 液压系统出现故障,阻拦钩将无法被收回。

主翼折叠系统

航母机库及飞行甲板空间极为有限,为尽可能装载更多战机,舰载机的主翼都会被设计成外翻向上折起的状态。美国海军及海军陆战队装备的舰载型"大黄蜂"系列战机同样如此,战机主翼外部设计有折叠机构,可使两侧主翼外部的部分向上翻起,其折叠机制包含两套电动马达(一套用于锁闭/解锁机翼折叠部件的固定机构,另一套用于展开/翻折机翼)。通常,这两套马达及相应的折叠和锁固机械机构将协调同步地展开动作。

▼ 图中 F/A-18C 战机隶属于 VMFA-251 中队,地勤人员正在维护战机起落架液压致动装置。传统的"大黄蜂"战机液压泵的液压介质压力为 3000 磅力/平方英寸(约210.92千克力/平方厘米),而"超级大黄蜂"系列战机的双压力液压泵则可切换到 5000 磅力/平方英寸(约351.53千克力/平方厘米)压力的模式,以驱动战机上承力更大的各飞行控制翼、舵面。(美国海军)

每侧主翼折叠机构，包括一套直流电动机，它驱动着机翼折叠部件的锁闭和解锁；以及一套交流电驱动单位，它用于致动主翼展开和折叠的机构。当主翼伸展开并被锁闭固定时，锁闭机构的紧固螺栓由电动马达驱动锁紧。当机翼折叠处紧固机构解锁时，折叠铰链处的解锁块（常被航空人员昵称为"啤酒罐"）将从机翼上表面靠近翼前缘伸出，表明锁紧螺栓已松出。为便于辨识，两侧"啤酒罐"（解锁块）的轴都被涂上红色，方便人员观察主翼锁闭紧固机构的状态。例如，当机翼被紧固锁定时，"啤酒罐"的顶部轴杆应呈现红色；否则，就不会观察到这类红色的轴杆。

此外，当主翼外部被折叠起来时，副翼将通过其内侧的绞链机构被锁定于中立位置，锁固主要通过副翼锁紧销完成。副翼锁销机构，同样与主翼折叠机构类似。当战机液压系统出现故障时，设计副翼上的钩挂及锁销机构的目的，在于是防止副翼被向内侧倾斜并碰撞到主翼后缘襟翼（TEF）上；如果副翼锁销因某种原因折断，副翼就有可能被气压吹向内侧碰到翼后缘襟翼；特别是如果在发动机启动过程中出现这种情况，主翼后缘襟翼有可能碰向副翼，造成两个翼面损坏。

飞行控制系统

"大黄蜂"战机的飞行控制系统，是一套采用电传的全权控制增稳系统（CAS）。其飞行控制系统，可提供以下四项基本功能：一是（确保）战机飞行稳定，二是实现对战机各种飞行状态的控制，三是确保战机始终处于受控状态（尤其是易失控的飞行状态下），四是战机结构负载管理。因为"大黄蜂"战机采取基本的机身静不稳定性设计（为获得更高的机动性），所以，其飞行控制系统（FCS）的主要功能在确保在各种飞行条件下保持战机稳定性。战机飞行控制系统，还可通过该机型战机基本飞行控制规律（这决定着战机对飞行员操纵输入的响应），从而实现对飞机进行全面的控制。飞行员的操纵输入（从飞行操纵杆的摇动和脚下各踏板的踩踏），这些输入动作都将形成电信号，传输到战机上的两套四余度数字飞行控制计算机（FCC A 和 FCC B）内。

采用全新的电传控制系统后，战机座舱操纵杆和舵踏板等操纵动作输入设备，与机体上的各类飞行控制翼/舵面之间并无任何机械连接。飞行控制计算机的软件系统（依据操纵动作形成的输入信号）经处理计算后形成具体飞行控制信号，它们经电传系统传输到各控制翼/舵面及其液压伺机设备，实现各控制翼/舵面的活动，进而实现对战机俯仰（pitch）、横滚（roll）和偏航（yaw）运动的控制。此外，战

机飞行控制系统还通过对飞行员做出的一些"过激"或"不合理"的操纵动作进行"裁剪/修正",防止战机陷入危险的易失控状态,否则战机(激烈空战场景下)将很容易因误操作或动作过猛而失控。最后,战机飞行控制系统,还可通过限制战机在某些状态下的过载动作防止机体结构过度受力,或通过控制战机各飞行控制翼/舵面动作,提供对战机机身整体结构的负载管理,否则一些激烈机动会导致机身结构损毁。

"大黄蜂"系列战机全机身拥有12个主要的飞行控制翼/舵面,包含两套主翼前缘襟翼(LEF)、两套主翼后缘襟翼(TEF)、两套副翼、两套垂直尾翼方向舵翼面,以及机身后侧两套水平尾翼和两块阻力板。其中,分布于机身左右两侧的主翼前缘襟翼、主翼后缘襟翼、副翼及机身后侧水平尾翼,既可对称同向运动,也可差动(左上右下或左下右上)运动,以实现战机在空中的俯仰、横滚运动。

战机的俯仰控制,由水平尾翼控制面对称运动,或者在某些情况下由垂直尾翼的方向舵面共同向内侧偏转、或共同向外展开来实现。战机的横滚运动,则可由一系列副翼、水平尾翼、主翼前缘襟翼及后缘襟翼的差动偏转运动来实现;当然,具体飞行控制翼面及差动偏转角度的选择,则取决于战机具体的飞行状态等。战机的 V 型外倾垂直尾翼上的方向舵面朝同方向偏转时,战机将改变飞行状态航向。战机未设计有专门的减速翼面;事实上,战机在空中的"减速功能",主

▶ 战机前起落架上附有1根弹射钩杆和指示灯,在战机被弹射前,弹射钩杆处于放下状态,如此它才可钩挂住弹射系统上的滑块,而前起落架指示灯则为航母着舰信号军官(LSO)在战机着舰最后阶段时提供有关战机进场攻角的目视确认信息。(美国海军)

要由几套主要的飞行控制翼／舵面的组合偏转或部分偏转的方式实现。

　　所有飞行控制翼／舵面致动机构的动作，由 HYD1 和 HYD2 液压系统提供动力。水平尾翼和主翼后缘襟翼（TEF）致动机构，同时由两套液压系统的各 1 路液压回路提供动力；所有其他控制翼／舵面的致动机构，则由单一的 1 路液压回路提供动力，各控制翼面还可由各自液压致动机构的回路切换阀，获得各备份液压系统的动力（具体可参见上述涉及液压系统的章节，可参见战机的液压系统分布简图）。

　　战机的两块减速板，安装在机身主翼前缘襟翼后端的上部，减速板由战机飞行控制系统控制，具有两个固定的状态位置：0 度（平直状）或竖起 60 度（后缘伸起）。处于竖起 60 度位置时，可由座舱内的减速功能按钮启动，或者在战机处于超过 22 度高攻角（AOA）状态且当飞行员向前压下操纵杆，机尾水平尾翼向下折超过 15 度时，减速板将打开以帮助战机从高攻角飞行状态改出。

　　战机的两套飞行控制计算机（FCC A 和 FCC B），赋予战机应对复杂飞行环境及机组操纵活动的强大计算能力，最大限度发挥战机的气动性能。飞控计算系统采用四通道计算—通信构架，为飞控系统提供高冗余度安全控制备份。每套飞行控制计算机包含两部独立的中央处理单元（CPU），各负责一个通道的飞行控制系统。其中飞行控制计算机 A 包含 1、2 通道（CH1 和 CH2），飞控计算机 B 包含 3、4 通道（CH3 和 CH4）。

　　大部分输往飞行控制计算机的输入信息（包含：速率陀螺、加速度计、空气数据传感器、飞行员操纵杆和舵踏板位置传感器等），都采取四余度输入设计，每路输入对应一个飞行控制计算通道。飞控计算系统所涉及的 4 套中央处理单元，都独立且并行地完成飞行（输入参数）控制计算。战机各传感器的输入信息和飞控计算系统中央处理单元的输出都被飞行控制计算持续监控着，各通道计算处理单元形成的计算结果还会相互比对，当某路系统与其他路的计算结果存在差异时（如果出现的话），错误的信号就会被丢弃。

　　战机的速度和加速度数据，由机上的两套独立的姿态和航向参考集（AHRS）提供，每套飞行控制计算系统对应一套。每套姿态和航向参考集，拥有两组环形激光速率陀螺和两组加速计，它们可独立地提供多组涉及战机飞行状态的俯仰、横滚和偏航率信息，以及有关战机纵向和横向加速度的信息。

　　战机的每套姿态和航向参考集通道所连接的实际速率与加速度传感器，都与战机的俯仰、横摇和偏航轴并不一致。因此，原始的传感器数据在被用于战机的俯仰、滚轴和偏航轴控制前，需经由各姿态和

◄◄ 维护技师正用手测试与前起落架一体的弹射钩杆。后部主起落架上的双胎有助于将F/A-18战机降落在舰上时分散巨大的冲击力。（美国海军）

航向参考集内部的微处理器处理并加以转换。由于战机采用的这种传感器数据收集及处理构架，某个控制通道上的单速率陀螺故障，将导致所有三个轴速率无法在同一通道中使用。类似地，如果（某个通道上的）任何加速度计出现故障，那么其对应的姿态和航向参考集通道上的所有加速度数据都将不可用。

飞行控制计算机的信道输出信息，将被传输到适当的飞行控制执行机构，或其他战机上的子功能系统（如任务计算机/MC）中。尽管战机的飞行控制计算机会同样在所有四个通道中运行，但所有的飞行控制执行机构（致动装置）并不会在四个通道中获得相关指令并执行。战机尾部的水平尾翼和（主翼）后缘襟翼（TEF）致动机构，会接受来自4路飞行控制计算机通道的动作指令信号。当然，战机的每套副翼、方向舵面、减速板和主翼前缘襟翼（LEF）致动机构，仅接受两路飞行控制计算机通道（FCC A 和 FCC B）的动作指令信号。在战机左侧的双通道致动执行机构接收来自 CH1 和 CH 4 的输入，而右侧的双通道致动执行器则接收来自 CH 2 和 CH 3 的输入［飞行控制计算机 A 包含 1、2 通道（CH1 和 CH2），飞控计算机 B 包含 3、4 通道（CH3 和 CH4）］。

▼ ▶▶ "大黄蜂"系列战机后部主起降架向内侧和后侧收入机身舱内。而"大黄蜂"这一绰号的由来，正是因为战机在起飞离地时，随着主起落架承力降低，两副起落架自然悬垂于机身之下，使其非常像一只飞行中的"黄蜂"。当后ား 两套起落架完全放下时，后起落架舱门关闭；正如左中图所示，该起落架舱门也可以在地面上打开，以方便维修。（美国海军）

　　战机的液压系统冗余,是通过四套液压回路(选择并)分配(相应的)飞行控制致动执行机构来实现(如此,飞行员要实现一个操作动作,无论是飞控、电传和液压致动环节,具有多种实现途径)。这样的配置,使某个控制或致动执行机构完全无法接受指令信号的可能性被最小化,毕竟任何一个执行机构或其液压线路都可能在使用过程中遭遇灾难性故障。例如,就液压系统而言,战机两套液压系统,任意其中一套出现系统故障后,另一套液压系统仍能够为整个飞行控制系统提供液压动力;战机在正常任务飞行(UA)中,丧失两套独立液压系统——HYD1 和 HYD2 中的一套,都不会影响飞行员对战机的控制。当然,当战机处于起飞和着陆状态时,会出现一些预期中的较小且可控的横滚和 / 或偏航摇动,这主要是战机各套液压系统的切换阀切换(至其备份回路)时所致。

　　每套飞行控制计算机信道(通道),都可由两套永磁发电设备(PMG)中的(任意)一套提供主要的电源输入。如果某个单独的飞行控制计算机通道出现供电故障(中断),其供电控制系统将自动为其切换到直接与战机维护总线相连的、仍正常供电的回路中(整个过程约需 7 ~ 10 秒)。这确保了在所有可预测的电力总线切换瞬态时,

舰载机的拦阻钩被设计用于战机在航母空间有限的甲板上"暴力"着舰时钩挂住阻拦索迅速制动，它也被称为尾钩。"大黄蜂"战机的拦阻钩可在2秒内被放下。（美国海军）

1　复合雷达天线罩

2　机首雷达罩开合位置

3　雷声公司 AN/APG-73 多模式雷达扫描天线

4　雷达天线罩铰链

5　扫描天线跟踪机构

6　雷达安装舱壁

7　未来将装备到战机上的主动电子扫描阵列雷达（AESA）

8　AN/ALR 低波段天线

9　雷达装备模块

10　机身冷光编队灯带

11　机炮炮管

12　机炮舱和机炮发射燃气扩散器通风口

13　空中受油探管（处延）

14　受油探管致动链接

15　上部组合式应答敌我识别天线

16　M61A2"火神"20 毫米机炮

17　机炮弹鼓（弹容 570 发）

18　入射发射器

19　下机身甚高频 / 超高频 /L- 波段天线

20　全静压头（全压感受器）

21　机炮舱通气管

22　驾驶舱前压舱壁

23　机体前轮舱门

24　地面电源插孔

25　航电系统地面冷却风扇和导管

26　方向舵踏板

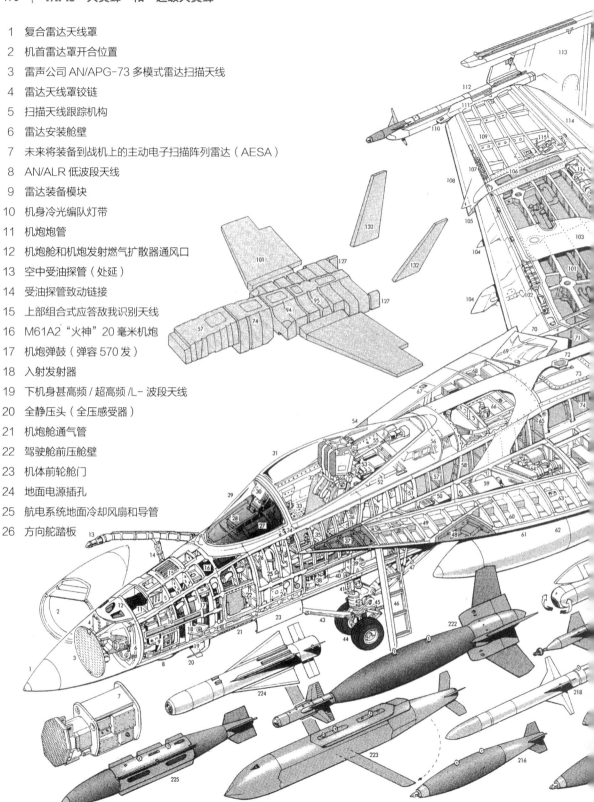

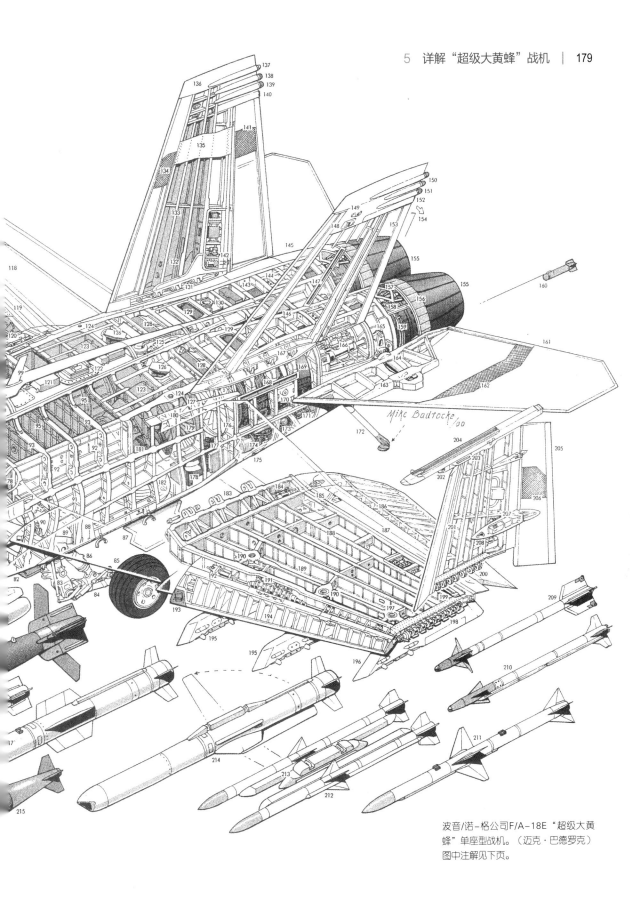

Mike Badtocke/00

波音/诺-格公司F/A-18E"超级大黄蜂"单座型战机。（迈克·巴德罗克）图中注解见下页。

27 仪表板，全彩多功能阴极射线管显示器

28 仪表板护罩

29 无框风挡板

30 平视显示器（HUD）

31 上掀式座舱罩

32 马丁贝克公司 NACES "零－零" 弹射座舱

33 驾驶舱右侧控制面板

34 驾驶舱控制杆、数字式电传飞控系统

35 驾驶舱左侧引擎节流阀杆及双杆操纵系统

36 倾斜式座椅舱壁

37 驾驶舱登机梯

38 前机身侧设备舱，每侧 3 个

39 前起落架枢轴安装基座

40 着陆灯

41 甲板接近信号灯

42 前起落架转向控制单元

43 弹射器滑块链接

44 双轮前起落架及其前向回收装置

45 含有制动装置的转矩剪刀铰链

46 可折叠登机梯

47 前起落架收放机构

48 AN/ALQ-165 电子战吊舱发射天线

49 登机梯装载舱

50 翼前缘延伸边条装备舱

51 驾驶舱后座压舱壁

52 座舱航电设备舱

53 座舱盖旋转致动器

54 驾驶舱右侧 AN/ALQ 发射器天线

55 座舱盖致动支柱

56 座舱盖铰链点

57 1 号机身袋式油箱

58 倾斜舱壁，两座型 F/A-18F 战机的特有结构

59 电子战信号接收器

60 翼前缘延伸边条加强肋结构

61 舱门翼前缘延伸边条脊构件

62 480 美制加仑（约 2182.12 升）外油箱，可替代为机腹中央受油舱

63 左舷位置灯

64 液冷系统设备及冷却池、热交换器和地面风扇

65 前机身起吊点

66 前油箱舱检修口

67 右舷位置灯

68 右舷翼前缘延伸边条航电设备舱

69 扰流板 / 阻流片

70 翼前缘延伸边条通风口，与前缘襟翼相配合（初期生产型才有）

71 进气口附面层溢流道

72 GPS 天线

73 2 号油箱舱检修口

74 2 号袋式油箱

75 左舷扰流器

76 扰流器液压致动器

77 附面层引气通道

78 引气溢流道

79 左舷翼前缘延伸边条通风口

80 排孔进气孔壁引溢流道

81 左侧 "卡罗式" 固定式进气口

82 主起落架舱门

83 主起落架支撑结构

84 后轮轴悬挂装置

85 机身左侧主起落架

86 减震结构

87 主起落架舱门

88 LAU-116 导弹挂载 / 发射架

89 主起落架枢轴安装基座

90 （起落架）液压收放机构

91 进气道框架

92 翼板附件联接件

93 机加工钛合金机身主舱壁

94 3 号袋式油箱

95 4 号袋式油箱

96 3 号油箱检修口

97 敌我识别系统天线

98 背鳍整流罩检修口

99 上机身甚高频 / 超高频 /L－ 波段天线

100 右舷主翼板螺栓连接头

101 右侧机翼整体油箱

102 翼前缘延伸边条液压驱动单元和旋转致动器

103 主翼碳纤维复合物蒙皮壁板

104 机身右侧挂载点，翼下挂载点向下倾 4 度

105 前缘锯齿

106 主翼折叠铰链整流罩多孔板

107 外侧前缘襟翼旋转致动器

108 两段式前缘襟翼

109 外翼板干舱

110 翼尖位置灯

111 编队灯整流罩

112 翼尖导弹挂载点

113 机身右侧外翼板折叠位置

114 下垂副翼

115 副翼液压致动器

116 翼折叠液压装置

117 副翼和襟翼反向运动发挥空气制动功能

118 机身右侧单槽后缘襟翼

119 铰链式瓣覆罩

120 襟翼液压致动器

121 机身脊部设备舱

122 4 号油箱检修口

123 从进气道至战机环境控制系统的冲压空气

124 后机身起吊点

125 环境控制系统设备舱

126 环境控制系统铰链式附属进气舱口

127 左右侧机身油箱系统通气管

128 主（右侧）和次（左侧）热交换器

129 热交换器废气排口

130 主引擎压力平衡通气口

131 机身右侧鳍片螺栓连接头

132 垂直尾翼整体通风油箱

133 多墙式鳍结构

134 前缘结构，蜂窝式碳纤维复合物蒙皮

135 鳍片碳纤维蒙皮壁板

136 碳纤维复合物鳍尖整流罩

137 机身后部位置灯

138 机尾 AM/ALQ-165 接收天线

139 AN/ALR-67 型雷达预警接收机天线

140 应急放油装置

141 机尾右方向舵，蜂窝式碳纤维复合物蒙皮

142 方向舵液压致动器

143 机身右侧主引擎舱

144 后机身引擎安装支撑结构

145 机身后部右全动平尾

146 飞行数据记录器

147 机鳍编队灯带

148 燃料通气系统冲压空气进气道

149 防碰信号灯

150 AN/ALQ-165 高 / 低带发射天线

151 机身左侧 AN/ALR-67 雷达预警接收机天线

152 应急放油装置

153 机身左侧方向舵

154 方向舵反向运动发挥空气制动功能

155 变面积后燃喷管口

156 尾喷管密封挡板

157 上部 / 下部引擎舱通气口

158 后燃喷管液压致动器

159 后燃器管

160 AN/QALE-50 拖曳式雷达诱饵（TRD），3 个在腹侧装载，未来将更新配备 AN/ALE-55 雷达诱饵

161 机身后部左全动平尾

162 碳纤维复合物制成平尾蒙皮壁板（构建在蜂窝式铝合金基底上）

163 全动平尾枢轴支持结构

164 枢轴安装基座

165 平尾铰链臂

166 平尾液压致动器

167 机身左侧鳍根部附属连接件

168 后机身编队灯带

169 通用动力公司 F414-GE-400 加力后燃低涵道比涡扇引擎

170 主引擎安装基座

171 全权数字引擎控制器（FADEC）

172 甲板制动尾钩

173 引擎附尾设备

174 引擎油箱

175 引擎舱通风冲压空气进气口

176 压气机进气口

177 机身左侧安装的附属设备齿轮箱（由引擎通过轴杆驱动）

178 发电机

179 进气道内固定式压缩机叶片雷达回波屏蔽装置

180 后缘襟翼根部遮罩

181 辅助动力单元

182 机身左侧主起落架（收回位置）

183 主翼根安装连接件

184 机身左侧襟翼液压致动器

185 内襟翼铰链

186 碳纤维襟翼加强肋和蒙皮结构

187 机身左侧铰接襟翼遮罩

188 翼板多墙式结构

189 机身右侧整体式机翼油箱，填充有防火泡沫材料

190 内侧"湿式"硬挂载点

191 前缘襟翼旋转致动器

192 液压襟翼驱动和转矩轴

193 机前 AN/ALR-67 和 AN/ALQ-165 接收天线

194 碳纤维制前缘襟翼的加强肋及其蒙皮结构

195 内侧挂载点

196 外侧"干式"挂载点

197 外侧硬挂载点

198 主翼折叠铰链连接装置

199 主翼折叠液压装置

200 外翼板铰链装置

201 机身左侧外主翼板

202 翼尖位置灯

203 编队灯带

204 翼尖导弹发射导轨

205 机身左侧副翼

206 机身副翼的碳纤维制蜂窝状蒙皮结构

207 副翼内侧铰链和致动器遮罩

208 补充位置灯

209 AIM-9M "响尾蛇"近距红外制导空空导弹

210 AIM-9X "先进响尾蛇"近距空空导弹

211 AIM-7 "麻雀"中距空空导弹

212 AIM-120C "阿姆拉姆"先进中距雷达制导空空导弹

213 双联导弹挂载 / 发射装置

214 AGM-84H "斯拉姆 -ER"空对地导弹

215 MK83 型 1000 磅（约 453.6 千克）炸弹

216 MK82 型 500 磅（约 226.8 千克）炸弹

217 AGM-84A "捕鲸叉"空对海舰导弹

218 AGM-88C "哈姆"空对地反辐射导弹

219 GBU-16 型 1000 磅（约 453.6 千克）激光制导炸弹

220 ASQ-228 "先进目标前视红外"吊舱

221 先进目标前视红外吊舱安装适配接口（机腹左侧挂载点）

222 GBU-24 型 2000 磅（约 907.18 千克）激光制导炸弹

223 "联合防区外弹药"（JSOW）或装载子母弹或 500 磅（约 226.8 千克）高爆单弹头

224 AGM-65 "幼畜"空对地导弹（具有电视、红外和半主动激光制导等多种型号）

225 GBU-31 型 2000 磅（约 907.18 千克）"联合直接攻击弹药"（JDAM）

战机的飞行控制计算机系统获得完全不被中断的电源以维持其运行。

为提高战机预防自身故障进而获得高生存性，机上每套（飞行控制）计算机上的一套通道线路将通过机体上部通往各受控部位及执行机构，另一套则经机体下部通往同样的部位及机构。如此设计，将使战机在战斗中因受伤或其他原因导致的失控可能性最小化。而且，如果战机后部某侧水平尾翼的致动机构由于某路飞行控制系统传输或液压系统故障而（完全）无法动作（该翼面彻底失去控制），飞行控制系统将自动重新配置对整机的操纵控制模式，通过强化对其他飞行控制翼 / 舵面的控制，确保仍可维持对战机的有效控制。当然，战机除电子化控制系统外，未配备任何纯机械式飞控系统。

控制增稳系统

F/A-18"大黄蜂"系列战机配备有"控制增稳系统"（CAS），它有两种基本模式操作：动力进场模式（PA）和飞行自动模式（UA）。模式选择由 FLAP 切换开关和飞行时空速所控制。

当战机 FLAP 切换开关置于 HALF 或 FULL 时，以及战机空速低于约 240 节表速（KCAS）时，战机通常处于低速起飞或着舰状态，战机气动升力有限对飞行控制系统的精准控制要求较高，飞控系统将主要获得动力进场模式的控制增稳系统的配合。当 FLAP 开关切换至 AUTO 时，战机处于正常飞行状态，飞控系统同样会定制其控制增稳系统，使之适应这类飞行状态的控制。当战机在空速超过约 240 节表速时，如果其 FLAP 开关仍被置于 HALF 或 FULL 位置时，战机控制系统将自动将其控制增稳系统从动力进场模式切换为飞行自动模式。战机飞控系统将根据其所处环境及飞行状态，定制不同的战机控制模式，以提供最大的机动能力，同时使飞行员保持对战机可预测的操控品质和操控能力。

▼ 图中所示即为"超级大黄蜂"战机的主翼折叠机构，令人印象深刻的是，折叠起战机主翼后其后续的飞行控制翼面仍保持良好。（美国海军）

战机的俯仰控制增稳系统（P CAS），将基于战机飞行状态，以及该状态下机身各传感器回传的加速度、俯仰率和反馈的攻角（AOA）数据，定制战机飞控系统对飞行员操纵杆操纵输入的响应程度，智能化辅助飞行员实现对战机更加安全与稳定的控制。例如，在战机需要进入俯仰运动时，飞行员会纵向摆动操纵杆，此时战机俯仰控制增稳系统通过比较战机对其摆动幅度（飞行员的操纵杆量）的响应情况，形成相应的控制信号并经由控制通道传输至水平尾翼致动机构，使其调整其状态差异情况（减至零）直至同向摆动。

在飞行自动模式时，当飞行员纵向正中推动操纵杆时，飞行控制系统会比较飞行员操纵输入与战机对其输入的响应，持续自动微调对战机的控制，使战机飞行状态不断地调整到稳定状态，基本上是消除手动调整的要求。在战机处于高机动飞行状态时，战机俯仰控制增稳系统会调整飞机飞控系统对飞行员（通过操纵杆）操纵输入的响应程度（即杆力大小），改变操纵杆的操控力度提示飞行员战机状态（这也是一种提示，例如飞行员使劲压杆俯冲时，战机此时状态不易立即进入俯冲，那么飞行员会感到操纵杆下压阻力很大），但实际上对于特定操纵量，操纵杆杆力并不会随飞行状态的改变而改变（在增稳系统作用下调整了响应飞行员操作的杆力）。例如，战机在高速飞行时，俯仰控制增稳系统是一种依据战机过载（g）调整杆力的系统，这时飞行员操作操纵杆的杆力随载荷数变化率（stick-force-per-g）达到 3.5 磅（约 1.59 千克）。在中等速度下，俯仰控制增稳系统则混合性地根据战机俯仰率和过载情况，调整战机操纵反馈，俯仰率反馈被用于明显提升杆力随载荷数变化率（更重的杆力），以提示飞行员战机的空速正在减少，战机载荷正在变小。在战机处于较低的空速时，战机俯仰控制增稳系统主要依据战机攻角反馈数据（此时战机俯仰超过 22 度攻角）调整杆力的系统，而且随着战机攻角增加，更会持续增加飞行员操作杆（继续强化升高攻角时的）杆力，这意味着战机此时处于不易控制的状态，飞行员将要继续提升战机攻角将用更大力气扳动操纵杆。

战机"控制增稳系统"在动力进场模式时，战机的攻角和俯仰率反馈信息，将被用于强化固有的机身原有的俯仰阻尼和稳定性。战机俯仰控制增稳系统将消除（飞行员指令达到的）战机攻角与机体实际攻角状态之间的差异。当飞行员纵向正中推动操纵杆时，战机俯仰控制增稳系统将维持战机在该攻角的飞行姿态。与战机控制增稳系统处于飞行自动模式时不同，在动力进场模式时需要采取使战机俯仰配平（pitch trim）的措施，以使战机达到（飞行员指定的）某个速度。在战机处于起飞或着舰时因尾钩未钩挂住阻拦索需要紧急加速复飞（后一种情况，海军航空兵的俚语称之为"bloter"）时，战机垂直尾翼的两片方向舵将同时内倾，用于提高战机的纵向稳定性，并帮助飞机盘旋（复飞）。战机两片方向舵内倾（rudder toe-in），也可视作战机处于攻角飞行状态下的一种控制策略。当战机无俯仰角（攻角为零时）或起落架（WOW）仍有负载时，方向舵将各内倾40度；而在战机状态攻角达到12度时，方向舵内倾角度将线性降低至0度。当战机攻角达到并超过12度后，有关其攻角的额外反馈信息将被提供（给飞行控制系统），（并通过控制系统及增稳系统）增加飞行员操作杆的杆力（随着攻角增大，杆力会越变越大）以便为飞行员提供有关战机（即将）失速的警示。当战机在空中转向时，俯仰率反馈信息还有助于飞行员及控制系统保持严格的战机俯仰姿态控制。

　　战机的横滚控制增稳系统（R CAS），负责响应飞行员向两侧摇动的操纵杆，进而结合战机所处飞行姿态和速度、高度等因素，（在确保战机安全操作不失控的前提下）精准控制战机副翼、差动主翼前缘襟翼（LEF）、差动主翼后缘襟翼（TEF）以及差动两套水平尾翼控

▼ 图中F/A-18E"超级大黄蜂"战机隶属于VFA-143"呕吐狗"中队，它正在海军"哈里·S.杜鲁门"号航母（CVN-75）上着舰。其间，战机放下了拦阻钩后必需控制着舰角度与速度，使拦阻钩挂上着舰区4道阻拦索中的1道，才能顺利着舰。（美国海军）

制面，实现战机获得预期的横滚状态。战机横滚速率反馈信息（基于战机其他飞行状态），可被用于增强机身内在的横滚阻尼。（当战机在横滚机动时）增稳系统只有在飞行自动模式下，才会差动其主翼前缘襟翼和后缘襟翼状态。例如，当战机高度在 2.5 万英尺（约 7620 米）以下且其速度超过 0.6 马赫时，（战机横滚时）其两片主翼前缘襟翼将各自差动偏转达到约 5 度；当战机攻角超过 10 度或低于 –5 度时，其主翼后缘襟翼不会以差动方式调整。战机高速飞行时，其副翼、两片水平尾翼和主翼后缘襟翼的差动程度将较小，以便为战机提供持续的横滚动速率响应能力（战机处于微弱的来回左右横滚状态），以帮助阻止战机结构过载；而战机低速飞行时，其副翼和差动化水平尾翼的摆动行程同样减少，以增加战机攻角进而减少其负面偏航动作。由于战机的俯仰操作指令优先级高于横滚操作指令，因此某些飞行状态下战机的水平尾翼的差动会受到限制。

在战机翼下未挂载负载或仅有空对空导弹负载（无翼下副油箱）时，战机的最大横流速率被限制在大约每秒 225 度；而战机挂载有空对地弹药或大质量翼下副油箱，以及这些负载挂载在更靠近机身中央位置的挂载点时，战机最大的横滚速率被限制在每秒 150 度。如此，避免

F/A-18 "大黄蜂"系列战机的机翼折叠系统，拥有直流和交流电动马达各一套，它们负责驱动机翼的展开和折叠。折叠系统可有效地节省航母飞行甲板和机库内宝贵的空间。（美国海军）

▶▶ 图示为战机的飞行控制系统示意图，显示了飞行控制翼面、飞行员控制及飞行控制计算机组件之间的交互与相互影响。（美国海军）

因战机横滚离力心过大造成挂载点承重超载。

战机的横滚控制增稳系统具有两项功能特点，能够降低战机在作俯仰—横滚运动时，因机体惯性耦合导致的（战机状态控制）偏差。基于战机的俯仰率和飞行马赫数，当飞行员沿纵向和横向复合性地过度扳动操纵杆时，其横滚控制增稳系统的第一项功能特征，是减少战机控制系统发出的横滚指令。其第二项功能，则是在战机已处于横滚状态，而飞行员又快速纵向地扳动操纵杆时，限制飞行控制系统向致动机构发出的横滚指令。当然，在战机处于低空高速飞行状态时，第二项功能将处于失效状态，毕竟此状态下战机可行的俯仰速率并不会导致机身出现严重的俯仰—横滚惯性耦合现象。

战机的偏航控制增稳系统（Y CAS），利用战机的偏航率和横向加速度反馈信息，（通过飞行控制增稳系统）为战机提供定向轴阻尼（directional axis damping）并增强飞行员对两套方向舵致动机构的控制指令（执行）。由战机横滚率至方向舵横进给量（roll–rate–to rudder cross–feed）调节的横滚控制面至方向舵互连（RSRI, rolling–surface–to–rudder interconnect）信息以及战机横向加速度反馈信息，将被用于使战机的横滚协调侧滑最小化。为了在战机处于高攻角状态时，提升其机动性及可控制性，战机通过综合处理其惯性导航系统（INS）信息、俯仰和横滚姿态以及战机飞行控制系统传感器反馈的信息，（经飞行控制系统处理为）战机侧滑和侧滑速率，进而通过调节战机副翼和差动的两片水平尾翼动作（抵抗其偏航侧滑）。在此状态下，这些控制翼面将被用于战机的航向控制，利用它们在高攻角状态下产生的强烈的偏航力矩（抵消其反向的偏航倾向）。

当战机攻角小于 13 度时，飞行员可通过战机方向舵的对称（非差动）偏转，来提供（预期的）偏航操作。而战机在攻角为 25 度甚至高于此角度时，飞行员通过方向舵踏板操作方向舵将无法再为战机提供偏航控制操作，而是完全像操纵战机作横滚动作（等同于横向摆动飞行操纵杆，指令副翼和水平尾翼差动摆动）达成类似的偏航操作。（飞行员要操作战机转变航向时，其向）座舱方向舵踏板的踩踏输入，配合操纵杆侧向摆动的操纵输入，两种输入（之和）还会被限制在一个最大的操纵杆侧向摇动输入值以内。因此，飞行员在踩下（向某侧转向）踏板与相反方向另一侧压下操纵杆时，飞行控制系统会根据两套输入进行按比例的相互抵消；即，完全踏下向一侧转移的方向舵踏板，与反方向完全压下操纵杆后，两者的操作输入将完全抵消，战机不会做任何横滚动作（零横滚率）。当战机的攻角在 13 ~ 25 度之间时，战机方向舵踏板的偏转将逐渐从纯粹偏航控制转向纯粹的横滚控制。

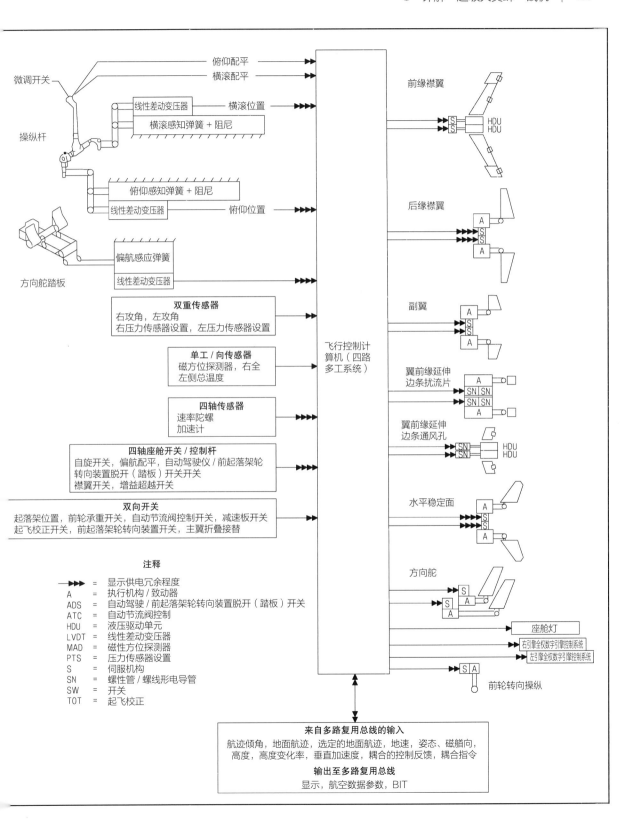

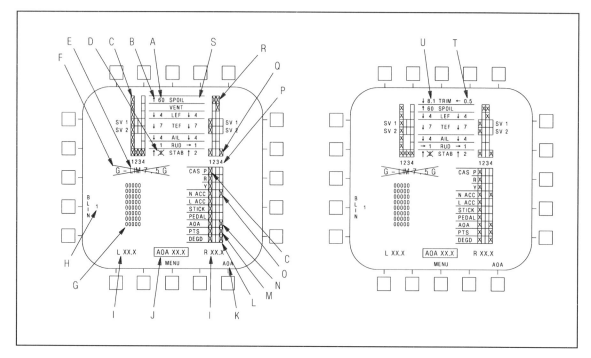

▲ 在战机起飞和着陆时，其飞行控制系统会将潜在故障界面调出并显示在右边的显示屏上，方便飞行员时刻关注并检视战机的飞行状态。（美国海军）

这种控制方法，为飞行员在战机处于高攻角状态时，提高对战机的控制能力。

只有当飞行员将操纵杆和方向舵向同一方向操纵时，才能在战机低速和高攻角状态下，获得对战机的传统航向控制能力。当然，只有在战机空速低于约225节表速且其攻角处于20～40度时，这一特性才开始变得有效；而战机在处于170节表速和约34度攻角状态时，这一控制为有效。而战机未处于上述这些状态时，这一控制特性还有益于使飞行员保持战机在恶劣条件下的可控制性。当这一特性处于可用状态时，操纵杆朝一侧的偏移和方向舵的输入总和，将不再被限制为一个与全侧杆输入相等的值上。飞行员操纵时过度的横滚指令，将被输入至战机的航向轴以指令战机侧滑。例如，飞行员在全力踩下某侧方向舵踏板并全部（向同侧）压下操纵杆时，将向战机输出最大的横滚和领航指令。另外，在全部踩下方向舵踏板后，逐渐加大操纵杆（向同侧）横向压下后，也有同样的效果。由此产生的飞机动作，将是机头从高抬向低垂转换且高度可控。

战机在处于高速飞行状态时，机尾方向舵面对称性偏转量会减小，且方向舵面会内倾，以避免控制面载荷过大超过战机垂尾结构的极值。

战机控制增稳系统处于动力进场模式时，控制系统合成的战机侧滑速率反馈信息，将增强战机的空气动力航向阻尼及其（飞行和控制）稳定性。该战机在设计时，涉及其控制品质的目标，就是在战机

▶▶ 图中瑞士空军装备的F/A-18D型战机，其座舱显示屏上展示的是战机飞行控制系统的页面，该机正在阴郁的天气状况下准备降落于梅林根空军基地。（史蒂夫·戴维斯/FJ图片）

▶ 此图是"大黄蜂"战机座舱中央部位的飞行控制操纵杆,杆体上分布着一系列开关和按钮,飞行员利用该操纵杆既可控制战机飞行状态,使用机上主要的传感器、武器和导航系统,而无需松开该操纵杆转而操纵座舱内的其他设备。(美国海军)

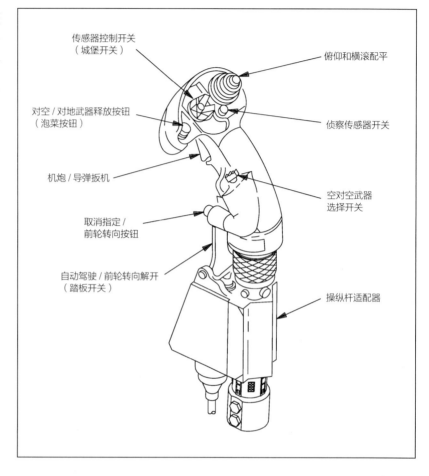

传感器控制开关
(城堡开关)

俯仰和横滚配平

对空 / 对地武器释放按钮
(泡菜按钮)

侦察传感器开关

机炮 / 导弹扳机

空对空武器
选择开关

取消指定 /
前轮转向按钮

自动驾驶 / 前轮转向解开
(踏板开关)

操纵杆适配器

总重约 42097 磅(约 19094.88 千克)时使其飞行过载载荷始终处于 +7.5 ~ –3.0g 的区间内。如果战机处于更大的总重状态时,设计的限制性过载(limit–g)同样将减少,以避免战机机体在机动中承受的过载超出机体结构的载荷限制。这里"应力过载"(overstress),被定义为飞机在特定总重量状态下,实施剧烈机动所承受的过载超出了其设计的限制性过载。例如,当战机总重超过 42097 磅(约 19094.88 千克)时,其设计的限制过载(limit–g)数值,将根据战机的相对总重(42097/ 总重的比值)相应地减少;战机的正设计过载极限是 +7.5g × (42097/ 总重),而负设计过载限制是 –0.4g ×(正过载极限)。具体而言,当战机以最大重量 66000 磅(约 29937.1 千克)飞行时,设计的过载极限将仅在 +4.8g ~ –1.9g 之间;其具体计算过程如下,7.5 × (42097/66000)等于 4.8,而 –0.4 × [7.5 ×(42097/66000)]等于 –1.9。

(对于后续出现的"超级大黄蜂"型号)由于加大了机身尺寸和挂载点数量及负载,伴随着战机在实施高过载的横滚机动时其机体将承受更大应力，因此针对飞行员突然做出的完全向一侧横向摆动操纵杆（FSR）的操作，战机同样有其限制过载的操作设计。突然向一侧压住操纵杆（abrupt FSR），被界定为飞行员在 1 秒内压杆的操纵。此时，当战机总重在 42097 磅（约 19094.88 千克）以下时，设计的突然横向压杆的最大过载限制为 +6.0g；如果总重超过 42097 磅（约 19094.88 千克），则类似操纵状况下最大过载限制为系统设计值的 80%（即 +4.8g）。而在各种重量情况下，此类操作的负过载限制为 –1.0g。当战机总重达 66000 磅（约 29937.1 千克）且进行突然侧向压杆操作时，设计的正过载限制仅为 +3.8g。如果战机挂载有翼下副油箱或其他对空 / 对地弹药负载时，战机的横滚控制增稳系统还会严格强制战机的横滚动作（即便飞行员做出此类操作，飞控系统也不会执行）。

为了防止战机机体结构受到过度应力损坏，战机的过载限幅机制（g-limiter）会在综合考虑战机总重情况下，对飞行员做出的大幅度急剧机动操作给予限制，使战机在这些情况下所受正、负负载在安全范围内。例如，一旦飞行员操作使战机达到其当前状态下所能达到的过载极限时，其对操纵杆的进一步操作将会被飞行控制系统所限制（战机过载将不再继续增加）。有时在需要激烈进行空中机动时，飞行员突然纵向或横向压杆的操作并不少见，战机过载限幅机制会经常发挥作用。

由于战机在跨音速时会产生特定的空气动力学现象（这时会急剧限制战机的大过载飞行），因此“大黄蜂”系列战机飞行控制系统的过载限幅装置将对战机在此飞行状态做出可能超过 1 个 g 的过载的操作进行限制，防止战机在跨音速区域因减速时产生超过 1 个 g 的正过载。

座舱的飞行控制

“大黄蜂”战机座舱采用传统的中央式飞行操纵杆，飞行员将用它向飞行控制系统输入对战机俯仰和横滚的操作。由于战机在操纵杆与战机飞行控制计算机系统间并无实际的机械连接系统，故而飞行员在控制操纵杆时的阻尼感由两个压力体感弹簧总成和两个涡流阻尼器提供。操纵杆上的阻尼体感弹簧总成，可在各个方向上随飞行员对杆位的摆动的增大而产生线性增大的阻力（使飞行员更有质感地使用其操纵杆）。操纵杆上连接着两套四通道位置传感器（杆的每个方向轴上各一个通道），由其测量飞行员对操纵杆的位移大小，并（随着飞行员的操纵）将杆的纵向和横向位移信息发送到飞行控制计算机。操纵杆上的涡流阻尼器，附于各个方向轴上，为飞行员推操纵杆时提供

▶ ▼ ▶▶ 战机座舱设计有双杆操纵系统（HOTAS），飞行员在利用操纵杆控制战机时还可操作杆上的节流阀。从一开始，"大黄蜂"战机在设计时就强调提升飞行员的操作体验，其操作界面和人机工效在同时代战机中是最好的。发展到"超级大黄蜂"时，其座舱设置承继此特性，而且还优化了双座型后座舱武器系统军官的操作控制设置。在双座型战机中，前座舱飞行员同样可利用操纵杆上的按钮与开关，操作战机挂载武器系统；而后座专门负责武备的机组成员同样可利用侧位安装的手动控制装置（它们是固定式的，无法移除）。可以说其座舱设计，随着"超级大黄蜂"战机的发展而最终演变为现在的布置和状态。（美国海军）

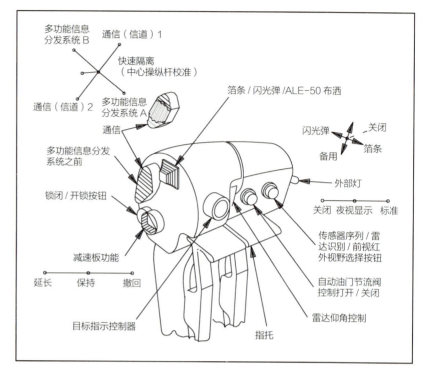

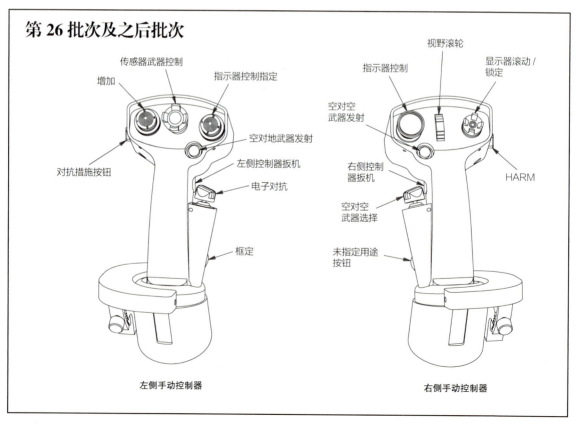

第 26 批次及之后批次

左侧手动控制器

右侧手动控制器

第 21 批次—第 25 批次

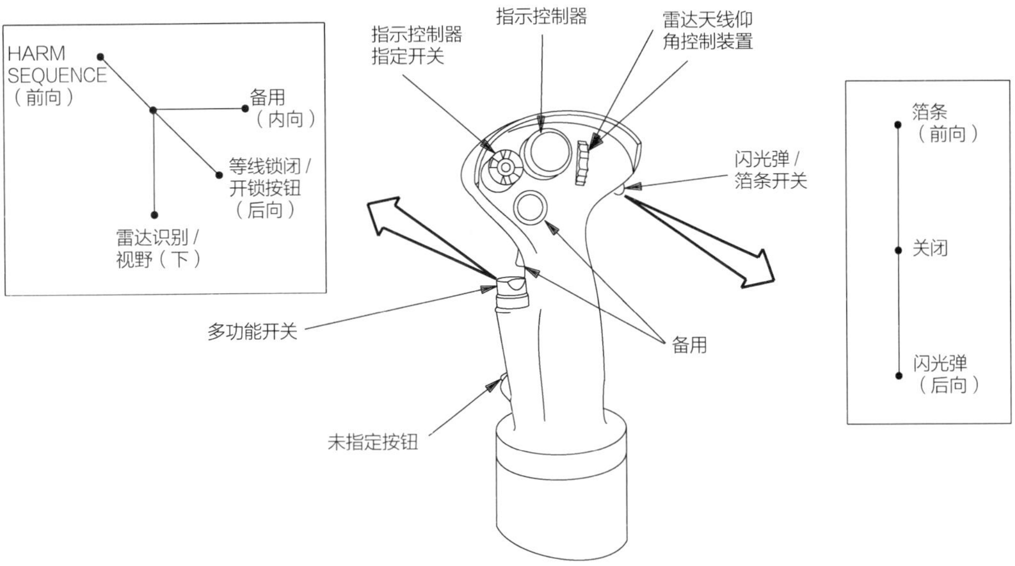

HARM
SEQUENCE
（前向）

备用
（内向）

等线锁闭 /
开锁按钮
（后向）

雷达识别 /
视野（下）

指示控制器指定开关

指示控制器

雷达天线仰角控制装置

闪光弹 /
箔条开关

多功能开关

备用

未指定按钮

箔条
（前向）

关闭

闪光弹
（后向）

右侧手动控制器

雷达天线仰角控制装置

指示控制器

指示控制器指定开关

闪光弹 /
箔条开关

备用

多功能开关

未指定按钮

箔条
（前向）

关闭

闪光弹
（后向）

备用
（内向）

HARM
SEQUENCE
（前向）

等线锁闭 /
开锁按钮
（后向）

雷达识别 /
视野（下）

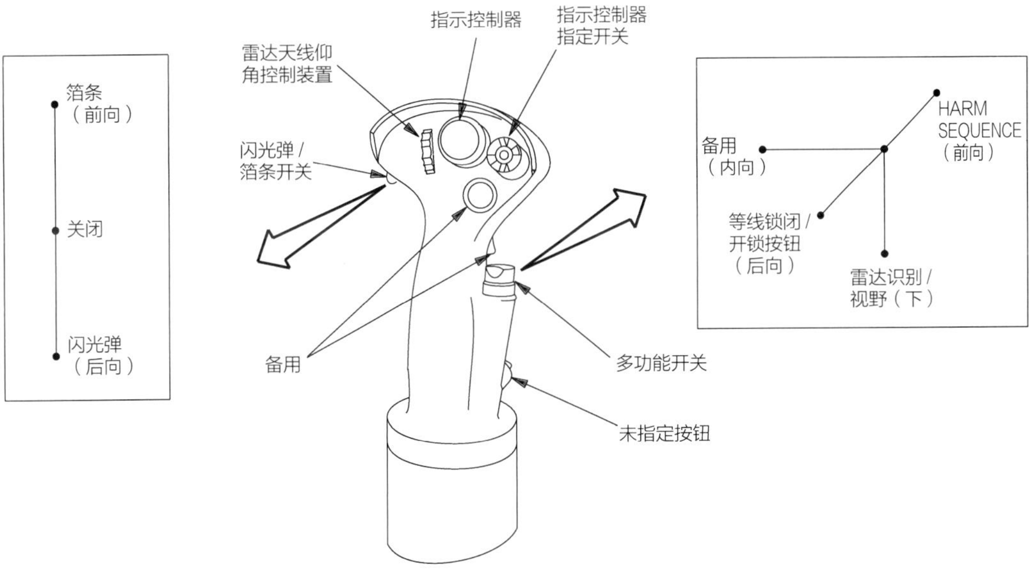

左侧手动控制器

▶ 航空电子技术人员正在拆卸"大黄蜂"战机的APG-73雷达基座，将其从一架战机上卸下。该基座能够使雷达向各个方向转动。技术人员已将APG-79电子扫描雷达的液压驱动机构拆除。（美国海军）

相应的阻尼。此外，在战机弹射起飞时，通常会以较快的加速度起飞，由此导致操纵杆在纵向上受到加速度（容易出现自发纵向运动），因此其控制操纵杆采取了特别的设计，用于在起飞时最小化起飞加速度对操纵杆的纵向影响。

在F/A-18F"超级大黄蜂"（双座教练型配置)战机座舱中，后座舱同样安装有一套飞行操纵杆，其通过机械装置与前座舱的操纵杆相连。

战机座舱内下部安装有两个方向舵踏板（左和右），飞行员通过此踏板可向飞行控制系统提供对战机航向的操作输入，以及用于控制战机在飞行中的偏航或横滚运动，或者用于（在轮胎承重战机未获得足够升力前）控制战机前起落架轮转向装置（NWS）。由于座舱方向舵踏板与战机飞行控制计算机或其他飞行控制翼面之间并无机械连接，因此飞行员在踩踏方向舵踏板时的体感是由两套阻尼弹簧总成所提供。方向舵上的阻尼弹簧总成，可根据飞行员对踏板踩下位移的增大而产生线性增大的阻力（使飞行员更有质感地使用此设备）。具体而言，两套四通道位置传感器安装在左右两侧的方向舵踏板上（每侧各一套），它们用于测量踏板位移，并将此位置所供求的输入信号传递给飞行控制计算机。方向舵踏板也可用于控制前

起落架轮转向装置，以及控制启动轮胎刹车。

在 F/A-18F "超级大黄蜂"（双座教练型配置）战机座舱中，后座舱同样安装有两片方向舵踏板，但它们与前座舱的类似装备并未以机械装置相连。两名机组成员在前后座舱对两套方向舵踏板输入，经归总合并（累加）后再传送至飞行控制计算机；例如，前驾驶舱飞行员踏下半踏板时，后驾驶舱武器军官同样踩下半行程后，相当于前座舱全部踩下踏板后对飞行控制计算机的输入效果。类似地，在前后两个驾驶舱中，机组人员相反地踏下方向舵踏板时，其效果将相互抵消。

防螺旋系统

"超级大黄蜂"战机的飞行控制系统还内置有一套自动的螺旋感知和改出系统（spin recovery）。当战机在飞行中满足以下两个条件时，就会被认为进入了危险的螺旋状态：（1）战机空速小于 120 ± 15 节表

▼ "超级大黄蜂"战机的座舱盖，采用一体式气泡设计，可为机组人员提供出色的视野。作战部署时，需要随时保持其洁净，以确保灰尘或飞虫在飞行过程中不会被误认为是远处的飞机。（美国海军）

速，以及（2）战机超出了其偏航率阀值。以战机在飞行时（偏航）超出了偏航率阀值（yaw rate threshold）为例，如果战机持续（时间超过15秒）处于偏航率超过 15 ~ 20 度，或每秒偏航率达到 50 ~ 60 度且持续超过约两秒时，即时认为战机超出了其偏航率阀值。在飞行员故意操纵战机处于高攻角状态下做横滚动作的情况下（即操纵战机进行空中旋转转体时），（判断）其（陷入螺旋的）偏航率阀值持续时间可从 15 秒增加至 25 秒。

如果战机在低速状态下（如空速小于 77 节表速）就将立即进入螺旋状态（例如战机陷入尾滑 / 尾冲状态），逻辑上，"大黄蜂"系列战机的空速在 180 节表速且持续 12 秒的情况下（无论两个条件哪个先出现）即陷入螺旋状态。在此期间，为了避免机体气动状态的过度耦合，要消除战机正常的加速度反馈增益，并（在座舱飞行状态显示屏上）显示"螺旋模式"的箭头以帮助飞行员适当操纵战机以便从螺旋状态改出（如偏航率超过阈值）。

一旦系统发觉战机陷入危险的螺旋状态，其螺旋恢复系统将立即在座舱战机状态显示屏上显示"SPIN MODE"标识，并自动点亮座舱内 FLAPS 上的琥珀色灯光；同时，系统还会立即将调节战机主翼前缘襟翼至 34 度 LED 和主翼后缘襟翼（TEF）至 4 度 TED。显示的螺旋改出的箭头，将一直指示着抵抗此螺旋状态的操纵杆输入的正确方向，无论战机是处于垂直螺旋(upright spin)还是倒螺旋(inverted spin)状态。为改出当前螺旋状态，需要将战机操纵杆向正确的一侧压下（并配合其他操作动作），例如在战机处于垂直螺旋时需要副翼进(aileron–into)，而倒螺旋时则要将副翼向反向摆动。当飞行员按箭头提示，向一侧压下操纵杆时，自动螺旋改出模式（ASRM）将被启动。在此状态下，战机飞行控制系统的控制增稳系统反馈和各个控制翼 / 舵面的连接将被解除，并为从螺旋状态改出（向战机的飞行控制系统）提供对战机副翼、方向舵和和全动水平尾翼的全权控制。如果战机操纵杆处于未操作状态，或被飞行员向错误方向摆动，"SPIN MODE"提示灯仍会保持显示，且战机主翼前缘襟翼和后缘襟翼的状态将被保留在偏离（正确位置的）状态，但战机飞行控制系统将仍处于控制增稳系统发挥作用的状态下，而战机的自动螺旋改出模式（ASRM）将不会启动。

自动飞行控制系统

"大黄蜂"系列战机的自动飞行控制系统（AFCS），具备三项基本功能：为飞行员降低操作控制负担、耦合驾驶，以及数据链控制（战机飞行）。

战机在不同俯仰—横滚轴状态下，其自动飞控系统可为飞行员提供不同的减负模式。俯仰轴的飞行减负自动控制模式，其自动控制功能包括对战机的气压高度保持（BALT）、雷达高度状态保持（RALT）和飞行路径姿态保持（FPAH）。横向轴的飞行减负自动控制模式，其自动控制功能包括对战机的横滚姿态保持（ROLL）、地面跟踪保持（GTRK）、地面跟踪选择（GSEL）、航向保持（HDG）和航向选择（HSEL）。

耦合驾驶模式，使战机的横向轴状态可（自动）耦合到"战术空中控制和导航系统"（TACAN）（又称为"塔康"系统）、路径点（CPL WYPT）、方位转向线（CPL ASL）或战机的倾斜角（CPL BNK）等状态上。自动飞行控制系统通过综合处理战机状态，进而自动操纵各控制方向翼、舵面。

数据链控制模式，具有自动航母着舰（ACL）和按矢量航线（VEC）飞行功能。

武器控制系统

所有对"大黄蜂"战机机载武器系统（弹药、传感器和显示器）的主要控制设备，位于前驾驶舱的节流阀和操纵杆、后驾驶舱的节流阀和操纵杆（双座型教练配置）以及后驾驶舱的手动控制器上（可担负作战任务的双座型"超级大黄蜂"）。

战机座舱设计有双杆操纵系统（HOTAS），使机组成员能在无法脱离对战机主要飞行活动进行控制的状态下操纵各类机载武器系统。此外，座舱内的相关开关和后座舱的控制握柄，提供对机载武器的次要控制手段，它们用于控制 ALE-47 型箔条和闪光弹布撒器。

可遂行作战任务的双座型 F/A-18F 型战机，其后座舱内各控制台内侧的前部还配置有两个手动控制装置。除用于武器释放，手动控制器还可被用于与前座舱飞行操纵杆上的武器控制类似的功能。其后座舱两侧的手动控制器相互备份（功能完全一样）。每侧包括一套多功能开关（MFS）、一套指示控制器（DC）分配开关、一套指示控制器（DC）、一套雷达仰角控制装置、一套箔条/闪光弹布撒开关和一套非指定按钮。除了箔条/闪光弹布撒开关外，左右两侧的手动控制装置完全相同。

座舱环境控制系统

　　战机座舱环境控制系统（ECS），利用引擎吸入的空气经处理后循环注入座舱中并保持其压力，并根据战机各系统需求提供加热或冷却的空气。该系列战机在第 23 生产批次及之前批次（飞行中），暖空气被用于注入内部油箱用于增压；而全系列战机的外部副油箱、机舱充气保压和抗荷服的增压、雷达波导增压、座舱风挡外部防冰防水吹气、机体侦察舱加热和机体外制氧系统（OBOGS）等都需用到加热后的空气。经冷却、干燥的空气则被用于为航电设备降温。此外，为调节座舱内体感温度，机载环境控制系统还可能将冷热空气混合，为机舱加热、冷却及增压，以及为座舱风挡（内部）除雾。

　　对机鼻部位高发热量的雷达信号发射系统，战机配备有液体冷却系统（LCS）。战机的数字式环境控制系统控制器，用于调节机体环境及各系统温度，并监控整个环境系统的运行状况、检测和隔离可能的故障。

▼ 战机左侧机身上前的主翼根部前缘边条（LERX）下部设置有一个可伸缩式登机梯，使"超级大黄蜂"战机的机组能够无需依赖特定的外设装置即可进出战机座舱。无疑，在前沿部署的航母上，其飞行甲板空间狭窄，这样的设计非常必要。（美国海军）

制氧系统

战机机体外制氧系统（OBOGS），为机组人员提供高含氧量的舱内空气，或为主引擎运转提供此类气体。

战机引擎引出的空气处于冷却状态，它们经机体外制氧系统进口气阀后进入该制氧系统的富集器。座舱内机组人员呼吸的气体，将从制氧系统的富集器流入座舱内的集气室，待其温度稳定后（施放到座舱内供机组人员使用），同时还有部分气体将在此处被储存起来以供峰值需求。从该集气室内，供机组成员呼吸的气体将经机组人员穿戴的头盔及面罩供给机组人员。

火警探测与消防及空气泄漏探测系统

战机火警探测系统，包括一套双回路机体火警探测器和3个报警信号灯；而机体火警消防系统，则包含1组 "READY/DISCH" 灯，即 "就绪 /（灭火剂）释放" 1组灭火剂储罐。这两套系统组合后，可提供针对主引擎舱、附属驱动设备（AMAD）舱和一套辅助动力单元（APU）舱的火警探测，主引擎和辅助动力单元紧急关闭和有选择性的火灾消防能力。灭火剂储罐，位于机体后部两具主引擎之间的位置，其内充填有非毒性气体灭火剂，但含量有限只具有一次喷洒消防能力。

战机火警探测和消防系统的动力，来自于辅助动力单元的28V直流应急总线，尽管该系统也可由单独的电池供电并保持启动状态。

除上述系统外，战机机体多处储油箱处还设置有独立的干舱灭火（DBFS）系统，它单独探测并灭除可能发生在第2、3和4号油箱之下干舱（dry bays）的燃爆。

座舱盖系统

战机座舱，由一个凸出的蛤式的座舱盖所覆盖。座舱盖系统的主要组成部分，包括一套电动机械式致动（驱动）器，它可为机组成员打开座舱盖提供助力，以及一套由小火箭弹射驱动器，它为战机机组成员在紧急情况下弹离战机提供动力。当座舱盖被闭合后，透明座舱盖体由其两侧后部的两组锁扣加固并锁定在座舱框架上，同时座舱盖体前端底部的两组前锁销则从前部将其与机体固定锁闭。当座舱盖被关闭时，盖体锁扣和前锁销将与机体座舱框架锁闭，同时座舱盖致动

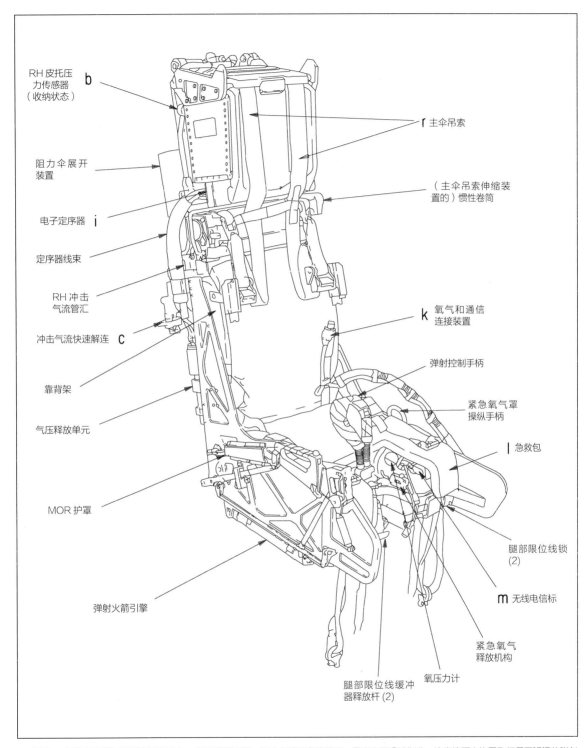

RH 皮托压力传感器（收纳状态） b

阻力伞展开装置

电子定序器 i

定序器线束

RH 冲击气流管汇

冲击气流快速解连 c

靠背架

气压释放单元

MOR 护罩

弹射火箭引擎

主伞吊索

（主伞吊索伸缩装置的）惯性卷筒

氧气和通信连接装置 k

弹射控制手柄

紧急氧气罩操纵手柄

急救包

腿部限位线锁 (2)

无线电信标 m

紧急氧气释放机构

氧压力计

腿部限位线缓冲器释放杆 (2)

▲ ▼▼ "超级大黄蜂"战机配备着SJU-17系列弹射座椅，它由全球知名的马丁·贝克公司设计制造。该座椅可由位于飞行员两腿间的弹射手柄启动，其机械机构连接于座舱基座上，被启动后将完全自动完成后续弹射程序。（美国海军）

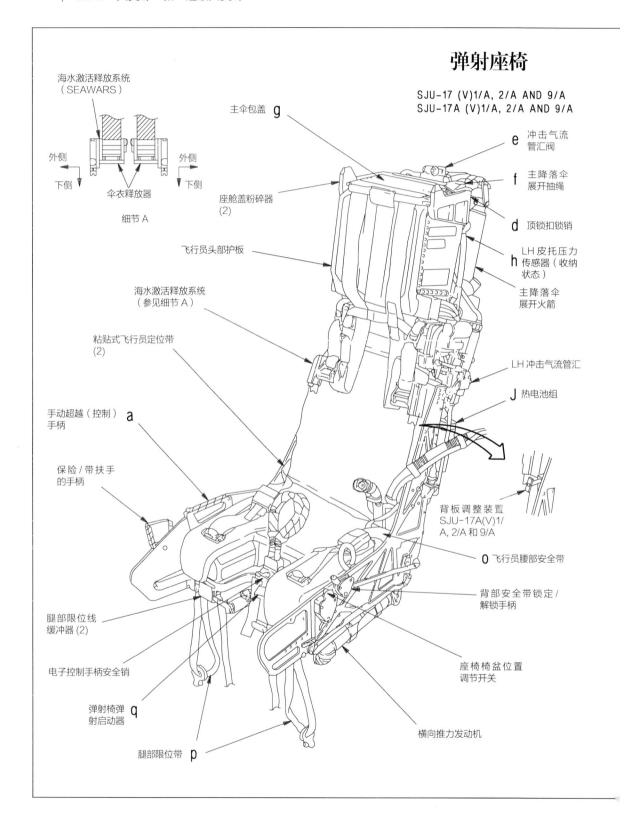

弹射座椅

SJU-17 (V)1/A, 2/A AND 9/A
SJU-17A (V)1/A, 2/A AND 9/A

海水激活释放系统（SEAWARS）

外侧
下侧
外侧
下侧

伞衣释放器

细节 A

主伞包盖 g

座舱盖粉碎器 (2)

飞行员头部护板

海水激活释放系统（参见细节 A）

粘贴式飞行员定位带 (2)

手动超越（控制）手柄 a

保险 / 带扶手的手柄

腿部限位线缓冲器 (2)

电子控制手柄安全销

弹射椅弹射启动器 q

腿部限位带 p

e 冲击气流管汇阀
f 主降落伞展开抽绳
d 顶锁扣锁销
h LH 皮托压力传感器（收纳状态）
主降落伞展开火箭

LH 冲击气流管汇

J 热电池组

背板调整装置 SJU-17A(V)1/A, 2/A 和 9/A

0 飞行员腰部安全带

背部安全带锁定 / 解锁手柄

座椅椅盆位置调节开关

横向推力发动机

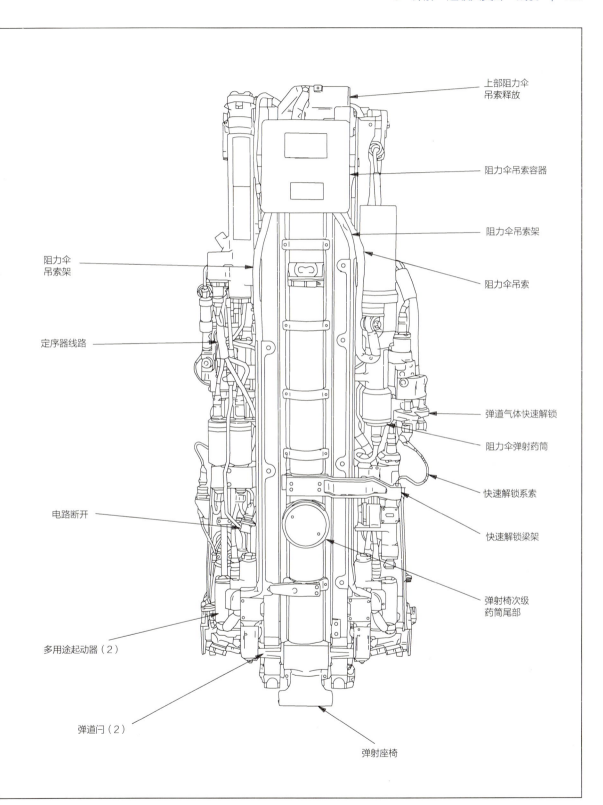

上部阻力伞
吊索释放

阻力伞吊索容器

阻力伞吊索架

阻力伞吊索

阻力伞
吊索架

定序器线路

弹道气体快速解锁

阻力伞弹射药筒

快速解锁系索

电路断开

快速解锁梁架

弹射椅次级
药筒尾部

多用途起动器（2）

弹道闩（2）

弹射座椅

机构将旋紧这些锁固件，使其机体成为一体。座舱盖致动执行机构上的机械致动器，还提供了冗余的闭锁装置。为确保座舱盖的密封，在舱盖边缘安装一套充气密封系统，舱盖锁闭固定后它将能保持座舱的压力，而且在座舱盖外侧还安装有防雨水密封装置。

弹射座椅系统

"大黄蜂"系列战机的弹射座椅系统，包含SJU-17（V）1/A、2/A、9/A 和 SJU-17A（V）1/A、2/A 和 9/A 两类"海军机组人员通用弹射座椅"（NACES），它们可为机组成员在紧急状态下提供快速且安全地脱离战机的手段。在弹射过程中，该系统的腿部限位系统将保证弹射人员的腿部与被弹射的座椅紧密贴合，不致磕碰到座舱内的其他设备；其由两根可调节的腿吊袜带、一条限腿带和针对每条腿的一套缓冲盒组成。

▼ 飞行甲板上身着绿色夹克的勤务人员，其正式的称谓是"航空结构机械师"，图中机械师正在处理战机的SJU-17型弹射座椅。座椅顶部的箱体内容纳着叠好的阻力伞和主降落伞。（美国海军）

弹射座椅系统整体上包括一套启动系统，在飞行员拉下弹射开关后，座舱盖先被抛飞，接着座椅将定位弹射人员并迅速弹起。座舱盖在抛飞时可能仍有残片位于其原位置，使人员在弹射时受伤，因此座椅上部还附有一套座舱盖（残片）粉碎器，确保人员在弹射时不受可能的残片阻碍。当可伸缩座椅初步被弹起离开机舱且达到其冲程末端时，座椅底部的火箭发动机立即被启动。该小火箭推力将继续推动座舱达到足以施放降落伞的高度，因而即便战机因紧急情况在地面零高度、零速度弹射，仍能确保弹射人员获得足够的开伞高度。

弹射控制手柄，位于前座舱飞行员两脚间的座椅前部，该手柄是启动座舱弹射程序的唯一开关。该手柄呈环状，可由飞行员以单手或双手持握并控制。为阻止误操作，该手柄的拉动压力设置得较大，飞行员只有使用20～40磅（约9.07～18.14千克）的拉力先将其拉动，要完全启动弹射程序，还要持续将拉力加大到30～60磅（约13.61～27.22千克），才能将弹射的双启动装置的两套击锤阻铁彻底拨出以启动弹射。弹射的双启动装置，任意一套装置被启动都能实现弹射。顺利弹射后，弹射手柄仍会附在被弹出的基座上。

在弹射过程中，自座椅下弹射火箭启动后的所有事件的时间，都由1组电子定序装置控制，它会考虑战机弹射时的高度、加速度和空速信息，自动控制弹射朝向和降落伞的开伞时机，并且还会在弹射座椅仍存在动力的时序范围内，确保座椅和人员的分离时机。一旦电子定序器的部分或全部失效，一个延时约4秒的机械延迟机构就会立即启动一个气压（触发降落伞开启的）装置，它将迅速使被弹射者与座椅分离，继而在14000～16000英尺（约4267～4877米）的海拔高度开启降落伞（如果弹射发生在此高度之上）。而如果弹射发生在14000英尺（约4267米）以下的空中，该紧急气压装置将立即启动并确保开伞。如果该气压开伞装置再出现故障，弹射人员还可利用紧急解锁装置（手动控制）开伞，作为开伞最后的备份装置。

被弹射座椅飞入空中后将保持稳定，其顶部和底部所连接的阻力伞装置将减缓其前向速度。弹射过程中，降落伞部署火箭会按程度自动启动，将降落伞从伞包中拖出并展开。弹射时，通常不允许座舱内处于完全的满压状态，除非（弹射时的）过载足以降低弹射时人员受到的震动。弹射时，通常会根据战机的飞行状态、高度等，采取以下五种弹射模式。

在高空时，座椅上部和下部的阻力伞将帮助座椅弹出后减速，并保持其姿态稳定。当座椅弹射动力耗尽下降至18000英尺（约5486米）（以海平面为标准），这些阻力伞装置将脱离座椅，接着，附着在人

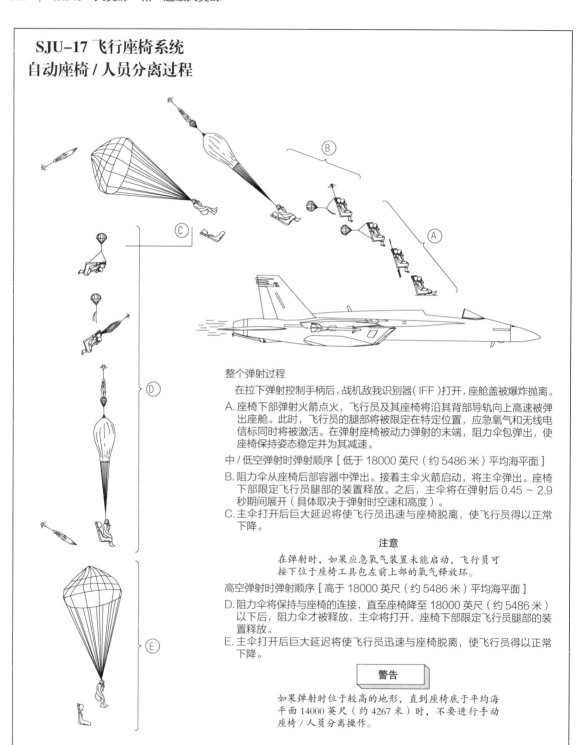

SJU-17 飞行座椅系统
自动座椅/人员分离过程

整个弹射过程

在拉下弹射控制手柄后,战机敌我识别器(IFF)打开,座舱盖被爆炸抛离。

A. 座椅下部弹射火箭点火,飞行员及其座椅将沿其背部导轨向上高速被弹出座舱。此时,飞行员的腿部将被限定在特定位置,应急氧气和无线电信标同时将被激活。在弹射座椅被动力弹射的末端,阻力伞包弹出,使座椅保持姿态稳定并为其减速。

中/低空弹射时弹射顺序[低于18000英尺(约5486米)平均海平面]

B. 阻力伞从座椅后部容器中弹出。接着主伞火箭启动,将主伞弹出。座椅下部限定飞行员腿部的装置释放。之后,主伞将在弹射后0.45~2.9秒期间展开(具体取决于弹射时空速和高度)。

C. 主伞打开后巨大延迟将使飞行员迅速与座椅脱离,使飞行员得以正常下降。

注意

在弹射时,如果应急氧气装置未能启动,飞行员可
按下位于座椅工具包左前上部的氧气释放环。

高空弹射时弹射顺序[高于18000英尺(约5486米)平均海平面]

D. 阻力伞将保持与座椅的连接,直至座椅降至18000英尺(约5486米)以下后,阻力伞才被释放,主伞将打开,座椅下部限定飞行员腿部的装置释放。

E. 主伞打开后巨大延迟将使飞行员迅速与座椅脱离,使飞行员得以正常下降。

警告

如果弹射时位于较高的地形,直到座椅底于平均海
平面14000英尺(约4267米)时,不要进行手动
座椅/人员分离操作。

员身上的主降落伞将展开，同时人员与座椅分离。

在中空时［战机处于海平面 8000 ～ 18000 英尺（约 2438 ～ 5486 米）］以及在低空时［低于 8000 英尺（约 2438 米）］，弹射后主降落伞将在座椅自弹射后完成首个动作后延迟 0.45 ～ 2.9 秒内展开（具体延迟时间取决于弹射时战机的空速和高度），以使其所附阻力伞装置能发挥使座椅减速且稳定的作用。

主降落伞是长约 21 英尺（约 6 米）的高空球状伞，它储存于弹射座椅上部的箱体中，以伞索与飞行员身上的衣物相连。该降落伞可在空中操控并包含有水密性良好的救生设备，帮助飞行员在落水后求生。座椅上部和下部的阻力伞装置储存于单独的小容器内，部署在弹射器顶部的一个单独的容器内。座椅还具备高度可调的特点（适应不同身材机组成员），拥有多组固定乘座人员的索带和锁扣，此外在座椅的座垫下还设置有急救包。

► ► "大黄蜂"战机的弹射过程总体可分为四步。首先座椅被弹出，机组成员离开战机；接着座椅的稳定阻力伞展开；继而如果战机在低空弹射或者一旦机组及座椅坠落至18000英尺（约5486米）高度以下，则主降落伞将展开以及人员和座椅完成分离；最后则是机组成员着地（海）。（美国海军）

航电系统

"大黄蜂"系列战机采用同期的先进航空电子设备，各子系统具备冗余备份和高度自动化易操作的特点，确保战机飞行控制安全和成功完成作战任务。

▼ 在前后两个驾驶舱中，有一套小型的HMD旋转开关可以让机组成员调节显示屏的显示亮度。（美国海军）

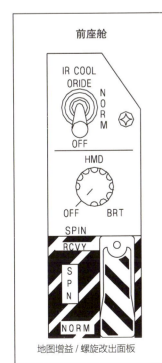

地图增益／螺旋改出面板

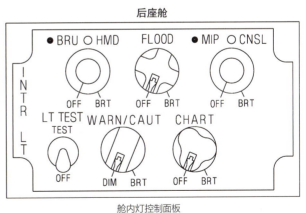

舱内灯控制面板

▶ "大黄蜂"系列战机的地形感知报警系统（TAWS）需要机载导航任务计算机和数字式地图测绘套件共同配合，才能发挥其全部功能。飞行员受过训练后，能够立即对该系统的视觉和语音警示信息做出响应。（美国海军）

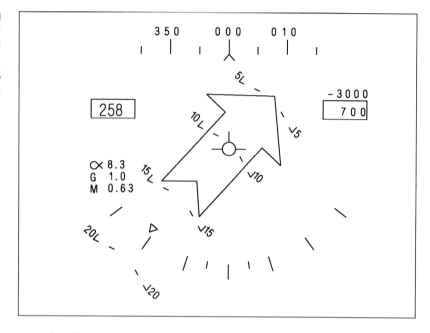

　　该系统的主要特点，包括高度集成的控制和显示设备，内置具有机体定位能力的惯性导航组件，并内建有系统测试和故障检测能力。战机的航电各子系统，在其两套任务计算机的控制下，通过其航电多路复用总线（mux）及其控制器，实现任务计算机与各航电设备之间的数据通信。

　　战机的任务计算机系统，由两套数字计算机（MC1和MC2）构成（互为备份提高冗余），此通用任务计算设备具有高速、可存储、可编程、附带磁心存储器的特点。

　　战机发展到后续的"超级大黄蜂"型号时，更新配备了AYK–14型任务计算机系统，构成它的两套任务计算机通过多路复用总线及其控制器与机上主要航电设备相连。其中，MC1也被称为导航计算机，用于实现导航数据处理、控制/显示管理、飞机内置测试（BIT）、飞行状态监视等功能，它还可作为MC2计算机的备份；而MC2则可被称为武器投掷计算机，它负责对机载空对空战斗、空对地攻击和战术控制/显示等任务功能进行处理。机上共有6套航电多路复用总线（mux bus）及冗余备份通道（X和Y）。

　　"大黄蜂"系列战机的任务计算机，主要用于实现以下功能：

　　1. 计算并控制管理传输到座舱显示设备上的信息；

　　2. 计算导弹发射和武器投掷参数并形成发射指令；

　　3. 为各种航电子系统提供工作模式控制及选项；

　　4. 生成战机内置测试启动信号并收集管理各设备运行状态信息。

在"超级大黄蜂"系列战机上，更换了先进任务计算机和显示系统（AMCD），它取代了此前战机配备的 AYK–14 型任务计算机；战机座舱内一前一后两套数字显示器（DDI）直接由任务计算机驱动，后者通过高速数据接口总线与这两个数字显示器相连（其内容显示并非根据航电多路复用总线传输的指令）。飞行员的平视显示器（HUD）由直接通过多冗余数据连接与两套任务计算机相连，通常 MC1 系统驱动着前后座舱的左数字显示器（LDDI）和机组成员平视显示器，而 MC2 系统则负责前后座舱的右数字显示器（RDDI）及机组成员平视显示器。当一套任务计算机出现功能故障时，由该任务计算机驱动的各显示器将在其显示屏中央呈现绿色的方格（继续其功能驱动将很快由另一套系统接管），两套任务计算机可提供完全一样的功能，且互为备份。

（该系列战机最新升级的）第二代先进任务计算机和显示系统（AMCD II），其后座舱更新为尺寸更大的 8×10 英寸（约 20×25 厘米）大小显示器。该显示器主要通过 MC2 接收其显示信号，而在接收到 AMCDII 系统输出的信号之前，不会接收其他设备的输入。通过光纤通道网络交换器（FCNS）和高速视频网络（HSVN），AMCD II 将为 8×10 英寸（约 20×25 厘米）显示器提供彩色数字视频信号。

战机任务计算机，将从惯性导航系统、电子飞行控制系统（FCC）、多用途显示设备组、"战术空中控制和导航系统"（TACAN）和备份的战机姿态及导航系统等设备处，接收和处理用于导航及战机飞行控

▼ 战机的近地防撞警报系统（GPWS）可在飞行员的平视显示装置（HUD）上提供战机横滚状态可能发生危险的警示。与地形感知报警系统类似，它可在显示设备上激活特定的提示箭头向飞行员发出警示，并且作为该系统的备份系统发挥作用。（美国海军）

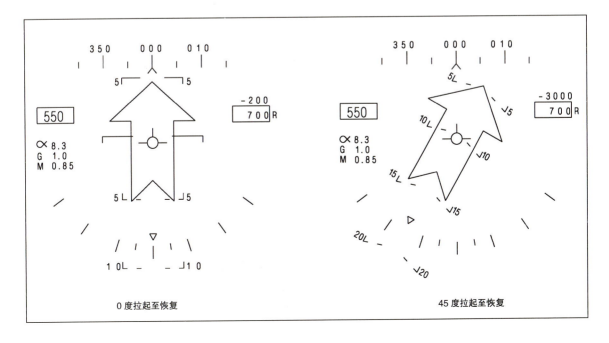

0 度拉起至恢复　　　　　　　　　　45 度拉起至恢复

▶▶ 图示为"大黄蜂"战机机组使用的联合头盔显示系统（JHMCS），它可安装在标准的喷气式战机头盔上，美国海军和空军战斗机部队广泛采用该系统。（斯蒂芬·戴维斯/FJ图片）

制的指令。计算机完成这些信息的收集、处理和融合，并综合将其显示在各类输入显示设备上，提供给飞行员参考。

地形感知报警系统

战机的地形感知报警系统（TAWS），可在各类任务的飞行阶段（就可能危及飞行安全的地形因素）向机组人员发出警报，提醒其采取相应措施。在任何飞行时间里，地形感知报警系统都与导航任务计算机（MC1）和机载数字地图绘制套件（DMS）保持着紧密数字联系并发挥着其报警功能。它还被设计用于消除有关地形危险的虚警报告，尽量减少令人讨厌的警告，并在各种战机的主控模式中响应机组人员对战机的操纵。

系统提供了5种可能的语音警告信息，以提示飞行员指示对即将到来的地形危险因素条件做出正确的操纵响应，并为其提供可视化的警报信息，以引导机组人员迅速恢复飞行安全，或者在某些特殊情况下，直接以控制指令影响战机的飞行控制过程。语音警示信息，可为机组人员提供警示提醒帮助其正确做出应对，而其提供的视觉警示信息，则为机组人员提供了后续为恢复战机飞行安全所需的操纵信息。

飞行员一旦听到来自战机的地形感知报警系统（TAWS）的警告，都应该意识到战机正在进入危险的飞行状态（如撞击山体），因此飞行员对此警告的响应必须直接而迅速（甚至成为一种直觉）。该系统可发出的5种语音警示（重复两遍）包括："左侧横滚……左侧横滚，右侧横滚……左侧横滚，拉起……拉起，加速……加速，以及检查操舵装置……检查操舵装置"。视觉提醒信息，则主要指提示飞行员将战机恢复到安全状态的那些信号箭头，它们会显示在飞行员平视显示器的中央，以及数字显示设备（DDI）上，提示飞行员恢复飞行安全的正确操纵。这样的视觉操纵提示系统，被设计配合地形感知报警系统的语音警示一同显示。当然，当危险解除后，相关情况将显示出来，提示信息和语音也将消失。

地形感知报警系统，所需的信息主要来自以下设备的输入：飞行控制计算机、惯性导航系统（INS）、雷达测高计（RADALT）、GPS和数字地形高程数据（DTED），其中数字地形高程数据存储于机载数字地图绘制套件中，并作为其组成部分用于为战机在飞行时提供前视（地形及飞行安全）预测能力，防止战机撞中起伏的地形地物。当战机上未加载（或更新）特定地区的机载数字地图绘制套件时（或该系统故障/未运行），来自近地防撞警报系统（GPWS）的信息将成为

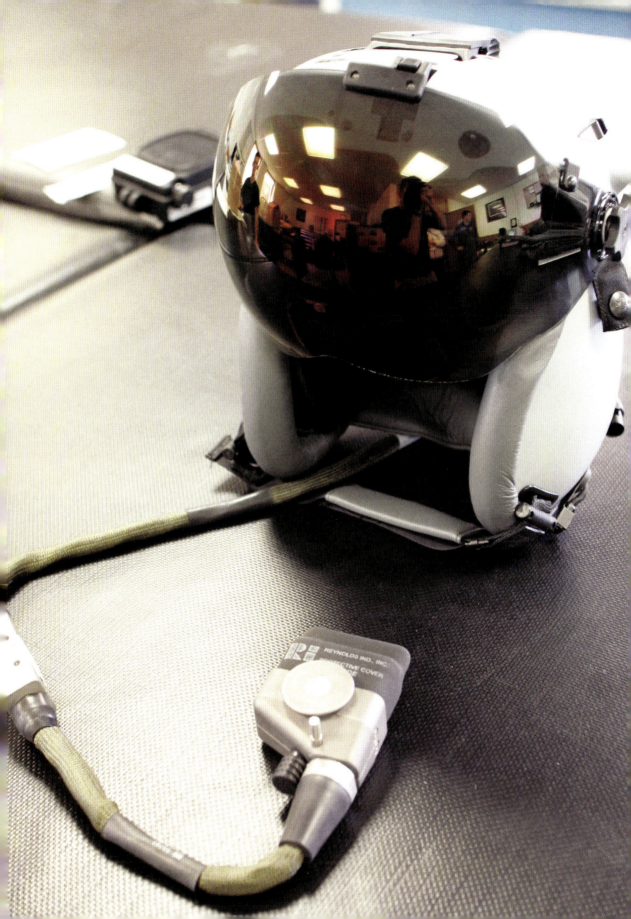

▲ ▶▶ 两架VFA-211"战斗将死"中队的F/A-18F战斗机在空中释放红外诱饵闪光弹。F/A-18系列战机可在其机身下搭载ALE-47或ALE-50闪光弹和箔条布撒器。（斯蒂芬·戴维斯/FJ图片）

预防战机遭遇地形危险因素的主要信息。

近地防撞警报系统被设计作为飞行员预防地形危害战机飞行的备份系统，它可提供对飞行安全迫近的危险地形地物警示信息，比如战机以较大倾斜角飞行时可能与地物的刮擦、战机过大的下降速度、着陆时未放下起落架、地形过高侵入飞行航线，以及飞行机动时损失大量高度等。只要飞行控制计算机MC1、雷达测高仪和空气数据系统都能正常运行，该系统就能正常运行。

飞行性能咨询系统

"大黄蜂"系列战机的飞行性能咨询系统（FPAS），可为飞行员提供有关战机可运行时间、燃料和距离估算等方面的信息咨询与帮助。系统可估算出战机在以下三种飞行条件或状态时的最大航程和续航能力：当前的马赫数和高度、当前高度的最佳马赫数和最优的马赫数和高度。这三类读数可以用来调整战机的飞行剖面（flight profile），以满足任务要求。此外，战机飞行性能咨询系统，还可提供战机经选定的路径点或位置并抵达特定目的地时剩余的燃料，并就特定的路径点或就"战术空中控制和导航系统"（TACAN）点提供有关的飞行航线

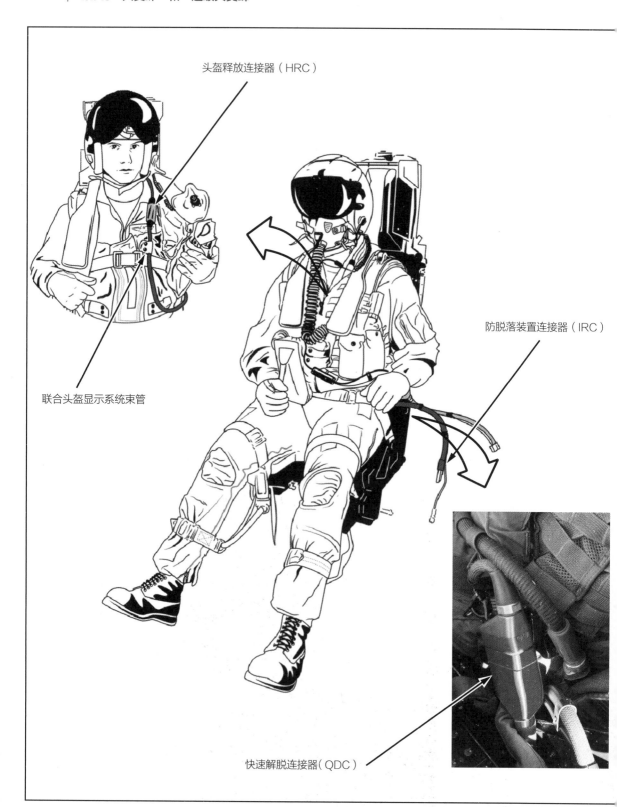

头盔释放连接器（HRC）

联合头盔显示系统束管

防脱落装置连接器（IRC）

快速解脱连接器（QDC）

规划建议。（确定任务飞行的路径点和目标地后）相关距离、时间、高度、马赫数和燃料都是由飞行性能咨询系统算计并显示在飞行性能咨询系统显示器上。

◄◄ 联合头盔显示系统（JHMCS）含有大量的线缆，它们连接着战机和相应的设备，飞行时这些线缆必须合适地定位且确保其正常。（美国海军）

电子对抗策略系统

ALE-47（电子）对抗分配套件，可手动启动，或也利用来自机载不同电子战系统的信息，生成针对不同电磁威胁环境的电子对抗分配策略与程序。

ALE-50诱饵分配装置，是战机搭载的一种可消耗的、拖曳式射频（RF）对抗系统，它包含多平台（诱饵）发射控制装置（MPLC）以及一套内含3个消耗性诱饵的可拆卸式布撒器。

联合头盔显示系统

联合头盔显示系统（JHMCS）允许机组人员跟踪瞄准目标，并利用现有的短距导弹和高离轴角导弹系统（如AIM-9X近距格斗导弹），头盔可将雷达和其他机载传感器获得的信息提供给机组成员。在通过联合头盔显示系统使用高离轴角导弹武器系统（HOBS）时，机组成员可向战机雷达的球面探测范围之外的目标实施攻击，并指定打击地面目标。在使用联合头盔显示系统时，座舱主显示器提供一个单眼20度视野（的目标攻击范围），显示飞行员右眼可以看到景象与目标。

图中VAQ-138中队的EA-18G"咆哮者"电子战机展示出其相对简洁的尾喷管，表明其引擎最新的衍生型，或者其出厂时的改进。图中的引擎喷口收敛片处于全开状态以保持引擎燃烧室和加力后燃室喷出燃气的压力稳定。（美国海军）

6

"超级大黄蜂"
主引擎系统

尽管"大黄蜂"的引擎最初设想采用命运多舛的 A-12"复仇者"舰载机的引擎，但到了"超级大黄蜂"时代，其采用的 F414 涡扇引擎的推力已有极大提升，较最初型号增大了约 1/3。当然，虽然其在发展中并非没有问题，但这款引擎现在已被认为是一种高度可靠的引擎，尤其适用于航母舰载机使用。

至1988 年，F404-GE-400 基本型引擎已经经历了 70 万小时的飞行时间，其可靠性和可维护性统计数据表现得非常优秀。然而，一些问题仍在其工作累计至百万小时时浮现出来。在这些老化（累计工作时间较长）的引擎中，大量事故频发，导致很多飞机坠毁或故障。

引擎的很多意外事故最终归咎于发动机的外来异物损伤（FOD），这些外来异物导致了引擎压气机涂层的侵蚀，这导致（多级）压气机的合金叶片因为疲劳和破损发生故障。这此，一些新的叶片涂层被开发出来，具备全新性能的引擎得以生产出来。对于传统的"大黄蜂"战斗机而言，全面 F404-GE-402 强化性能引擎（EPE）进而出现。

F404-GE-402 强化性能引擎得以研发，用以满足瑞士空军对 F/A-18C/D "大黄蜂"战机引擎的可靠性需求，但这款新引擎直到 1992 年才成为美军装备的"大黄蜂"战机的制式引擎。新引擎拥有比其前作高出 10% 的静态海平面推力性能，而且在一万英尺（3048 米）和 0.9 倍音速时它还能提供比前作超出 18% 的推力，其跨音速加速性能也更强劲。配备新引擎的"大黄蜂"在沿跑道起飞遂行拦截任务时，在 5 万英尺（15240 米）高度从零速度加速到 1.4 马赫，所需的时间比以往减少约 31%。

▼ 通用动力公司的F414引擎采用了一系列先进技术，使"超级大黄蜂"战斗机及"咆哮者"电子战战机获得比原型F/A-18战机超出35%的推力，并使战机机动性、生存性和负载能力获得显著提升。（通用电气公司）

F414
turbofan engines

22,000 lb thrust class

海军的技术文档表明，F404-GE-400 引擎的非安全军用推力大约为 10700 磅（约 4853.44 千克），打开加力燃烧室后加力推力可达到 16000 磅（约 7257.48 千克）。而每台 F404-GE-402 引擎的非安全军用推力约为 10900 磅（约 4944.16 千克），打开后燃室加力推力可达到 18000 磅（约 8164.66 千克）推力。

▲ 一架属于VX-9"吸血鬼"战斗攻击中队的F/A-18C战斗机，正在从海军"罗纳德·里根"号航母（CVN-76）上起飞。经典的F/A-18系列"大黄蜂"战斗机由两台F404系列引擎驱动，它是F414引擎的前身，后者广泛地运用到F/A-18E/F"超级大黄蜂"和EA-18G"咆哮者"电子战战机上。（美国海军）

"超级大黄蜂"的引擎

F/A-18E/F"超级大黄蜂"战斗机，由两台通用电气公司 F414-GE-400 引擎驱动。该引擎具有低涵道、轴流、双轴涡轮风扇的特点，且该引擎还配备有加力燃烧室；其三级风扇（低压压气机）和七级高级压气机，每级压气机都由单级风扇驱动。此外，两侧引擎进气口还采用专门的设计，以减少（引擎压气机叶片的）雷达反射信号特征，以降低战机的雷达可探测性，进而提升其战场生存性。

（引擎的）基本动作功能，由该引擎驱动的辅助齿轮箱所支持，

图中一架VMFA-115"银鹰"中队的F/A-18"大黄蜂"战机打开加力燃烧紧急起飞。这是在热带战场环境下，战机挂载着必要的战斗负载紧急升空。（美国海军）

它们驱动着引擎的燃油泵、可变尾气喷口（VEN）燃油泵、润滑油和燃油回油泵（scavenge pump）、引擎燃油调节器和发电机。从可变燃气喷口燃油泵的燃油流，将驱动其致动装置（actuator），并为主引擎的启动提供初始燃油压力。

美国海军的技术手册，其所引用的 F414-GE-400 引擎的非安全军用约为13900磅（约6304.93千克），其最大后燃推力可达到20700磅（约9389.36千克）。

全权数字引擎控制系统

"大黄蜂"系列战机的引擎，采取全权数字引擎控制系统（FADEC）控制，控制系统安装在引擎外壳上。F404/414引擎的全权数字引擎控制系统通过软件调节其当前油流和引擎内部腔体的几何状态，进而控制引擎节流实现对战机当前飞行状态的控制。随着节流阀（与其工况及飞行状态）的匹配，引擎的参数可能会随着控制时程被调整（以适应并实现最佳性能）而有很大的不同。

　　引擎上的每个全权数字引擎控制计算机各拥有两个中心处理单元——通道 A（CH A）和通道 B（CH B），它们与战机上的任务计算机、飞行控制计算机和节流阀（油门）整合为一体。通常，每个全权数字引擎控制计算机通道，监控着引擎（运行状态）并以一个通道控制着动力系统的运行，而另一个通道系统则处于备用状态。一旦一套控制系统丧失功能，其全权数字引擎控制系统会选择另一个控制通道接替其功能。

　　在主引擎启动前，电池被用于向两引擎的全权数字引擎控制系统（FADEC）的通道 A 供电。在主引擎启动时，当 N2 号引擎达到 10% 的转速时，该引擎驱动的交流发电机发出的电流将上线，并为其相应的全权数字引擎控制系统两个通道供电。当战机上的一台发动机输出功率（N2 引擎大于 60%）时，战机的供电系统将为另一套全权数字引擎控制系统的两个通道供能。随着两套引擎的运行，每个引擎驱动的发动机都是（各自）全权数字引擎控制系统供能的主要动力源，而由战机（辅助动力单元）输出的 28 伏应急直流母线则作为其备份。当某个全权数字引擎控制系统的两个通道在引擎启动后获得供能时，该系

◀◀ ▼ ▼▼ 水兵们正在将1台 F414引擎从F/A–18E型战机上取下。更换战机引擎，在舰母上是一件相对简单的维护工作，仅涉及一系列战机上的拆卸工作。F414引擎的模块化设计及可维护性标准，意味着它们具有优秀的服役性能，可以快速拆卸与维护。（美国海军）

统将自动启动并开始运作，而这在此前的飞行或引擎运转期间是不受（飞行员/相应控制系统）控制的。

引擎功率降低，是由全权数字引擎控制系统报告的两种（引擎故障）类型，包括不影响引擎运作的小故障和影响其运作的严重故障。由于全权数字引擎控制系统提高的高容量（控制）冗余，大多数细微的控制系统故障不会导致引擎性能的任何下降。

战机的全权数字引擎控制系统可通过引擎驱动的交流电发动机和点火器，同时控制引擎的主燃烧室和后燃室。

引擎的油压传感系统，包含一套油压传感器（换能器）和一个独立的油压开关。传感器（换能器）可感知相应的油压力值，并显示在驾驶舱内。油压开关，则提供了一个额外的、确认燃油压力的信息感知源〔如果上述油压传感器（换能器）出现故障〕。

主引擎特点

"大黄蜂"战机引擎拥有一套（多级）涡轮风扇转速锁定系统，

▼ 一名航空机械师及同僚正使用内窥管道镜检查F/A-18E"超级大黄蜂"引擎内多级涡轮风扇叶片，该战机隶属于VFA-11"红色撕裂者"中队，当时正部署在海军"西奥多·罗斯福"号航母上。该战机的F414型引擎还驱动着一种安装在机身上的附件传动箱，它可提供必要的液压压力。（美国海军）

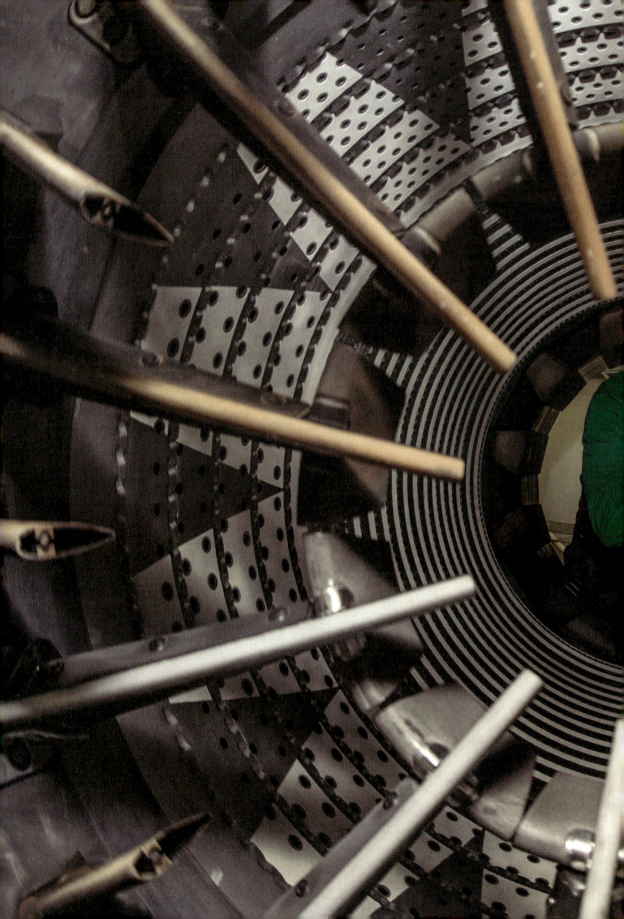

▲▲ ▲ F414引擎后部的加力燃烧室，具有一套燃油喷射环（如图所示），当其前侧经过引擎涡轮段的炙热气体进入后燃室时，它向其中喷射更多燃油，经点火后将发生猛烈燃烧，并产生额外的7500磅（约3401.94千克）推力。（美国海军）

可以通过保持发动机转速，以及当油门节流阀故障指示灯（MIL）亮起出现延迟时确保气流进入引擎，来防止引擎进气道不稳定状态。当飞机加速到1.23马赫以上时，转速锁定系统将被激活，而当战机空速低于1.18马赫时，系统则会解锁。

战机的主引擎还拥有超音速发动机推力限制（SETLIM）功能，该功能使战机在飞行中由于一侧引擎失速或处于超音速（超过1.8马赫）时引擎停车导致双引擎推力不对称，或处于高能量状态（等效战机在海平面以700节表速飞行，或在25000英尺（约7620米）高度以750节表速飞行）时（因单侧引擎故障导致两侧推力不对称时），使飞机出现危险状态（aircraft departure）的可能性最小化。如果战机引擎的全权数字引擎控制系统监测到引擎熄火或停车，此功能将立即终止两引擎的加力后燃室的动作。通常，引擎的后燃室功能会在引擎恢复正常的12秒后重新处于可运行状态，或者当战机空速掉到1.7马赫以下时，以及引擎处于高能状态（等效于战机在海平面以650节表速飞行，可在2.5万英尺（约7620米）高度以710节表速飞行）时则立即恢复运作。

引擎系统配备有减权降推力系统（RATS），通过在战机被阻拦索成功拉住后立即、迅速地降低引擎推力，它可有效减小战机在航母着舰时所需的甲板风速，从而减少航母阻拦装置所需吸收的巨大能量。逻辑上，减权降推力系统仅由任务计算机系统（MC1）负责操控，如果战机在着舰时尾钩成功放下，且钩挂住了甲板阻拦索导致战机纵向迅速减速（负加速度大于1g，通常着舰时加速度约为负3g），MC1系统中的该系统就会立即启动（制动引擎运转情况降低战机推力）。机上传感器传回尾钩放下且战机纵向加速度大于负1g时，MC1系统会向引擎的全权数字引擎控制系统发送一个"启动RATS"的信号，进而由全权数字引擎控制系统迅速降低引擎的70%的推力。减权降推力系统（RATS）还会根据前起落架是否处于承重状态（WOW，此时战机仍未获得足够升力）、轮胎速度（小于20节）和节流阀手柄（扳动的）角度（THA），防止引擎在阻拦索被拉出的末端（即战机阻拦着舰减速滑行的末端）其控制系统仍向引擎全功率供电。当飞行员操纵油门节流阀，使其减少至"怠速"（即IDLE）状态（或者节流阀手机扳角度小于10度）时，减权降推力系统将不再发挥功能。

战机主引擎具有的"武器燃气吸入防护"系统（AGI），战机在空中发射各种武器时，在其离开机体时因尾喷废气（氧气含量低）被主引擎吸入而导致其熄火，而该系统的功能就是任何状态下杜绝这种

▼ 对于舰载航空兵而言，可靠的发动机响应和后燃室推力性能都非常重要，这不仅是在战机弹射起飞、着舰或着舰失败复飞时非常重要，而且在担负一些需要快速急剧机动的任务时，这类紧急情况下的加速能力同样重要，正如图示这架F/A-18C型"大黄蜂"战机所展示的那样。（美国海军）

美海军"约翰·C. 斯坦尼斯"号航母上的技术人员正在将1台F414-GE-400型涡扇引擎装上测试台。（美国海军）

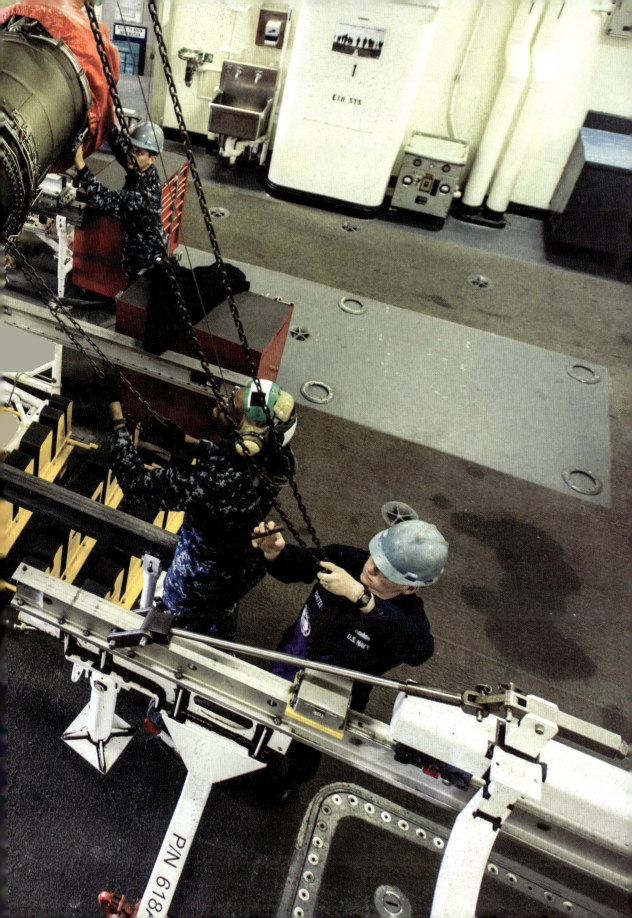

情况的发生。武器燃气吸入防护系统，也可被视作战机动力全权数字引擎控制系统所固有的"熄火检测"（flameout detection）和"重新点火"（relight）功能的一种备份。该武器燃气吸入防护系统（的相关感知和控制信号），由战机挂载管理套件（SMS）发送给全权数字引擎控制系统，并被用于启动引擎点火（双引擎），持续时间约 5 秒。该系统的启动信号，在战机使用相关武器，比如发射机翼下挂载的各类空对空或空对地武器、抑或使用机炮之时。

为确保引擎在紧急情况下（如起飞时）使用加力后燃室的安全，引擎配备有加力燃烧室限制（ABLIM）功能，这一特定引擎功能仅在战机重载弹射起飞（需要提前打开加力燃烧室）时发挥作用；此时，飞行员将油门节流阀推到最大（MAX）状态，该功能将限制引擎使用加力燃烧的功率（仅限于其加力燃烧功率的一半），使引擎不会因吸入后燃室排出废气而停车。因而，当该功能被激活后，战机只有一半的后燃推力可供使用（即便飞行员将油门节流阀推到最大），此时战机供油量将从最大时的 35000 ~ 45000 磅（约 15875.73 ~ 20411.66 千克）/ 每小时，降低至约 25000 磅（约 11339.81 千克）/ 每小时。当然，

▼ 一名美国海军机械师正将 1 台 F404 引擎重新装配上 F/A-18+ 型战机，无论是 F404 还是 F414 型引擎都采用模块化设计。（美国海军）

随着战机在弹射起飞过程中，其速度迅速提升至约 80 节表速（KCAS）时，该功能会自动被取消。

战机主引擎的防冰功能，由前驾驶舱中"ENG ANTI ICE"开关来启动，它控制着主引擎进气口的抽气功能。当然，在主引擎启动后，引擎的防冰系功能会在其达到空载功率后的 45 秒内自动开启，当油门节流阀仍然处于空载或怠速状态时，该功能将保持 30 秒。

当该功能开启时，只要引擎进气口温度在 –40 ～ 15 摄氏度之间，其防结冰气流就会吹向引擎进气口易结冰部位。在这些限制之外，如果战机已升空，或其前轮不再承重后 60 秒，该功能将结束并被关闭。当防冰空气流动时，N2 引擎的转速将增加约 2%，而此时引擎废气温度（EGT）将提高约 5 摄氏度。

主引擎节流阀

"大黄蜂"战机有两套油门节流阀，各对应一套主引擎，位于座舱飞行员左侧的控制台上。节流阀的杆体运动信号，通过电传系统发

▼ 一名VFA–81中队的航空机械师及其同僚正在清理一架F/A–18E"超级大黄蜂"战机的引擎组件，此时他们正位于海军"卡尔·文森"号航母上。定期维护并清理引擎各部件，可确保引擎工作时任何液体泄漏情况能够很快被辨识出来。（美国海军）

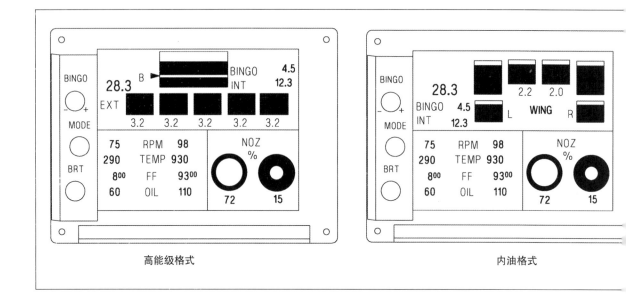

高能级格式   内油格式

▲ 图示为整合的引擎和燃料显示面板，它位于飞机前后座舱左侧膝盖盖处的控制台上，这替代了传统战机座舱内的数十个以仪表指针显示的设备（图中为两具尾喷口指示设备、引擎转速指示器、EGT指示器/N1引擎指示器，以及燃油量表）。（美国海军）

送至全权数字引擎控制系统，用于调节引擎的供油量实现对其输出推力和功率的控制；除全权数字引擎控制系统外，节流阀的操纵信号还被传输至飞行控制计算机上，用于战机自动加速时持续为引擎供油。类似的，战机采用的电传系统，其油门节流阀与主引擎之间并无任何机械连接。

在主引擎启动过程中，将油门节流阀从"OFF"推动到"IDLE"档位时，将打开引擎的燃油控制截止阀（shut-off valve），其间，节流阀将经过全权数字引擎控制系统向引擎提供燃油流。

当需要打开引擎后燃室时，飞行员会将节流阀杆推向"MIL"档位，进而通过向后燃室喷油启动后燃室。在战机在弹射起飞或着舰过程中（如前轮弹射钩杆或机尾尾钩受力时），飞行控制系统会加大油门节流阀的操作反馈杆力，防止飞行员误操作此节流阀（杜绝误将油门推到最大）。在这种情况下，飞行员要推动节流阀杆至最大油门，需约30磅（约13.61千克）的推为力才能实现此操作。

在引擎关闭过程中，将油门节流阀回推则非常省力，稍微反向推动节流阀即可使其退回至"OFF"档位。油门节流阀杆上，还包含着其他相关系统的开关和按钮，飞行员在控制战机油门时，还可兼顾控制其他功能的操控。

油量显示设备（EFD）。为显示战机油量，座舱内有3处油量显示设备，它位于座舱内左侧数字显示屏下方的主仪表板上，它是一套单色的夜视显示系统（NVIS），具有灰/黑色显示模式，由信号数据计算（SDC）系统提供信号输入和供电。该测量显示设备通常显示战

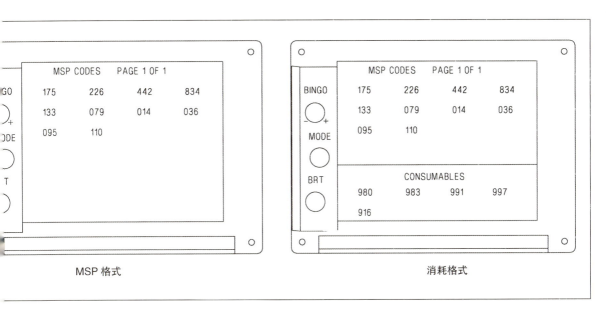

MSP 格式 消耗格式

机引擎的主要油量参数，自动油门节流阀控制（ATC）系统。"大黄蜂"战机引擎的自动油门节流阀控制系统有两种操作模式：进场模式（approach mode）和巡航模式（cruise mode）。该系统在巡航模式下，能自动调节发动机推力，使其在空载或怠速状态及达到最大功率之间保持发动机推力，以确保战机在进场时低速的攻角（AOA）飞行状态时，或者在空中巡航飞行模式中保持其校定的空速。

在油门节流阀自动控制模式开启时，引擎控制指令直接通过飞行控制计算机而非飞行员操纵的油门节流阀传输往全权数字引擎控制系统。飞行控制计算机生成的引擎控制指令，被局限应用于引擎功率略微高于空载怠速（IDLE）及略低于全功率之间的区域。油门节流器（及其输出油门信号）将持续与飞行控制计算机所控制的一个反向传动装置（backdrive unit）交互并定位，使节流阀与当前的引擎（控制）指令相匹配，并为飞行员提供相应的信息反馈。

飞行员在其左侧节流阀杆上按下并释放"ATC"按钮后，战机自动油门节流控制系统（ATC）将进入进场模式，此时"FLAP"开关将切入"HALF"或"FULL"档位；而该系统被切换到巡航模式时，FLAP 则会处于"AUTO"档位。当自动油门节流阀控制系统切入某种工作模式时，其具体情况都会显示在飞行员的平视显示器上。由于在飞行员释放"ATC"按钮前，ATC 模式的切换和 ATC 系统在平视显示器上就不会获得（显示）指令；因而，飞行员可能在按下油门杆上的ATC 按钮前，需要故意保持住按压状态稍作停顿，以防止误触发 ATC功能。还要注意的是，在战机采用单引擎飞行时，ATC 的两种模式之

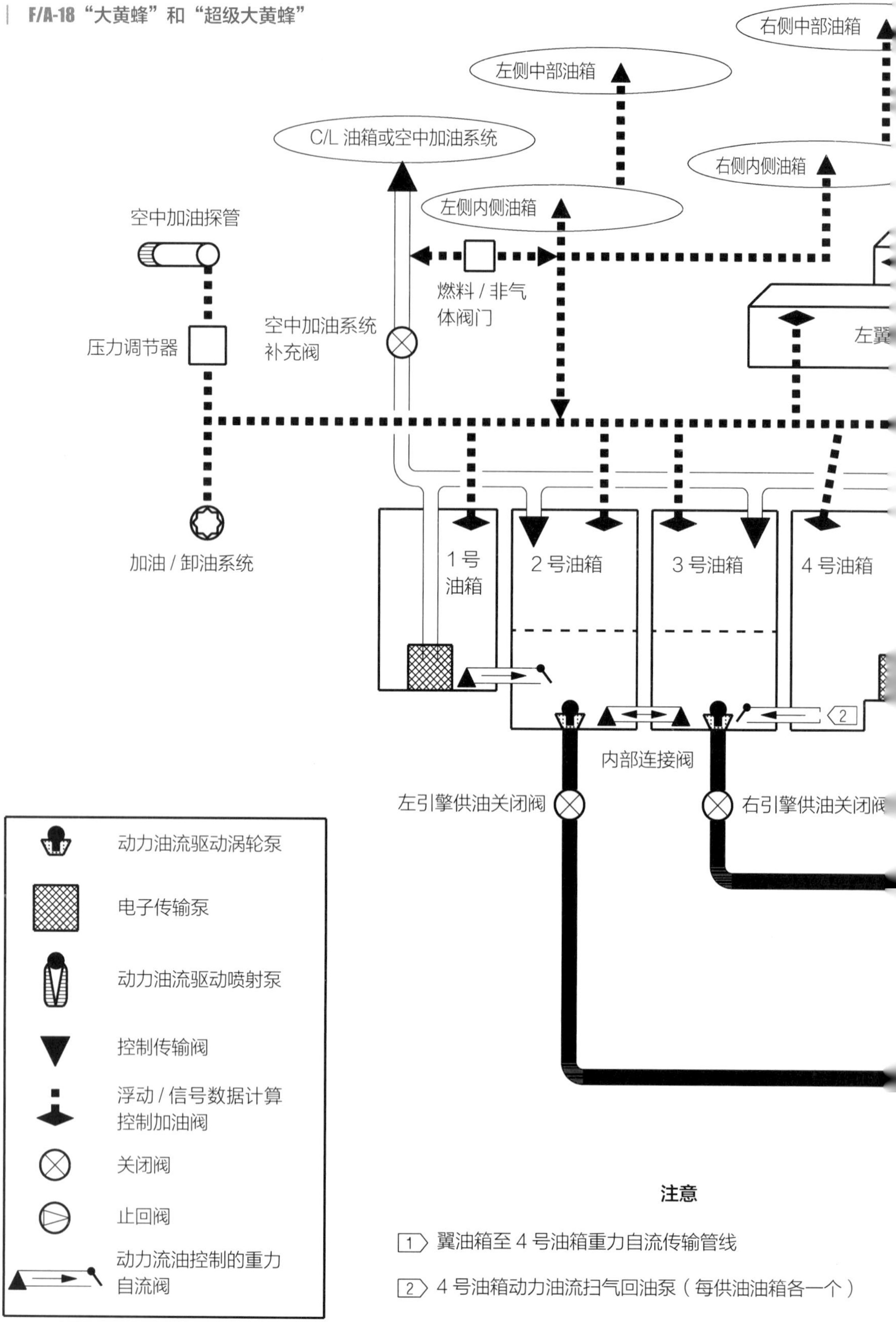

右侧中部油箱

左侧中部油箱

C/L 油箱或空中加油系统

右侧内侧油箱

空中加油探管

左侧内侧油箱

压力调节器

空中加油系统
补充阀

燃料 / 非气
体阀门

左翼

加油 / 卸油系统

1 号
油箱

2 号油箱

3 号油箱

4 号油箱

内部连接阀

左引擎供油关闭阀

右引擎供油关闭阀

	动力油流驱动涡轮泵
	电子传输泵
	动力油流驱动喷射泵
	控制传输阀
	浮动 / 信号数据计算 控制加油阀
	关闭阀
	止回阀
	动力流油控制的重力 自流阀

注意

1 翼油箱至 4 号油箱重力自流传输管线

2 4 号油箱动力油流扫气回油泵（每供油箱各一个）

战机燃油系统简图

（供油、传输和重力自流输送系统）

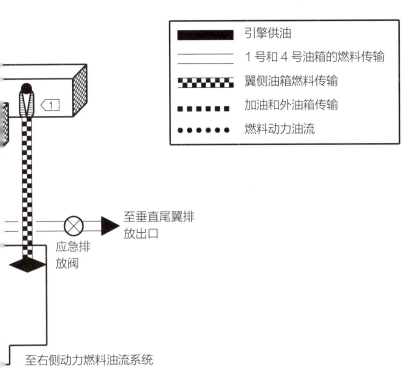

引擎供油
1 号和 4 号油箱的燃料传输
翼侧油箱燃料传输
加油和外油箱传输
燃料动力油流

至垂直尾翼排
放出口

应急排
放阀

至右侧动力燃料油流系统

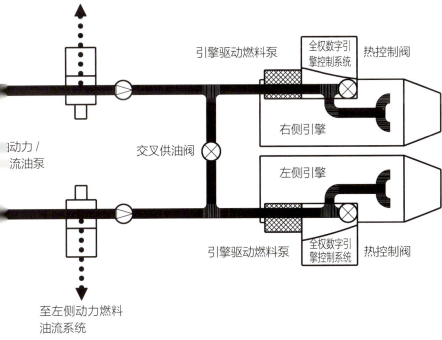

引擎驱动燃料泵

全权数字引
擎控制系统

热控制阀

动力 /
流油泵

交叉供油阀

右侧引擎

左侧引擎

引擎驱动燃料泵

全权数字引
擎控制系统

热控制阀

至左侧动力燃料
油流系统

◄ ▼▼ 图示为"超级大
黄蜂"战机的燃油系统简
图，其中涉及油料供给、输
送管路，以及油料流动、循
环和热管理系统的情况。
（美国海军）

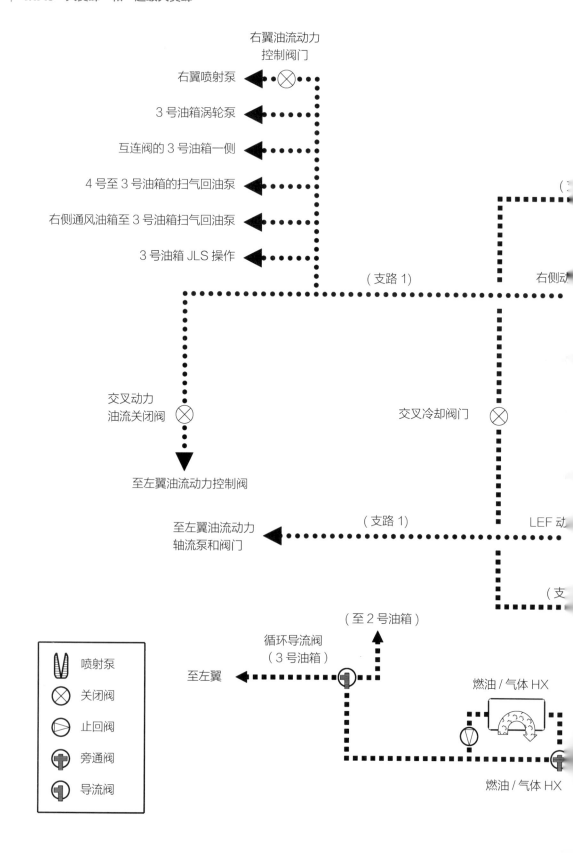

战机燃油系统简图
（动力油流循环、热管理系统）

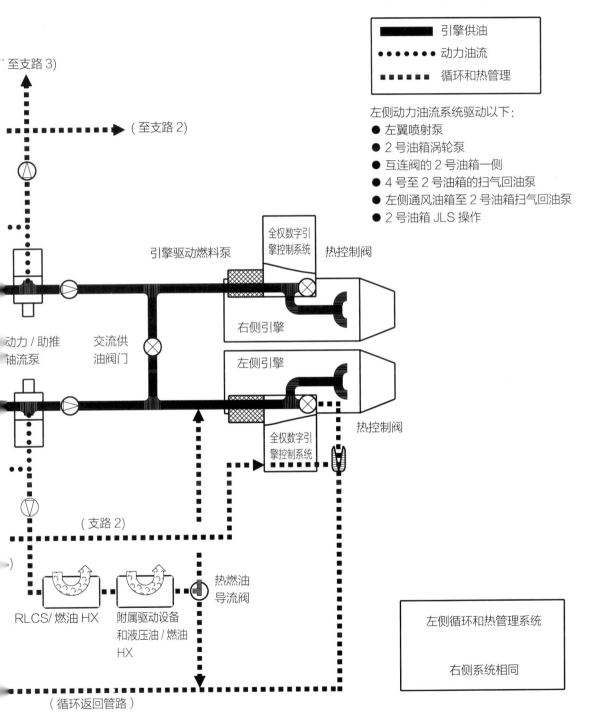

图例：
- 引擎供油
- 动力油流
- 循环和热管理

左侧动力油流系统驱动以下：
- 左翼喷射泵
- 2 号油箱涡轮泵
- 互连阀的 2 号油箱一侧
- 4 号至 2 号油箱的扫气回油泵
- 左侧通风油箱至 2 号油箱扫气回油泵
- 2 号油箱 JLS 操作

（至支路 3）

（至支路 2）

引擎驱动燃料泵

全权数字引擎控制系统

热控制阀

右侧引擎

动力 / 助推轴流泵

交流供油阀门

左侧引擎

全权数字引擎控制系统

热控制阀

（支路 2）

RLCS/ 燃油 HX

附属驱动设备和液压油 / 燃油 HX

热燃油导流阀

左侧循环和热管理系统

右侧系统相同

（循环返回管路）

▲ 位于飞行员左膝处的燃油和引擎状态显示设备，它可为飞行员提供有关引擎及燃油系统各类参数、工作状态及设置等信息，此外，还可提供机内总燃油量和各燃料舱储量等信息。（斯蒂芬·戴维斯/FJ图片）

间不可能实现自动转换。

正常情况下，脱离油门自动节流阀控制模式，可通过对 ATC 按钮操作进行，或者飞行员也可通过向油门节流阀杆施加大约 12 磅（约 5.44 千克）的力（向 "OFF" 档位迅速拉动节流阀杆）或持续超过 0.20 秒的时间，来解除油门所处的自动节流阀控制模式。这种力道足以使飞行员的手在不引起误操作或接触的情况下，跟随油门节流阀的运动实施控制。

战机燃油系统

"大黄蜂" 系列战机，拥有四套机身内油箱（油箱 1 ~ 4）、两套翼油箱（左右翼油箱），以及两套机身通风油箱和两套垂直翼面通风油箱。第 2 号和 3 号油箱是主引擎的供油油箱，而 1 号和 4 号油箱、两套翼内油箱则属于转储油箱（其内储油量被输送至 2、3 号油箱后才能被引入引擎）。为进一步提升战机航程，还可在机腹中央、翼下内侧和机身两侧半埋式挂载点加装副油箱，总共可加载 4 具 480 加仑（约 2182.12 升）的外部副油箱。战机上的所有内部和外部油箱，都可通过单个加油受口或者通过空中加油的加油探管进行受油。

▶▶ 图示为 "超级大黄蜂" 战机机身内的 4 个内油箱和两个机翼油箱，其中 E 型机可携带的内油量略多于 F 型战机，因为后者因双座配置使其 1 号机体油箱的尺寸较小于 E 型单座战机的同个油箱。（美国海军）

内部油箱

油箱		可用燃料			
		加仑	磅 JP-5	磅 JP-8	磅 JP-4
1号油箱	F/A-18E	350	2380	2340	2280
	F/A-18F	212	1440	1410	1380
2号油箱 (左侧引擎供油)		383	2600	2560	2490
3号油箱 (右侧引擎供油)		385	2620	2580	2500
4号油箱		555	3780	3720	3610
全部机身油箱	F/A-18E	1673	11,380	11,200	10,870
	F/A-18F	1535	10,440	10,280	9980
左主翼/右主翼 全部机翼油箱		244/244 489	1660/1660 3320	1640/1640 3280	1590/1590 3180
全部内油	F/A-18E	2162	14,700	14,480	14,050
	F/A-18F	2024	13,760	13,560	13,160

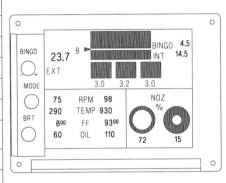

外部油箱

480 GAL. TANK	主翼	480	3260	3210	3120
	机腹中央挂载外油箱	473	3220	3170	3070

注意:

1. 燃料重量,基于JP-5燃料计算,平均每加仑约6.8磅(约3.08千克)重,而JP-8燃料每加仑重6.7磅(约3.04千克),JP-4燃料每加仑重6.5磅(约2.95千克),以上数据皆在15摄氏度时的重量。

2. 燃料数量四舍五入至10磅(约4.54千克)。实际的加仑数乘以6.8、6.7或6.5时后得出各种燃料对应的磅数。

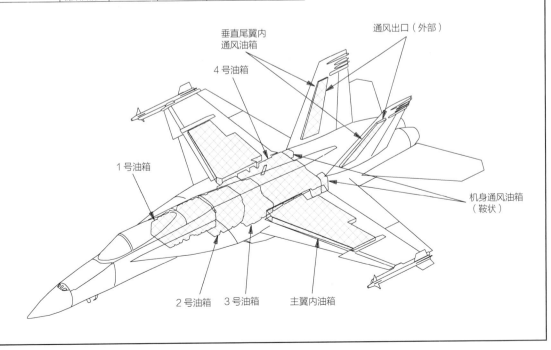

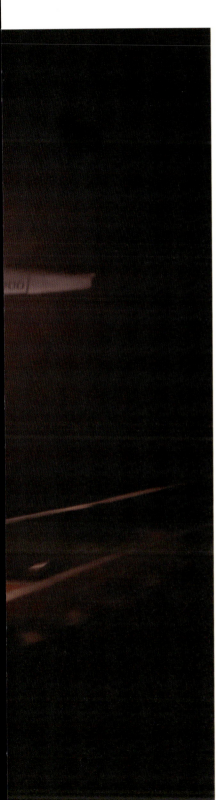

战机的燃油系统由以下子系统组成：引擎供给系统、喷射传输泵（管道内油液流动）、燃油驳运／输送管路、油箱增压和通风口、（油箱）热管理系统、受油补给系统、应急放油系统、燃油数量显示以及燃油低位显示系统等。

战机的两套主引擎燃油供给系统，都包含有一套由附属驱动设备（AMAD）驱动的喷射输送泵，一套由涡轮泵驱动的内油液流动喷射泵的供油油箱，以及一套引擎供油截止阀。为了提高供油系统的抗毁能力，战机的左右供油系统通常都分开配置，但它们通过一套通常关闭的交叉供油阀路和一套通常也处于关闭状态的供油油箱连接阀相互连接。

每套附属驱动设备驱动着一个两节式管路内燃油喷射泵。每一节供给着低压燃油，在其提供的流动动力下低压燃油分别流入各自的引擎燃油泵；而第二节则负责提供高压燃油。从喷射传输泵输出的燃料（在最终进入燃烧室前）还被用于冷却引擎内的一些高温部件或附件，驱动供油箱涡轮泵和一些泵体及控制、转换油料阀门。

在正常的飞行过程中，每个引擎从不同的燃料输送管路获得燃料。其中，第2号油箱负责向左侧引擎供油，而3号油箱则向右侧引擎供油。在两侧的供油管路中，设置有一套喷射装置驱动的涡轮泵，用于为本侧燃油液体流动提供动力。

每侧的燃油供给油箱还设置有

► 在F414引擎处于全功率运行状态时，战机机体内油箱的超压可导致其内油释放阀门开启，这将作为内油箱的过压保护措施。图中的F/A-18E"超级大黄蜂"战机隶属于VFA-81"太阳斑线"中队，图示夜间起飞的状态就显示了其供油系统的这一特性。（美国海军）

航空机械师正在1艘美军航母后部的测试间内，对1台F414引擎的最大推力情况进行测试。（美国海军）

► "超级大黄蜂"战机的数字式显示设备可显示其供油系统的综合情况，使飞行员掌握战机内油、外油箱储量以及总油量的情况。（美国海军）

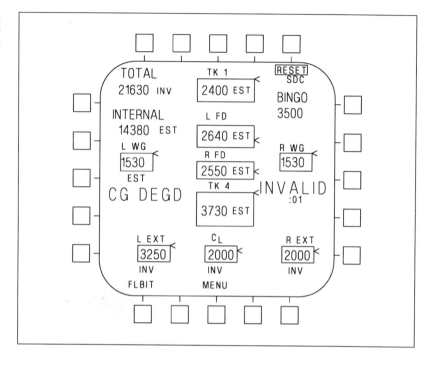

一套水平挡板，防止战机在特定飞行状态下管路内燃料反流，例如，此装置可为战机在引擎最大功率下负过载飞行时提供最少10秒的防反流时间。战机的燃油供给管路及系统还可提供"非持续零过载"供油能力，能够在超过两秒时间内实现油料在（非重力）状态下流动，并且还可在座舱中将供油情况显示出来（L/R BOOST LO）。

如果某侧油料供应系统中的供油涡轮泵失效，燃料就会被吸进喷射动力泵中。在这种情况下，战机在高空飞行时其供油油箱燃油温度会变得较高，可能无法满足引擎在这种飞行状态下高功率运行时的需求。

战机在飞行中因某种原因发生油箱火灾或燃油泄漏时，引擎供油截止阀能够立即将其下游的燃油系统与引擎隔离开来；此时，飞行员可按下"L/R FIRE"警示灯开关相应的引擎供油截止阀，以隔离燃油供应系统与引擎的联系。

战机连接两侧供油系统的十字连接供油阀通常情况下处于关闭状态，（其开启后）使单侧喷射燃油动力涡轮泵能够为另一侧失去供油压力的管路提供油流动力（例如，单侧引擎停车，或油路出现泄漏，抑或另一侧喷射燃油动力泵故障等）。战机飞行中，如果某侧供油系统的燃油喷射动力泵/增压泵其下沿失压（出现泄漏），这种情况会在座舱内以"L/R BOOST LO"（"左/右侧增压低"）的指示灯向机组发出警示，进而促使打开十字连接供油阀门（由另一侧动力泵提供油流动力）。十字连接供油阀门打开后，使该侧泵体能够为另一侧供油管路提供油流动力，至少都能使两侧引擎获得足够的燃油以全功率状态运行。

飞行员在按下座舱内的"L/R FIRE"按钮后（按钮上表明其开闭状态的警示灯光），可控制供油系统的十字连接供油阀门，开启或封闭两侧的供油管路系统。

在机体的第 2 号和 3 号油箱之间，还设置有一个供油油箱的连接阀门，用来控制两个供油油箱之间的油料平衡。在通常的运行过程中，双瓣型阀门由于两侧的动力流动压力差而被封闭（左边供油管路连接着 2 号油箱的喷射动力泵 / 增压泵及管理，右侧的连接着 3 号油箱同类设备）。

如果在某侧供油管路的喷射动力泵丧失其功能（例如单侧引擎油料管路泄漏），飞行员可开启十字连接阀门，以确另一侧燃油油流动力可同时向两侧引擎提供燃料供给。例如，如果右侧供油管路失去动力，那么连接 3 号油箱的连接阀将开启，使该油箱内的燃料得到转移至 2 号油箱，并经与其配套的喷射动力泵泵入两套引擎。

战机的信号数据计算机（SCD）还包含供油油箱内（油料重量）平衡系统，它用于确保 2 号和 3 号系统内的油料重量差异小于 100 磅（约 45.36 千克）。在正常运行的燃料系统中，在 4 号油箱内油耗尽后［内油低于约 300 磅（约 136.08 千克）时］且供油油箱内油量开始消耗时，此（油料重量）平衡系统开始发挥作用。如果两个供油油箱（对应两侧引擎）内的油量重量达到 100 磅（约 45.36 千克）的不平衡状态，战机信号数据计算机就会关闭 4 号油箱相应的回油泵，直至（两侧供油油箱）重量不衡量状态少于 50 磅（约 22.68 千克）。当战机起落架

▼ F414引擎稳定的尾喷口排气温度极端达到约1000摄氏度，而这也是美国在引擎材料技术方面取得突破后的进展。（美国海军）

限制		N$_2$（%）	N$_1$（%）	废气温度（摄氏度）	喷管（%）	油压（磅力 / 平方英寸）
瞬间（MIX/MAX）		102	103	976	—	—
稳态	MAX	100	100	952	50 ～ 100	80~150（温油）
	MIL			932	0 ～ 45	
地面怠速		≥ 61	≥ 32	250 ～ 590	77 ～ 83	35~90（温油）
启动		≥ 10	—	871	—	• 30 秒内最少 10 • 2.5 分后最大 180

图中F/A-18C"大黄蜂"战机隶属于VX-9测试中队，它正在海军"罗纳德·里根"号航母上以"砸向甲板"的方式着舰。注意其两侧垂直尾翼上的方向舵同时内倾的角度。（美国海军）

不承重（W–off–W，飞行途中）时，战机两侧供油油箱内将持续保持两侧油量平衡，直到任一侧供油测量达到低储量水平［约 1125 磅（约 510.29 千克）］。当座舱内燃油状态显示灯显示"FUEL LO"时，战机的供油油箱平衡系统将停止工作，以确保此时 4 号油箱的内油转移至两侧供油油箱中。当战机处于前轮胎承重（WOW 状态，即起飞或着舰时），供油平衡系统会再次启动并持续发挥作用，直到任一侧供油油箱内油低于 300 磅（约 136.08 千克）。

在机体内相关油箱内燃料转移（至其他油箱）不再进行的情况下（例如，一侧供油油箱内油开始耗尽 4 号油箱中的燃料），且当某侧供油油箱内油低于 2100 磅（约 952.54 千克）达到 1 分钟以上时，供油油

▼ 图示一架隶属于VMFA-312"棋盘"中队的F/A-18C"大黄蜂"战机，在弹射起飞过程中打开单侧引擎的加力后燃室。（美国海军）

箱的平衡系统及功能将启动。这种供油及平衡机制，将通过减少供油油箱分开供油及增大其内油差异，来减少油料在相关油箱内转移失效时可能带来的影响。

　　由战机信号控制计算机（SDC）控制的各内油箱油料的转移过程，被设计用于使两侧供油油箱在引擎运转时尽可能保持满载或近满载状态。燃料从 1 号和 4 号油箱、两侧机翼内油箱和外部副油箱（如挂载），通过 3 套独立的转移管路先行输往第 2 号和 3 号油箱，再经一系列管路和增压系统进入引擎。此外，战机的信号控制计算机，还负责综合管理并控制从第 1 号和 4 号油箱的油料转移过程，以确保战机整体重心（CG）在此过程中不会出现较大变化进而影响飞行或机动状态。

图中一架F/A-18F"超级大黄蜂"战机挂载着两枚AGM-88E"先进哈姆"反辐射导弹，该战机隶属于第VX-23"盐狗"航空测试和评估中队，它刚刚从帕图森河海军航空站起飞准备实施一次测试飞行。（美国海军）

F/A-18 FIREPOWER

7

F/A-18 "大黄蜂" 系列战机弹药

　　"超级大黄蜂"战机的环境和态势传感器组和数据融合能力，使其能更高效地与威胁目标交战，但同时也不应忽略该战机挂载并使用各种空对空、空对地武器的能力，这些武器在战机出色的传感器系统的帮助下，使其成为美国外交政策的"执行者"，而这正是战场指挥官所看重的。

本章将聚焦美国海军和海军陆战队装备的F/A-18"大黄蜂"系列战机所搭载的各类火力和弹药。

E/F型"超级大黄蜂"战机较原型机相比，在很多方面都有提升，包括更小的雷达反射截面（RCS）、更强大的航电系统和更远的任务航程（E/F型战机作战半径达520海里，原型机半径为369海里）；此外，F/A-18E/F型还在武器挂载能力方面有更多选择，它可兼容使用当前美国海军所有的智能机载武器系统。

与A/B/C/D型相比，F/A-18E/F"超级大黄蜂"战机可搭载更多的武器，这主要得益于后者更好的动力和更多额外的翼下挂载点。战机航电系统采用的 MIL STD-1760 数据总线，使战机飞控计算机能够与其火控系统之间高效通信，使用海军最为复杂的空射武器系统。

F/A-18E/F 战机可挂载弹药的多样化选择，使战场指挥官能充分发挥这款多用途战机各方面的能力。在遂行拦截和纵深打击任务时，它可挂载诸如 AGM-84 SLAM 和 AGM-154 JSOW 这样的防区外武器，使"超级大黄蜂"战机机组能够在敌方复杂且高威胁的防空系统作战范围外，有效与目标交战。同时，正如此前章节中所阐述的，"超级

▼ 一架"超级大黄蜂"的武器挂载点可分为外部、半埋式和内部，其挂载点数量总共为11个。（美国海军）

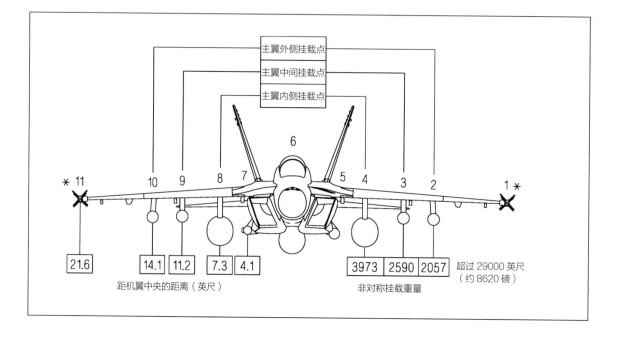

大黄蜂"非常适宜遂行诸如战场遮断（AI）、近空支援（CAS）、前沿空中控制（FAC）、时敏目标打击、进攻性制空和精确打击等传统空中任务。这些类型的空对地打击任务同样也要求 F/A-18 战机在任务期间保有一定的自卫能力，因此其在担负此类任务时仍需担负部分空优任务，或者说挂载部分对空武器。

F/A-18A/B/C/D 传统型"大黄蜂"战机拥有 9 个外部挂载点，而 E/F"超级大黄蜂"拥有 11 个挂载点，它们可搭配不同的空对空和空对地弹药；前四型战机的挂载点编号从右翼尖挂载点（STA1）起，至左翼尖（STA2），而 E/F 型的挂载点则从 STA1（右翼尖）一直至 STA11（左翼尖）。其挂载点系统包括两个翼尖导弹挂载 / 发射轨，4 个翼下挂载点（A/B/C/D 型）或 6 个翼下挂载点（E/F 型），机身两侧的两个半埋式挂载点（一个通常挂载目标侦察 / 指示吊舱）以及一个机腹轴线的挂载点。

总计，"超级大黄蜂"型战机最多可挂载 13700 磅（6215 千克）外部挂载（油料或弹药），其弹药挂载类型极为多样，涵盖海军所有的机载航空武器，从各型对空或对地制导弹药、无制导火箭巢、"铁炸弹"到自由落体核炸弹等，都可使用。

除了一些海军陆战队的专用型"大黄蜂"〔如用于侦察的 F/A-18D 和 F/A-18D（RC）等〕以及海军的 EA-18G"咆哮者"电子战战机外，所有 F/A-18 系列战机机体内都配备有一门 M61 型 20 毫米"火神"加特林机炮。早期的"大黄蜂"战机使用 A1 型"火神"机炮，而之后的型号及所有 E/F 型则搭载着减重版 A2 型机炮。该机炮由机舱内弹鼓供弹，弹容量为 578 发，弹种包括 M56 型或 M242 型高爆燃烧弹（HEI）、PGU-27/30、M55 或 M220 型打靶曳光弹或 PGU-28 型高爆燃烧弹等。M61 型机炮既适用于空中格斗，又可打击地面目标。

为兼容其他各种弹药，战机还可通过在挂载点匹配使用发射适配架（LAU）、炸弹适配架（BRU）、悬架挂载架（SUU）、多管发射架（MER）和三管发射器（TER）等适配装置，为各型弹药与战机固定挂载点提供适配挂载接口，并实现战机火控系统与弹药上控制系统的信息连接。

例如，LAU-7 型发射适配架，是一种单发弹的翼尖适配器，可匹配 AIM-9"响尾蛇"导弹或空战操纵荚舱，而 LAU-127 适配架可使战机在翼尖挂载 AIM-120 先进中距弹。LAU-115 型适配器可接驳于机翼挂载点（2、3、7、8 挂载点）兼容搭载两套 LAU-7 适配器（挂 AIM-9 弹）或两具 LAU-127 适配器（挂 AIM-120 弹）。LAU-116 适配安装于机身挂载点，用于接驳 AIM-7 和 AIM-120 型导弹；如果使

▶▶ 各型号"大黄蜂"战机曾挂载过的两个版本的M61"火神"机炮：A1和A2型，后者问世时间更晚且重量更轻。（美国海军）

用 AGM-88 "哈姆"反辐射导弹则与 LAU-118 型发射架匹配。

总计而言，"大黄蜂"系列战机可使用 11 种不同类型的发射适配架（LAU）系统，但适用的炸弹适配架（BRU）和多管发射挂架（MER）则种类较少，主要局限于 BRU-32 ER、BRU-33A 垂直和倾斜发射挂架、BRU-41 型改进型多管发射挂架和 BRU-42 改进型三管发射挂架。此外，Mk58 型海上位置标示发烟罐也可经 BRU-41 型改进型多管发射挂架挂载。

为增加战机的航程，"大黄蜂"系列战机最多可挂载 5 具 FPU-6 型［每具可装 2448 磅（约 1110.4 千克）JP5 燃油］或 FPU-8 型［2530 磅（约 1147.59 千克）燃油］副油箱，抑或 4 具容积为 480 加仑（约 2182.12 升）/3645 磅（约 1653.34 千克）的副油箱。除挂载油箱外，战机还可挂载 CNU-188 型行李吊舱，它由 AERO 1D 型副油箱改装而来，用于战机在远距离转场时装载机组成员的小件物品、战机部分零配件。

有时，战机还可客串空中伙伴加油机，这时"大黄蜂"战机除尽可能多地挂载副油箱外，还会在机腹中央挂载点挂载一套 A/A 42R-1 型空中加油吊舱。而在此机腹挂载点装配 TDU-32/B 吊舱，还可用于遂行诱饵拖曳任务。如果需要时，战机还可能挂载 ALQ-167 电子战吊舱，以及 ADM-141 型拖曳式空中诱饵发射吊舱（TALD）和 ALE-50 型拖曳型诱饵。

通常，"大黄蜂"系列战机在遂行战斗任务时，总会挂载一套目标指示 / 照射吊舱，对于基本型"大黄蜂"而言通常是 AAS-38 "夜鹰"型吊舱，而"超级大黄蜂"战机则多挂载 AAQ-28 "莱特宁"（Litening）吊舱（海军陆战队和芬兰空军配备了此款吊舱）以及 ASQ-228 型 AFTLIR 吊舱，有时也会挂载 ASQ-173 "激光指示跟踪 / 打击照相吊舱"（LDT/CAM）。自 2003 年以来，"大黄蜂"机队还可选择挂载"快速战术照相"（FTI-II）侦察吊舱，该吊舱使战机能实时将战场空情信息传输给地面瞄准线（LOS）内的指挥官，或接收其发出的指令（便于空地协同）。

在训练期间，"大黄蜂"系列战机可在其机翼上挂载一些训练专属导弹（CATM），以及其他相关空战设备荚舱，通常包括 ASQ T-16、T-17 或 T-31 "战术机组战斗训练系统"（TACTS）吊舱。

空对地弹药

在和平时期的训练场景下，"大黄蜂"系列战机可使用 Mk 76、

挂载点和挂架

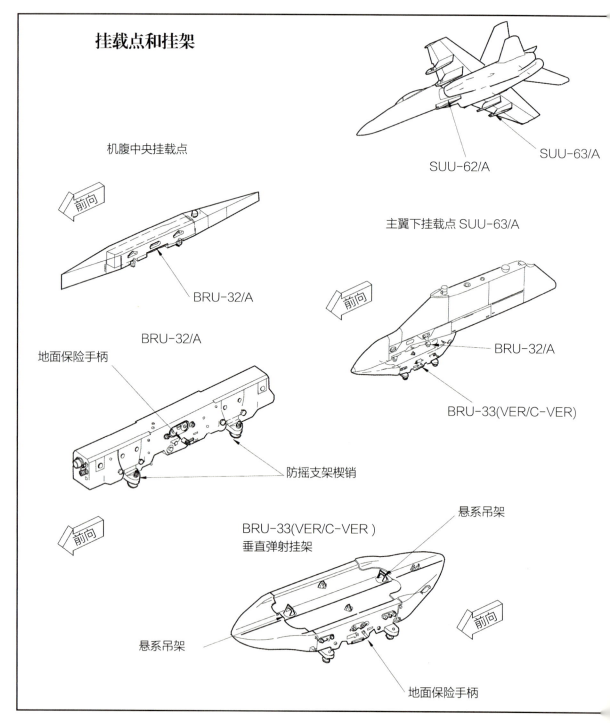

机腹中央挂载点

SUU-62/A

SUU-63/A

前向

BRU-32/A

主翼下挂载点 SUU-63/A

前向

BRU-32/A

BRU-32/A

地面保险手柄

防摇支架楔销

BRU-33(VER/C-VER)

悬系吊架

BRU-33(VER/C-VER)
垂直弹射挂架

前向

悬系吊架

前向

地面保险手柄

▲ ▶▶ ▼▼▼ "大黄蜂"系列战机的多样化弹药适配器、导轨及挂架系统，它可安装于F/A-18系列战机（图中是F/A-18A型），使战机能够兼容匹配使用一系列空对空和空对地弹药。（美国海军）

挂架

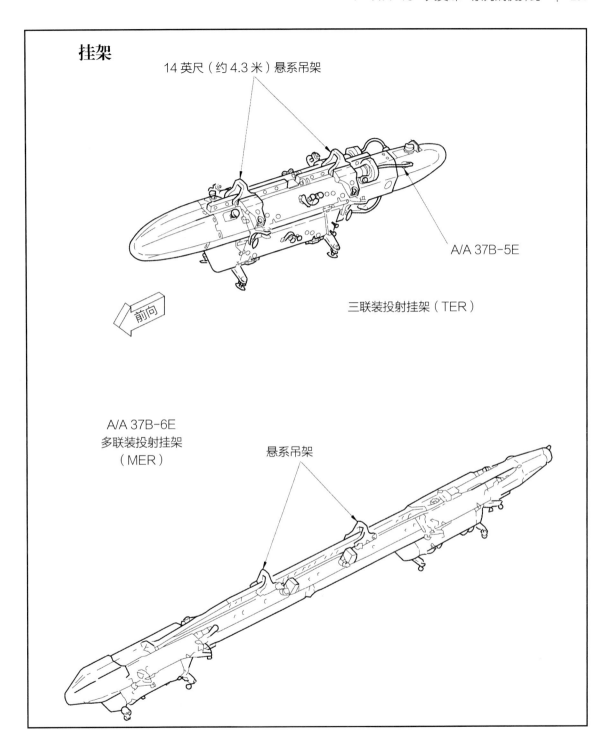

14 英尺（约4.3米）悬系吊架

A/A 37B-5E

前向

三联装投射挂架（TER）

A/A 37B-6E
多联装投射挂架
（MER）

悬系吊架

发射装置

LAU-115/A-STATION 2 AND 8 – AIM 7F/M 或 AIM 9L 和 LI/M
(安装在两套 LAU LAU-7/A-5 附配在 LAU-115/A 上)

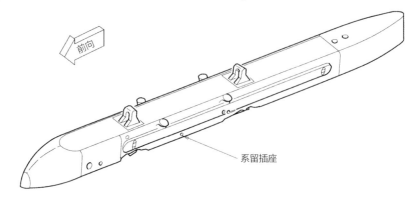

前向

系留插座

发射装置

LAU-117/A-AGM-65E

前向

系留连接器

LAU-118A/A-AGM-88A/B,AGM-45A/B

前向

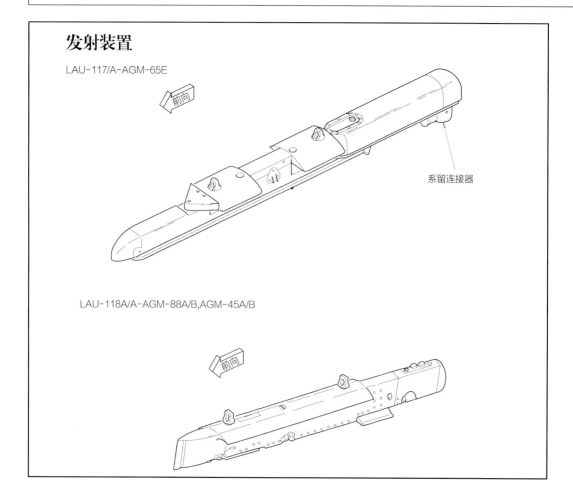

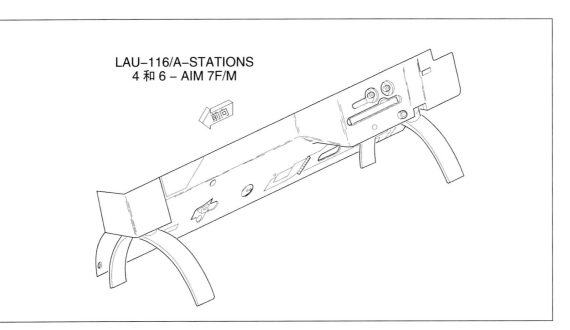

LAU-116/A-STATIONS
4 和 6 – AIM 7F/M

前向

发射装置

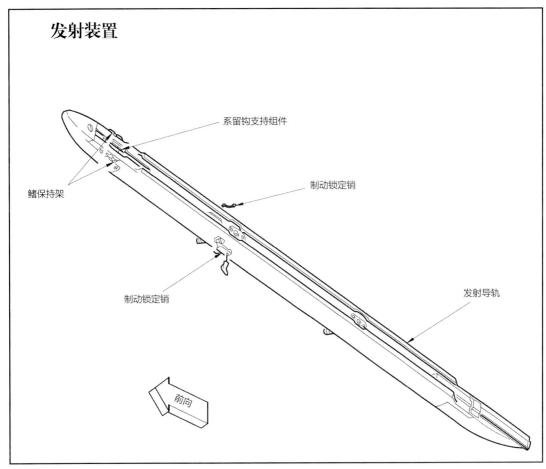

系留钩支持组件

制动锁定销

鳍保持架

制动锁定销

发射导轨

前向

▶▶ 图中为AAQ-28 "莱特宁" 吊舱可挂载于 "大黄蜂" 战机，海军陆战队和欧洲国家的 "大黄蜂" 战机经常挂载该吊舱，左图是该吊舱的结构图。（美国海军）

▼ 图中F/A-18F "超级大黄蜂" 战机上挂载的，是一套ASQ-228 "先进目标前视红外" 吊舱（ATFLIR），它使战机能使用精确制导武器及自由落体炸弹，为战机提供前沿空中控制功能，可与地面部队配合实施近空支援打击任务。战机可遂行夜间低空飞行任务，并在打击后进行实时战斗毁伤评估（BDA）。（美国海军）

BDU-33、BDU-45、BDU-48 和 BDU-57 等训练弹。此外，如果要遂行夜间飞行作战任务，战机还可挂载 LUU-2 型伞降闪光弹。

在挂载 "石眼" 和 "斯拉姆" 等精确导弹实施防区外打击时，战机还需分别挂载 AWW-9B 数据链吊舱和 AWW-13 型先进数据链吊舱，这类吊舱通常都位于机腹中央的挂载点上。

对地无制导弹药

F/A-18 全系列战机可使用美国海军武器库中所有类型的无制导空对地武器系统。

火箭弹：战机或挂载 LAU-61、LAU-68 型 2.75 英寸（约 7 厘米）火箭巢（荚舱），以及 LAU-10 型 5 英寸（约 12.7 厘米）"阻尼"（Zuni）火箭荚舱。

500 磅（约 226.8 千克）级弹药：Mk82 LDGP、BLU-110、BLU-111 和 BLU-126/B 型低附带毁伤型炸弹。其中 BLU-126 型炸弹在外形上与 BLU-111 型炸弹类似，但其内部装药量更少。

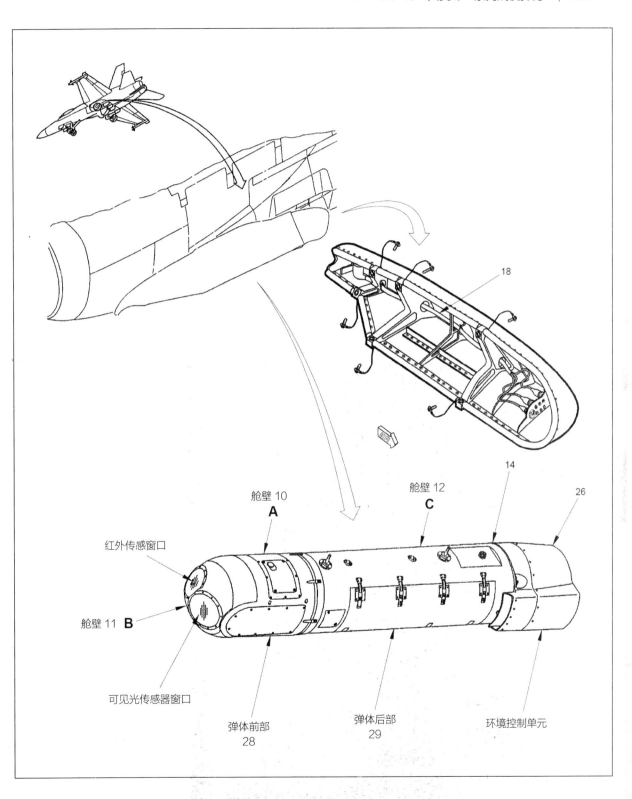

舱壁 10
A

舱壁 12
C

14

26

红外传感窗口

舱壁 11 B

可见光传感器窗口

弹体前部
28

弹体后部
29

环境控制单元

18

战机可挂载并投掷 500 磅（约 226.8 千克）级水雷，包括 Mk36 "毁灭者"和 Mk62 型"快速打击水雷"。

此外，战机还可挂载的同量级武器包括：CBU-78 "短吻鳄"、Mk20 "石眼"、CBU-79、CBU-99 "石眼" II 和 CBU-100 集束炸弹；以及 Mk77 型纵火弹，它还有个臭名昭著的名称——"凝固汽油弹"（napalm）。

1000 磅（约 453.6 千克）级弹药：Mk83 低阻力通用炸弹（LDGP）、Mk40 "毁灭者"、Mk52 沉底雷和 Mk63 型"快速打击"水雷，以及 CBU-97 传感器引爆炸弹。

2000 磅（约 907.18 千克）级弹药：Mk84 低阻力通用炸弹、Mk55 沉底雷和 Mk56 锚雷、Mk60 CAPTOR 锚雷和 Mk65 型"快速打击"水雷。

核武器："大黄蜂"和"超级大黄蜂"战机都可挂载并投掷 B61 系列和 B83 系列自由落体核炸弹。

对地制导武器系统

F/A-18 全系列战机能够挂载并使用各种制导和精确制导武器系统。无论是 A/B/C/D 的"大黄蜂"还是 E/F 型"超级大黄蜂"，都支持使用先进的目标指示系统，使用各类精确制导弹药——主要通过目视或雷达发现目标，之后经目标吊舱处理后形成精确弹药打击所需的目标坐标，当然对一些固定目标的精确位置，战机起飞前就已被传输至任务计算机中，或在战机飞行中通过语音或数据链从其他平台传输至任务战机。

500 磅（约 226.8 千克）级弹药：GBU-12 型"铺路石"激光制导炸弹（LGB）和 GBU-38 型"联合直接攻击弹药"（JDAM）。至于挂载的 AGM-65 "幼畜"空地导弹拥有光电、红外和激光制导等多种衍生型号。

1000 磅（约 453.6 千克）级弹药：AGM-88 "哈姆"（高速反辐射导弹）、GBU-16 型"铺路石"激光制导炸弹（LGB）、GBU-32 型光电制导型联合直接攻击弹药（JDAM）以及 AGM-154 "联合防区外攻击弹药"（JSOW）。

2000 磅（约 907.18 千克）级弹药：GBU-10 型"铺路石"激光制导炸弹（LGB）和 GBU-24 型"铺路石"低海拔激光制导炸弹（LLLGB）、GBU-31 型联合直接攻击弹药、GBU-32 型光电制导弹药，以及 AGM-84D "捕鲸叉"反舰导弹、AGM-84E "防区外陆攻导弹"（SLAM）和 AGM-84H "防区外陆攻导弹—增强响应"（SLAM-ER）。

空对空弹药

"大黄蜂"和"超级大黄蜂"系列战机自服役后,取代 F-14 担负起舰队防空的重要使命,因此它们必需具备强大的空中拦截和格斗作战能力,同时还兼具对目标区域实施打击的能力。

作为一款多用途战斗 / 攻击机,为使其胜任舰队防空任务的需要,美国海军装备的舰载型 F/A-18 系列可挂载多种空对空弹药,包括 AIM-7"麻雀"系列、AIM-9"响尾蛇"系列以及之后更先进的 AIM-120"阿姆拉姆"先进中距空对空导弹。

"超级大黄蜂"的武备

ASD-12"共享侦察吊舱"

E/F 型"超级大黄蜂"战机还可遂行武装和无武装空中侦察任务,此时战机将挂载 ASD-12(XN-1)"共享侦察吊舱"(SHARP),这是一种采用最新技术设计的战术数字化侦察系统。"共享侦察吊舱",可提供双通道可见光和红外(IR)图像拍摄和收集能力,侦察照片通

▼ 甲板上身穿红色夹克的弹药组人员正在将一枚GBU-38型弹药挂载到战机上,该弹药属于"联合直接攻击弹药"(JADM)系列,可在恶劣天气状态下为战机提供精确制导打击能力。(美国海军)

过通用数据链（CDL）实时下传至海军地面输入站（NAVIS）。而输入站的情报分析人员，在战机飞越目标区域时（目标区域图像将被实时传回）根据这些图像将能对战场情况进行实时检验和二次利用。"共享侦察吊舱"安装在战机腹部中央挂载点，具有两部摄像机和防区外倾斜成像功能，其中一部摄像设备用于中距（5 ~ 15 海里）内的成像，另一部则用于远距（15 ~ 50 海里）内成像。

ASQ-228 "先进目标指示前视红外"吊舱

ASQ-228 "先进目标指示前视红外"（ATFLIR）吊舱，是"超级大黄蜂"战机最主要的被动型传感设备。它整合有一套先进的光电和红外传感器，以及一套激光测距和指示装置，内建自动的目标识别算法，使战机可能全天候地对目标进行定位、识别和指示（如果要攻击的话）。

该吊舱可挂载于战机机身两侧的半埋式挂载点上，还可充当激光跟踪照射器使用，这意味着它可自由对地面和空中目标持续进行激光目标指示照射。

▼ 图中一枚AIM-120 "阿姆拉姆"先进中程导弹正被手动挂载到一架"超级大黄蜂"翼下挂载点，这使战机具有优越的超视距（BVR）空中交战能力。图中弹体中部的黄色带状标识表明，这是一枚实弹，而弹体后部的棕色色带则表明弹体配备着实战用火箭引擎。总之，这绝非一枚训练弹，它是用于在空中击杀目标战机的实弹。（美国海军）

APG -79 电子扫描阵列雷达

"超级大黄蜂"战机标配有 APG-79 电子扫描阵列雷达（AESA），该雷达代表着当今军用主动电子扫描阵列的最新技术。尽管此类雷达因较糟糕的远距离搜索性能而受到诟病（这可由雷达的软件系统升级获得提升），但其多目标跟踪能力和抗传统电子干扰技术，及其对空对地近同步扫描的模式，使其成为一种新的"游戏规则改变者"。

该雷达与机载武器、传感器系统，通过机上高性能计算机以光纤网络相互联接，使战机内信息通信带宽更宽，能够传输、处理各系统的大量数据，进而提取出飞行员或武器系统军官（WSO）所需的简要信息。

防空压制任务武器套装

在遂行防空压制任务（SEAD）时，"超级大黄蜂"战机主要挂载 AGM-154 "联合防区外攻击弹药"（JSOW）、AGM-65"幼畜"系列、AGM-88"哈姆"系列和热成像机载激光目标指示器（TIALD）引导的弹药等。

AGM-154 "联合防区外攻击弹药"主要用于打击远距外或受敌方严密防空保护的目标。F/A-18C 首次使用该型弹药作战发生在 1999 年 1 月在伊拉克上空实施的"南方警戒行动"，之后该弹药很快应用于"伊拉克自由行动"和"持久自由行动"的空中作战中。AGM-154 弹药内含 145 枚 BLU-97/B 型组合效应子弹药（CEB），使其成为瘫痪和摧毁敌方防空区域目标的毁灭性武器。

在高威胁作战环境中，F/A-18 系列战机还普遍挂载 AGM-88C"哈姆"反辐射导弹，用于压制敌方防空雷达及导弹设施。该型导弹拥有一套灵敏的寻的头，可探测并锁定雷达电磁波辐射，为应对敌方雷达采取的紧急关机等对抗措施，该导弹引导头具有预先输入（PB）、先制打击（PE）、自防护（SP）和临机目标（TOO）模式，具备典型的"发射后不用管"能力。

在预先输入引导模式时，"超级大黄蜂"机组可提前向导弹控制系统输入目标区域内己知目标的位置及威胁辐射源的信号频率等特征，如果威胁辐射源在战机接近计划中的发射时机时变更信号辐射特征，导弹能在离开发射架前更新其目标锁定和打击方案。如果辐射源采取关机措施，导弹能根据最后时刻获得的目标辐射源信息进行发现，并保持对原辐射源位置直至其命中预期编程打击的目标坐标。而在先制模式时，导弹采取类似的引导和对抗措施，但导弹在发射前会被输入一系列目标坐标集，这一模式虽然会略微缩短导弹的射程，但导弹能在发射后针对一系列目标坐标集进行一定程度的自主选择并打击。

AGM-88C "哈姆"导弹采取自防护模式时,将为"超级大黄蜂"战机提供一种短、中距内的反防空系统防御能力,它使战机能够与360度范围内的防空目标交战。AGM-88C 将对被照射的雷达告警接收到的信号,按其威胁程度进行排列。战机飞行员或武器系统军官既可选择对当前最具威胁的目标做出反应,也可让导弹发射后自行决定要打击的目标。导弹的自防护(SP)模式类似于临机目标(TOO)模式,但在后一类工作模式时,导弹寻的头的搜索范围更小,仅被限于其寻的头的视界中,更适宜载机遂行自护航的任务的需要。

AGM-88C "哈姆"导弹的灵活性,意味着"超级大黄蜂"战机机组在遂行防空压制任务时可针对高威胁区域先制性地发射经预先输入目标信息(利用以往探测的信号及目标信息)的"哈姆"反辐射导弹,它将在战机遭受探测或火控雷达照射后更迅捷地消灭威胁目标。类似的,导弹的临机目标和自防护模式,将使机组更为灵活和迅速地应对那些突然出现的威胁辐射源。

在遂行近战打击时,F/A-18 主要使用 AGM-65 "幼畜"系列空地导弹,该导弹具有发射后不用管能力。例如,在针对敌方防空系统压制任务中,"超级大黄蜂"机组可先使用 AGM-88 "哈姆"导弹压制对方防空导弹设施,待清除其威胁后,即使用"幼畜"系列空地导弹对目标区域内预定或突然出现的高时敏性目标实施精确打击。该系列空地导弹还具备打击地面移动车辆目标的能力,适宜为地面部队机动作战提供近空火力支援(CAS)和战场空中遮断(AI)任务。

光电和红外寻的版的"幼畜"系列空地导弹,在发射后,其寻的头会(在命中目标前)持续向座舱内武器系统军官(WSO)和飞行员回传其传感器的视界图像,导弹可由 ASQ-228 "先进目标前视红外"吊舱(ATFLIR)、机载雷达、飞行员的平视显示(HUD)或机组的联合头盔显示系统(JHMCS)等设备引导。一旦发射后,导弹即可自行搜寻、跟踪并锁定目标,无需机组人员中继引导或干预。该系列导弹的激光制导衍生型,发射前可预编程搜索探测战场上其他平台(战机或地面)对目标进行照射的激光,使其他战机或者地面激光引导小组能引导战机对该目标实施攻击。

在需要对敌方防空系统实施干扰或欺骗时,战机将搭载 ADM-141 战术空射诱饵(TALD)系统。该诱饵在空中发射后,在敌方雷达显示屏上将呈现出比其本身大得多的目标图像,系统曾在"沙漠风暴行动"和"伊拉克自由行动"中被广泛运用。战争中,战机在进入敌方防空系统前会朝机体前方发射多枚这类诱饵,迫使敌方搜索和跟踪雷达开机，暴露其电磁辐射源特征，成为战机后续发射的 AGM-88"哈姆"反辐射导弹的标靶。该诱饵每支重约 400 磅（约 181.44 千克），"大黄蜂"战机一次最多可搭载 6 枚该诱饵。

AGM-84 系列导弹："捕鲸叉"和防区外陆攻导弹

在可供"超级大黄蜂"战机挂载的一系列空对地武器中，AGM-84E"捕鲸叉"反舰导弹和 AGM-84H/K 型"防区外陆攻导弹—增强响应"（SLAM-ER），是战机对防区外目标实施远程精确打击的主要手段。

此外，AGM-84L"捕鲸叉"Block II 型导弹，是上述 SLAM-ER 型导弹的较新改型，它利用了现成的软件、弹上任务计算机、一体化全球定位系统（GPS）和惯性导航系统，及其 GPS 天线和接收器。而在其之后出现的 Block III 型导弹，新配备了弹上数据链，使导弹能在发射后飞行途中接收"超级大黄蜂"战机 AN/AWW-14 数据链吊舱实时传输的动态数据。无论目标是陆上建筑物，还是海上机动舰只，导弹都能胜任打击摧毁使命。它可采用预编程输入目标坐标的方式发射，

▼ AIM-9X导弹可与飞行员配载的联合头盔提示系统（JHMCS）配合使用，这使"超级大黄蜂"战机飞行员和武器系统军官具有高离轴角发射攻击能力。该型先进的"响尾蛇"格斗导弹在发射后甚至能越肩向后打击战机后部咬尾的敌机。（美国海军）

激光制导的AGM-65E"幼畜"导弹为"大黄蜂"战机飞行员或机组，提供打击临时出现的目标的新选择，该空地导弹需配合战机挂载的目标指示吊舱（如"夜鹰"或"先进目标前视红外"吊舱，以及其他激光指示吊舱等）使用，或者目标附近的地面有己方人员利用激光指示装置照射目标，为战机投下的导弹引导打击。（美国海军）

利用 GPS 导航击中预置瞄准点，或者以临机目标（TOO）模式发射，在发射后通过实时接收"超级大黄蜂"战机雷达或 ASQ-228 型"先进目标前视红外"吊舱（ATFLIR）经数据链传输的目标信息，在飞行途中完成路径规划，有效打击临机目标。

在"捕鲸叉"Block III 型导弹发射后飞行的末端，载机 AWW-144 数据链吊舱可将最新目标信息（如新发现目标坐标）实时传输给导弹。因此，如果载机飞行员继续利用机载雷达或 ASQ-228 型"先进目标前视红外"吊舱保持对目标监视，他就能在导弹命中目标前持续将目标信息上传更新给导弹。

AGM-84"捕鲸叉"系列导弹自问世后广泛地装备了美国及其盟国海空军，发展出了大量衍生型号，其中较重要的一种过渡型号是 AGM-84E"防区外陆攻导弹"（SLAM），该弹采用 AGM-65"幼畜"

▼ 图中F/A-18C "大黄蜂" 战机挂载着一枚AGM-84E "防区外陆攻导弹"（SLAM），战机横滚转变航向准备追踪海面舰只目标。AGM-84E SLAM导弹使"大黄蜂"系列战机能够打击远距离外的目标。（美国海军）

导弹的寻的头以及 AGM-62 "白星眼"导弹的数据链。而由此新整合的导弹获得了巨大的成功。

以 AGM-84E "防区外陆攻导弹"（SLAM）为基础，又发展出了 AGM-84H "防区外陆攻 – 增强响应"（SLAM-ER）型导弹，其射程得到拓展，可攻击 150 英里（约 241.4 千米）外目标，是一种"超地平线"视距外精确武器。它可用于打击海上和陆上各种固定或机动式目标，具有预规划和 TOO 发射攻击模式，既可以"发射后不用管"，也可以通过"人在回路"的模式实施发射。以其典型的打击模式为例，该弹发射后利用 GPS 飞入目标区域（飞行中段可获得载机雷达或数据链提供的目标数据更新，如果可用的话），以确保导弹的成像红外寻的头始终指向目标。在攻击机动目标时，导弹在末端打开寻的头后自动计算目标速度并实时感知其位置变化，确保机动目标始终处于导弹寻的传感器视界内。载机飞行员或武器系统军官（WSO）还可在导弹发射后更新其瞄准点，提高了针对临机目标的打击能力。

AGM-84H 型"防区外陆攻—增强响应"导弹，是全球第一种可在弹体发射后重新瞄准靶定新目标的导弹。对"超级大黄蜂"战机机组而言，这意味着他们能通过发射导弹传输回的目标区图像（弹头成像式红外寻的头形成的战场图像经 AWW-14 数据链吊舱回传并显示在座舱显示屏上），评估战场态势及主要目标状况。如果此时主要目标已被摧毁，或如果机组获得信息认为需要为已发射导弹设定新的打击目标，他们就能利用机载数据链吊舱，向弹上计算机重新装定新的目标信息。

导弹的"人在回路"的发射运用模式，则运用一种被称为"单格停止瞄准点更新"（stop-motion aimpoint update）的软件技术，它使"超级大黄蜂"机组或在其座舱显示设备上"冻结"特定的目标场景信息，之后利用其"获取"（acquisition）光标实时为导弹指定精确的瞄准点。

"超级大黄蜂"战机，是F/A-18系
列战的最终衍生型号。图中是一架F/
A-18F双座型战机，它可搭载由2人
组成的机组，并可根据需要灵活地遂
行各种对空或对地作战行动。（斯蒂
芬·戴维斯/FJ摄影）

FLYING THE
SUPER HORNET
– PILOT, CDR
JASON 'TIKE
GUSTIN, US NAVY

8 飞行员视角下的 F/A-18E/F 战机

——美国海军舰载机飞行员，詹森·古斯延海军中校

F/A-18E/F "超级大黄蜂"，是当今全球最成熟的舰载攻击战斗机，美国海军飞行员，詹森·古斯延海军中校就曾在过去 10 余年里长期执飞 F/A-18E/F 两型战斗机。其间，他共完成 2500 个小时的飞行，参与数十次作战行动、在各种气象和昼夜条件下进行了 575 次成功的航母舰载起降。本章中，他将与读者们分享作为 "超级大黄蜂" 战斗机飞行员不为外人所知的经历与体验。

我将讲述的是作为舰载机飞行员在随航母编队预部署训练阶段时，所有舰载机联队典型的日常演训飞行活动，这一阶段我们也称之为"合成单元训练演练"（COMPUEX）。

任务规划

▼ 图中瑞士空军"大黄蜂"机队的飞行员们正在宽敞、舒适且有空调的简报室里参与任务前的简报会议。相较而言，美国海军飞行员们及其机组中的武器系统军官（WSO）在航母上，只能在更狭窄的船舱内进行类似的简报。（斯蒂芬·戴维斯/FJ图片）

每次飞行任务，都始于行动前由（任务编队中）打击小组指挥官（Strike Lead）展开的提前规划。当特定打击任务被指派给某个打击小组指挥官，他需要首先研究任务需求、分析明确打击行动的构成（动作）、所要搭载弹药（及其使用方式），以及行动中的战术等，这些问题都需要提前明确和精心规划。任务总体流程包括：任务规划、简报、执

行和归询简报（行动执行情况）。对预部署时经历演练活动的航母编队而言，舰载机部队（的训练）通常亦是其训练大纲，只有经过训练舰载机联队的相关人员才能获得"空中遮断任务指挥官"（AIMC）或舰载机联队打击小组指挥官的资格。对部署于大西洋方向的航母编队来说，这些预部署前的演习任务通常要求舰载机按战时要求那样从航母上起飞编队，并飞赴位于佛罗里达州中部的训练靶场向模拟目标投掷弹药。在我完成恢复性训练并完成历次预部署训练时，同样在我们的舰载机中队执行官（XO）率领下经历了类似的演训活动。中队执行官，通常担负机组武器系统军官（WSO）的职责，我们中队的执行官就通常会与我搭档共同完成任务，他此前曾担任过中队战术教官的职务。

　　一支典型的攻击编队，由 8 架"超级大黄蜂"战斗攻击机、两架"咆哮者"电子战机和一架"鹰眼"预警机构成，行动前编队各阶段的攻击行动都将经严密、审慎的任务规划。行动中，4 架"超级大黄蜂"战机通常担负（地面目标）打击前的"排除威胁"的工作，消灭或瓦解任务空域及进入路线中可能的威胁，另 4 架同型战机将在电子战机协同配合下向目标投掷 GBU-16 激光制导炸弹（"铺路石 II"系列弹药）。其间，预警机负责信息支援与保障、电子战战机配合前 4 架"超级大

▼ 在飞行甲板上活动的所有机组人员都必须载配他们的飞行头盔。图中是隶属于 VFA-102 "变色龙"中队的空勤机组人员正在准备当日清晨的飞行任务。（美国海军）

▶ 图中一名穿着绿色外套的甲板工作人员拿着一块记载着重量数据的面板，在弹射前，弹射控制台军官和"超级大黄蜂"机组都需对其进行检视。图中这块写字板上表明，待弹射战机重量为51000磅（约23133.21千克），无不对称重量。（美国海军）

黄蜂"消灭敌方地、空威胁目标。

任务前简报

受领任务后，所有参与任务的战机机组将集中到（任务编队中）打击小组指挥官的中队战备室，参与行动前简报会议。在航母情报中心（CVIC）房间内，随着行动涉及战机的机组人员陆续到来，咖啡杯、便签夹等不时与沉重的钢架桌面或器物碰撞发现各种声响，舱门与金属抽屉开合时的撞击声此起彼伏，这次简报也被称为航母情报中心简报。

在每次起飞前，航母情报中心将为任务战机机组提供一份详细的作战简报。其内容包括任务空域及飞行路线上当前和未来天气状况、（任务区域）相关机场的方位和距离［这类可能的备用机场也被称为"鸽子（Pigeons）"］，任务中需要用到的导航信息，如行动方案中战机弹射起飞时航母的预期经、纬度坐标、附近的行动受限空域（如商业航线等）以及飞行及任务途中所有重要决策点的摘要。当然，对今天这次训练任务而言，任务简报的情况除了浓厚的云层布满了8000～10000英尺（约2438～3048米）的空中外相当平静与日常，但目标区空域则少云且清澈，非常适宜遂行

打击任务。

在航母情报中心完成其简报后，整个（任务编队中）打击小组指挥官将来到飞行甲板，他对任务的成功实施负有指挥职责，因此任务规划以及与各个机组成员充分交流沟通必不可少。视具体任务的复杂和危险程度而定，他的准备工作包含着太多细节，需要尽可能预想到行动中可能遭遇的各种情况，并提醒编队中相关机组成员加以注意。为此，他需要在完成任务的基础上，尽可能确保其任务规划和行动计划简单易行，使所有成员都容易理解并相信这个房间里的那些眼红的"杀手"们会按设想展开行动并取得成效。任何简报，都应尽可能简短精小，如果某个简报拖上一个小时无异于"自杀"——当任务官兵接近战机之前，可能就会变得昏昏欲睡了。

简报通常采取幻灯片加讲解的方式进行，幻灯片尽可能简短，直奔各简报主题。简报演示片中，应突出整个任务的行动目的，其主要和次要的行动目标，以及可能遭遇的主要、次要威胁（出现的位置、时机和方式等），并回顾己方行动编队的构成等。提及行动中的具体动作或目标时，需要集中所有参加简报人员的注意力，使所有人对行动流程、编队及变换、任务执行或放弃标准、与目标交战时间（TOT）、（对敌）防空系统压制行动（SEAD）等有充分、清晰且无歧义的理解，最后还要明确各编队、各战机在整个行动、各阶段各动作中担负的职责。最后，行动中担负不同功能与任务的小组（如攻击组、战斗巡逻组、防空压制组等）还将获得相关的任务要求与提示，由各分功能的机组成员分别制定针对本功能组担负使命的相关计划和简报演示。

从这里开始，各功能组结合本机组或多机组担负的任务，分别再继续向参与行动的本功能组成员细化简报具体任务与动作。每个功能组的负责人都由一名资深的飞行军官担任，如果需要由资历较浅的飞行军官负责指挥该功能组的行动，需要获得相关的指导与协助，以确保其胜任其使命。总体而言，简报过程需要遵循一些最基本的原则——包括简洁、目标明确、无歧义等。他们将详细探讨经规划的任务编队、（敌我双方）雷达探测情况、特定的战斗机行动策略与战术、目标区域的情况、目标识别以及目标区域的地理环境、武器的投掷战术及其引信参数设定，检查附加的各阶段行动及动作要点清单，行动中的基本指挥控制流程（例如航母弹射与战机回收、各种紧急情况的处置等）、空中加油等问题。对于缺乏经验的新飞行人员或机组成员来说，这部分简报是其顺利完成任务最重要的提示，因为这是行动前最后一次专门耗费时间强调行动中基本问题的时机。

走向停机坪位

走出各简报室后，参与行动的机组成员将首先转到值班甲板（duty desk）处，在那里他们将在一系列任务材料上签名。优秀的（飞行任务）值更军官会提供针对各类型机组准备好相应需签署的材料，并协助行动人员签署后代为保管。在值更军官处，任务机组的成员还将领取有关本次飞行任务的"任务卡片"（mission card），这是一张较小、表面粗糙的高容量 PCMCIA 数据卡，它可装载大量任务数据，包括 GPS 地理数据、导航点、Link-16 战术数据系统文件、战机超高频 / 甚高频（UHF/VHF）无线电系统频率的信道设定、精确制导弹药（控制系统）初始化文件，以及用于初始化战机机载计算或控制设施的其他数据文件。提前将这些任务信息装载到标准存储介质中，有利于各机组在前往飞行甲板进入各自战机机舱后迅速将所需任务信息，接驳导入到战机设备中。目前，航母舰载机联队所使用的任务卡片，通常由各机组中资历较浅的军官在参与加任务规划及简报后，于任务当日的前

▼ 一架准备起飞的战机搭载着 GBU-12激光制导炸弹正在等待弹射，图中武器系统军官正在检查弹药引导头，确保正确的激光脉冲代码已被设定。（美国海军）

一个晚上完成制作（及审核）。除任务卡片外，他们还要准备可移动式储存模块（RMMs），这种固态数字化储存设备用于在任务飞行期间，记录各战机座舱内设备的工作情况，这对于任务结束后归询简报（debrief）和对行动进行分析，是非常重要的证据。

在实际的作战飞行任务中，各机组成员将根据所需检查需随身携带的资料、装备及电子设备等器物，并签字确认。这涉及带有敏感涉密飞行数据的任务卡片、一支 M11 型自卫手枪（西格绍尔 P228 手枪的海军采购版）、两支满弹弹匣以及一条"身份条幅"（blood chit，也称逃命布条）。

接收任务中所需的设备与数据卡片后，机组成员下一步将来到维护控制舱室（MC），这里是各航空中队维护保养部门的"中央神经系统"。在这里，即将出发的战机编队长机指挥官将签署所谓的"A-表单"（A-Sheet），表明他和编队其他人员将领取所需战机；此外还有一类被称为"F-表格"（Form-F）的文件，它是即将飞行的各战机的重量及平衡状况文件，它会注明各战机（因挂载不同）导致的总重情况以及重心（COG）数据，这些都是弹射时设置蒸汽弹射器压力必不可少的数据。

完成了上述检查与各种文字性工作后，各机组将赴所谓的"降落伞舱室"（para-loft），海军航空兵亦昵称其为"保伞员商店"（PR shop）。在那里，保伞员（PR）负责维护机组在飞行任务中所需的个人装具及救生设备（其中最重要的就是降落伞）。在陆上飞行基地，这类"保伞员商店"从外观上看就像个衣帽间。而在航母飞行甲板下的"保伞员商店"里，一旦需要密集遂行飞行作战任务，这间小小的"商店"就会变得昼夜拥挤，不同任务批次的机组成员无论是出发前往飞行甲板、还是归队从飞行甲板走下，都需要提前来到保伞间领取或交还个人救生装具及设备，例如飞行抗荷服、降落伞包和救生背心等。我们小心翼翼地打开并试戴了头盔，所有的头盔都安装了联合头盔显示系统（JHMCS）——它由一系列附加在头盔上的各类电子装置和显示设备组成，这让我想起了约翰·梅里克（John Merrick，主演了《游戏时间》的演员）。该头盔显示系统或将平视显示器（HUD）中的信息，比如目标数据、战机速度、高度，投射到飞行员眼前；同时还可同步配合飞行员控制机载雷达、目标指示吊舱，并在近距格斗时根据飞行员转头对目标机的关注，及时设定机载 AIM-9 系列格斗导弹对目标的瞄准及锁定。此外，头盔上有一根较长电缆，通过固定的适配器插头与战机上的控制系统相连。

年轻飞行员们领取了救生装备后，走向飞行甲板控制舱，在那里

◀◀ 航母上甲板空间非常宝贵，但 F/A-18"大黄蜂"系列战机并不需要额外的登机梯，因为其内置可折叠的登机梯，它们平时折叠存储于机身左侧主翼翼根前缘边条（LERX）的下部小舱内。图中这架瑞士空军的F/A-18C可看到其展开后的登机梯。（斯蒂芬·戴维斯/FJ图片）

他们会将其"重量数据卡片"（weight chit）提交给弹射控制军官［他在甲板上也被称为"射手"（Shooter）］。重量数据卡片上包含了各种重要的数值，包括弹射时间、战机涂装编号、弹射毛重以及战机非对称状态的类别等。拿到这些信息后，"射手"控制军官及其团队将迅速计算弹射所需的蒸汽压力，以便使高压蒸汽拥有足够的能量能够助推战机迅速在其弹射行程的末端达成必要的"末端速度"（endspeed）。具体在此过程中，弹射控制小组必须考虑当前的环境温度、气压和湿度，甲板上的相对风向、风速，结合战机油弹满载时的总重量计算得出战机所需的"末端速度"。如果计算失误，过多的蒸汽能量将导致弹射过程对战机造成严重损失（尤其是弹射行程初期加速度最急剧提升时），反之若蒸汽能量不足，则导致战机在弹射结束时初速不足以产生足够的气动升力，使其无法维持飞行状态（坠海）。提前向弹射控制军官及其团队提供这类重量数据信息，将确保战机在弹射时不出现问题。

◀◀ 即使是EA-18G"咆哮者"战机的ALQ-99干扰吊舱，在起飞前都需要进行检查，图中一名电子战军官（EWO）正在检查吊舱鼻部安装的驱动装置，它是吊舱内的一套可自由旋转的电动设备。（美国海军）

飞行甲板

要想清晰阐释当我走在飞行甲板上时是什么感觉，无疑非常困难；简言之，这是一种奇怪的两分性的情绪。一方面，我会觉得有一种充满着激情和活力的情绪涌动着，对于从未经历过这些的人来说很难向他们解释，看着周围活跃着的、穿着各种鲜艳色彩夹克的勤务人员——他们几乎可以被认为是具有活力的年青人，都各自专注着其担负的任务与职责，只会让我们想到一种"有序的喧嚣与混乱"（organized chaos）。每名在飞行甲板担负着使命的官兵们，都会穿着不同颜色的夹克或外套，这能在噪声非常大的甲板上帮助人们迅速辨识出各类职责的工作人员。例如，紫色夹克人员（常被称为"葡萄"，grapes），负责战机燃油补充，并管理着甲板上危险的加油软管确保其处于正常的位置，而且还要确保甲板上的消防软管处于随时可用状态；红色夹克（被称为"ordies"），则负责成千上万磅各类弹药在甲板上的输送及其向待弹射战机上的挂载；身着棕色夹克的人员则被称为"舰载机械员"（PC，使各自负责的战机上的各种器材处于良好状态的甲板勤务人员），围绕着战机上下攀爬做各种检查，一直到战机被推上弹射位置的最后一刻；身着蓝色外套的人员，属于甲板战机牵引小组，他们负责运用小巧的甲板牵引车将战机拖拉至各种指定位置，以便面积有限的甲板空间能容纳更多战机，或将战机推上弹射位置。各甲板功能小组每天的工作非常繁重，通常其每天的勤务时间达到 16～18 小时，每周要工作 6 天，在最紧张和残酷的作战环境中甚至每周无休。走过飞行甲板,看着这些令人崇敬、努力且富含激情工作着的青年男女同僚们,无法让我吝于向他们表达敬意。他们虽然不直接参战,但其专业和专注对于舰载机顺利完成其任务至为关键,他们才是美军军事实力的源泉。

另一方面,走在巨大的飞行甲板上我还会感到一种宁静与冷冽,这是一种来自大海的感觉,和缓的海风静静地吹拂着甲板上忙碌的各色人等和他们的活动,远方连成一线的海天平面无论从各个方面看都没有什么区别。此时,我所在的航母正处于东海岸距佛罗里达州约100英里(约161千米)的平静海面上,但感觉此地距本土已是数千里之遥。而正是从这里,这些具有独一无二战争能力的战斗攻击机群,将从海上我所在的航母出发前往任何地点、打击任何目标。

甲板上,一架战机的座舱舷梯边站着一名身着棕色外套的年青水兵,他满头大汗、身上涂摸着油污和灰尘正忙着对战机进行检查,转过身旁甚至能看到他脸上的油渍和污迹。尽管经过漫长一天对战机出航前繁重的维护工作,但仍难掩他阳光般的笑容。我走向他正维护的

▼ 身空红色夹克的是甲板军械人员,他们负责输送、挂载各种弹药,以及对弹药的引信作最后检查。图中1组军械人员正在向一架"超级大黄蜂"战机翼尖挂载点装载一枚AIM-9X"响尾蛇"近距格斗导弹。(美国海军)

那架战机，直到他回过身来看到我向他伸出了手，我重重地握住他的手向他表达我的信任，并指着机翼下刚挂载的 GBU-16 弹药跟他聊了些即将要执行的飞行任务。"我们将起飞并与其他战机一起编成一个由一打以上战机组成的任务机群，向东飞数百英里后，准备消灭一批'坏家伙'；我们要将这些'大怪物'扔到他们的'玩具'上，并在返航途中消灭掉另一些类似的'坏家伙'。"听到我说的，他的脸上露出激动的笑容。这群在甲板上忙碌的官兵们每天的工作，就是确保并看着我们的战机被弹射起飞，并迎接着返航战机在狭窄的后甲板上惊险着舰，他们很难甚至从不清楚地平线那头发生了什么。这意味着，他们的世界就是这类细致、艰辛且真正重要的工作，即便在北阿拉伯海每天都高达 120 华氏度的热带洋面连续作战部署 7 或 8 个月时，他们仍能保持其工作状态。

接着，负责我的战机的武器系统军官（WSO）迅速按流程对机载武器进行了起飞前最后检查，正如此前我曾经进行过的数千次类似检查一样，比如"踢踢轮胎、看看各挂载设备与战机的连接情况等"。其间，我们花了额外多一点的时间检查了 GBU-16 炸弹的引信和电路。确认无误后我登上登机梯，扫视了一下座舱内的所有开关和按钮，然后栓上安全带。座舱安全系统由 11 个连接头，确保两名机组成员与战机紧紧固定为一体，其中弹射座椅系统就有 8 个连接头：肩部、臀部、大腿、小腿等部位各有两个连接头。接着我开始整理组合式供氧 / 通信线缆、抗荷服和联合头盔显示系统（JHMCS）等装备；特别是在正确连接并系牢位于臀部可快速解锁扣的降落伞连接件时，不易顺利完成，这无疑是个需要练习并熟练掌握的技巧。

我迅速地检视了所有开关、按钮的位置，特别是战机上火灾探测回路 A 的设备。地勤接着向我通报战机火灾探测和预警设备通电情况："左侧引擎启动、左侧引擎启动，右侧引擎启动、右侧引擎启动，辅助动力单元（APU）启动、辅助动力单元启动，左进气道启动、左进气道启动，右进气道启动、右进气道启动。"接着我又开始测试灾难探测回路 B，当然在此之前测试了系统的电源。本来，我可以等上 30 秒，让系统超时（返回测试情况），但飞行员的职业在处理每件事时都有一种说不出的急迫感，我们希望每个操作步骤都能尽可能节省时间。

开始甲板检查

对于每天在海上执行作战部署的航母，甲板上的这些检查每天都会进行很多次，通常这些仪式、例行性的检查都会在预定弹射时间点

1. 消防测试面板
2. 地面动力面板
3. 节流阀扇形支架
4. 外部灯光面板
5. 燃油面板
6. 飞行控制系统面板
7. 音量控制面板 / 通信面板
8. 机体外制氧系统氧气流控制
9. 抗过载阀门
10. 飞行员勤务面板
    * 抗过载 g 力
    * 底部高价值弹药线缆集成
    * 氧气
11. 通信连接
12. 任务计算机和液压隔离板
13. 天线选择面板

注意

仅在 F/A-18F 型战机上
配备有无线电超越控制
开关

14. 辅助动力单元面板
15. 发电机控制天关
16. 电子对抗装置分撒
    按钮
17. 地面动力封装
18. 左侧主断路器
19. 手动座舱盖手柄和
    驱动器
20. 高价值弹药装载 /
    核武器开关
21. 数字储存设备
22. 机体外制氧系统监
    控器(CRU-99/A)

左侧仪表板

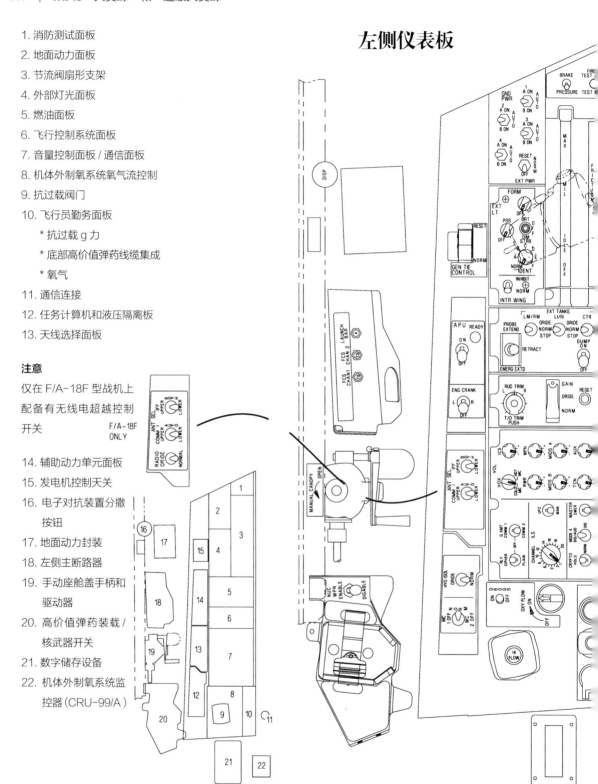

（美国海军）

右侧仪表板

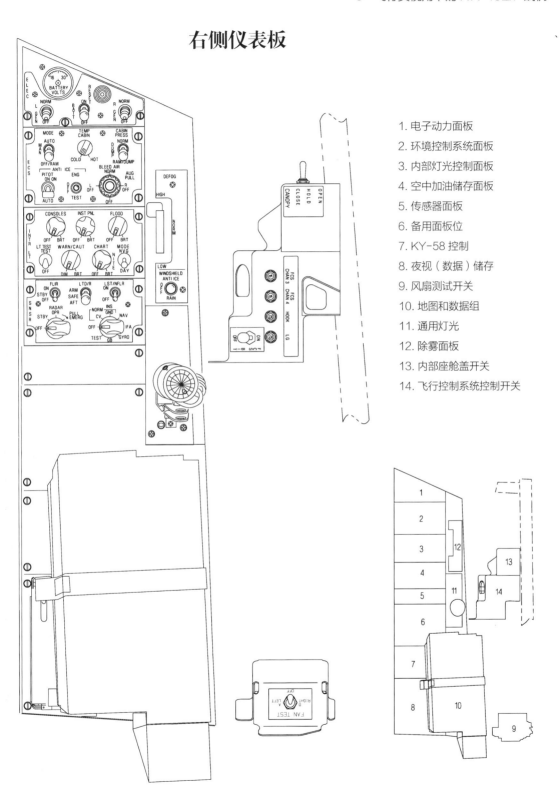

1. 电子动力面板
2. 环境控制系统面板
3. 内部灯光控制面板
4. 空中加油储存面板
5. 传感器面板
6. 备用面板位
7. KY-58 控制
8. 夜视（数据）储存
9. 风扇测试开关
10. 地图和数据组
11. 通用灯光
12. 除雾面板
13. 内部座舱盖开关
14. 飞行控制系统控制开关

仪表板

1. 锁定射击指示灯
2. 平视显示器（HUD）
3. 攻角指示标志灯
4. 左侧引擎火警 / 灭火灯
5. 主警告灯
6. 左（机身）预警 / 警告 / 建议灯
7. 平视显示器视频摄录控制器
8. 右侧飞行预警 / 警告 / 建议灯
9. 辅助动力单元火警 / 灭火灯
10. 右侧引擎火警 / 灭火灯
11. 座舱盖内部抛盖手柄
12. 主武备操纵面板
13. 左侧数字显示器（DDI）
14. 前控制面板
15. 右侧数字显示器（DDI）
16. 螺旋改出面板
17. 应急抛射按钮
18. 平视显示器控制面板
19. 备用磁罗盘
20. 选择抛弃按钮
21. 着陆起落架和襟翼位置灯
22. 引擎燃油监控指示器
23. 视频记录面板
24. 多用途彩色显示器
25. 备用空速指示器
26. 备用面板
27. 备用空速指示器
28. 备用高度计

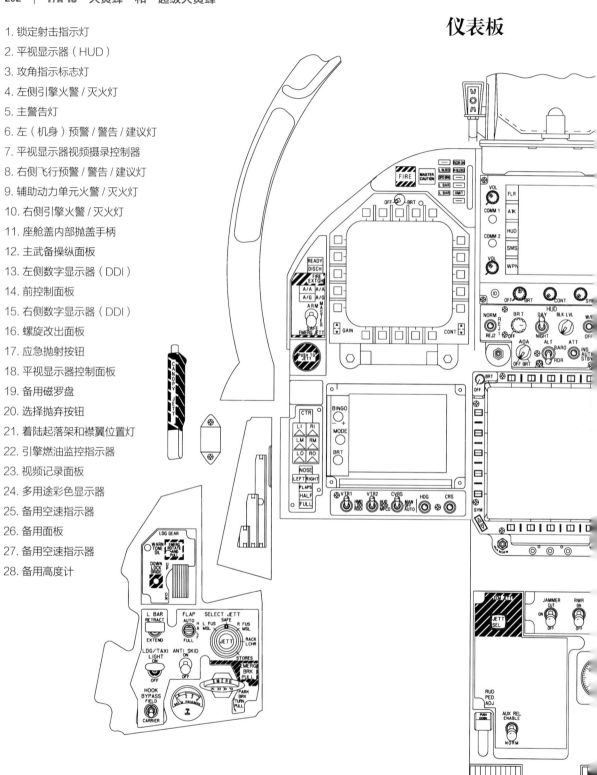

（美国海军）

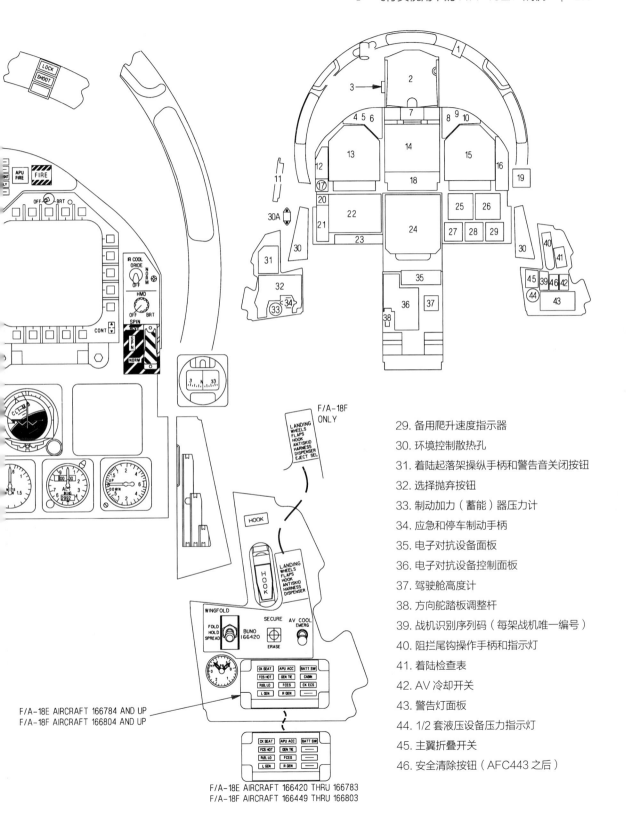

29. 备用爬升速度指示器

30. 环境控制散热孔

31. 着陆起落架操纵手柄和警告音关闭按钮

32. 选择抛弃按钮

33. 制动加力（蓄能）器压力计

34. 应急和停车制动手柄

35. 电子对抗设备面板

36. 电子对抗设备控制面板

37. 驾驶舱高度计

38. 方向舵踏板调整杆

39. 战机识别序列码（每架战机唯一编号）

40. 阻拦尾钩操纵手柄和指示灯

41. 着陆检查表

42. AV 冷却开关

43. 警告灯面板

44. 1/2 套液压设备压力指示灯

45. 主翼折叠开关

46. 安全清除按钮（AFC443 之后）

之前 30 分钟内紧密展开。待这些都完成后，指挥飞行甲板上战机行动的航空部门长（AO），他也常被昵称为"空中老板"（或再简称为Boss），通过飞行甲板通告系统（5MC）向待弹射战机及其机组发布相关弹射活动的命令。在机组成员看来，他的声音就像是上帝之音，（在检查就绪后他可能会宣布）"嗯，飞行甲板注意，XX 机组人员已完成弹射准备，清空飞行甲板、非必要人员撤离弹射区域。机组成员打开头盔（通信）频道并系牢装备、放下护目镜、戴上工作手套并整理好扎紧飞行服袖筒。检查所有信号线和连线，检查战机与甲板固定连接的松脱装置，检查所有引擎排气口和辅助动力单元（APU）排气口，确保其附近没有燃料管线或弹药（避免其运行时高温废气引爆危险品）。准备开始弹射。"

◀◀◀◀ ◀◀◀ ◀◀ F/A-18E/F "超级大黄蜂"战机的座舱内是较为宽敞的。3块大型平面显示器占据了机组成员面前的大部分空间，操纵杆在中央较为醒目，其上面分布着各种按钮和开关，各按钮的及位置形状不同使飞行员能完全根据感觉和位置分辨出它们。（斯蒂芬·戴维斯/ FJ 图片）

　　就像其他乘机准备弹射向飞行甲板前端的飞行员那样，我也向我的战机机械员（PC）摆出了"OK"的手势，他在甲板上再次确认战机两部引擎之间朝下的辅助动力单元（APU）的排气口外无故障物。接着我启动辅助动力单元，其活动部件开始旋转发动嗡嗡声，它产生的高压燃气开始进入主涡扇引擎的涡轮启动单元，并驱动其开始转动。一旦辅助动力单元工作状态趋于稳定，我继而又向机械员伸出两根手指做了个手势，后者开始确认我们已经准备好了启动右侧引擎。随着引擎涡轮转速开始提升，我加大油门但仍使其处于怠速状态，并确保其开始处于功率输出状态，主引擎尾喷口喷出气体的温度迅速上升；看着引擎转速和油压指标开始变化，我知道两套引擎已经处于工作状态了。随着战机引擎和一些马达启动，驾驶舱内的人员已能听到各种越来越大的噪声。仅仅是这么一会，刚刚还平静的飞行甲板上已轰响着震耳欲聋的巨大噪声；而此时，表明战机已完成了所有弹射前准备。

　　在任务简报之前，我们就已与编队中预期作为打击力量的"铁锤"系列战机机组人员进行了一系列通信检查。我们的检查完全按流程和检查清单展开，包括验证各种无线电和战术通信网的适当信道化设定和设置。这非常重要，如果你无法通过通信系统检查，意味着战机在飞行中可能无法（对外）联系。

　　"铁锤战机检查，'铁锤 21'号机"。

　　"铁锤 22 号机"。

　　"铁锤 23 号机"。

　　"铁锤 24 号机"。

　　"铁锤 21"号机将作为编队中打击小组的长机，幸运的是，近十余项检查很快顺利完成。这是个好兆头。很快，甲板勤务人员开始以一种"X 射线"设备对战机进行检查，航空部队人员通常将这类人员

一名在海军"乔治·华盛顿"号航母（CVN-73）上服役的航空勤务，也就是俗称的黄色夹克勤务人员，正在引导一架隶属于VFA-115中队的F/A-18E型战机滑行至适当位置以便接驳上弹射滑块。（美国海军）

称作"X射线爸爸"（或XP）。检查完后，机组人员接着继续完成机载通信系统与舰队或其他舰载机的联系检查，比如通过E-2"鹰眼"预警机上控制人员，完成预警机的数据和通信检查。在最终弹射起飞前，各战机人机还将检查攻击设备及弹药的状态，并将最新的突发性情报或信息（如果有的话），及时传送给任务机组及相关人员。"塔巴斯（舰载机联队的呼号），（通信）检入，X射线爸爸（检查完毕）"。

接着整个编队各功能小组的长机依次通过通信系统报到："清扫者21号""铁锤21号""特隆31号""螺旋盖"（编队后方E-2"鹰眼"预警机的呼号）、"盾牌91号"各机相继完成检查并将正常情况回报

▼ 一名海军陆战队战机机械员（PC）正在对一架F/A-18A+"大黄蜂"战机的尾钩进行最后检查，该战机即将从海军"哈里·S.杜鲁门"号航母（CVN-75）上弹射起飞。（美国海军）

塔台，即将起飞且被赋予"盾牌"呼号的各机主要担负战斗空中巡逻（CAP）任务，用于在我们出击期间升空担负航母编队的日常防空及防御类任务。"盾牌"系列战机的长机，还率领所在小队的几架战机担负应急支援任务，一旦我们演练的空中突击任务出现突发情况，比如有战机故障或丧失功能，他们亦将根据情况灵活地参与我们的行动。经过检查，一切都很正常，所有任务战机都未出现可能影响此次出击的故障或特殊情况，这是一个良好的开端。其他人员向舰载联队汇报其最新来源的情报信息，"塔巴斯，据报，目标'哈利'（Harley）有活动迹象，犹他，2-6-0，12"，之后他不再通报其他信息。当然，这里所称的"哈利"，是此次演练中模拟的地空目标威胁。后续，又模拟性地传来情报称，敌方地空威胁信号出现在我们此次行动的"牛眼"（Bullseye，即需打击的主要目标），这是一条重要的信息。

坐在座舱中，我向甲板上的机械员（PC）摆出了一个向上伸出大拇指的手势，后者此时正站在我的战机的机鼻处雷达罩的位置也摆出了同样的手势，这是在向所有看到的人示意，

我和我所在的战机已准备好滑行了。接着一名着身黄色夹克的地勤朝我的战机小跑过来，与我眼神交汇并确认我们已做好准备了。跑过来后，他向我做出一个手势，我知道甲板上的地勤们开始行动起来，迅速撤去固定战机的卡在轮胎下的楔形塞垫和系留锁链。一旦这些事务处理完后，战机机械员站到战机登机梯一侧，手里拿着 6 根沉重的锁链，接着他用一只手向我摆出了一个示意"6"的手势（手握成拳后水平伸出食指），这表明系留战机的所有 6 根锁链都已取下，同时也意味着我可以启动战机开始滑行了。座舱内，我通过座舱通信系统（ICS）向后面的武器系统军官（WSO）通报，"检查完毕，准备好通电启动了吗"？他立即回复道，"启动"。接着，我们相互配合忙碌地操作并打开一系列开关。由于航母的飞行甲板是个极端拥挤且危险的环境，对于一架从停机位准备滑行到指定位置的战机而言，如果没有甲板地勤人员的指挥和飞行员小心谨慎的操纵，几乎不可能不发生磕碰或出现危险。在此过程中，为了确保两名机组成员在开始滑行前正确地将自己"锁扣"在座椅上，成员之间运用语言交流并相互确认同样非常重要。同时，这也意味着机组进入座舱后开始一系列起飞前检查，其实施的顺序通常与陆基起飞作战时相似。相关检查项目完成后，我通过无线电向航母上的航空联队作战中心报告道，"联队，战机一切正常，可以开始"，这表明至此时战机相关情况都已核查完毕。

在航母飞行甲板上，有权指挥战机移动的只有身着黄色夹克的勤务人员。作战部署期间，飞行甲板上异常拥挤且高度危险，使得出航战机飞行员在其座舱内根本不可能全面掌握甲板上的情况。在很多情况下，战机停放在甲板时其一部分机体不得不伸出甲板。事实上，"大黄蜂"战机的前起落架位置略微在飞行员座舱之后，有时（为使战机在狭小甲板上腾挪会使机头部位伸出甲板）座舱中的飞行员会感到自己已悬空处于水面之上。因此，可以想象，机组或飞行员必须与地面引导人员建立起牢固的信任，听从其指导和指挥。与陆上机场跑道上的调度人员不同，航母飞行甲板上的调度更加危险、困难且责任重大；他们除了像陆上机场的同行那样为座舱飞行员提供有关跑道畅通的信息外，还要引导指挥甲板上待飞战机做出更多复杂的调度动作。例如，当需要战机笔直向前缓慢滑行时，黄夹克会以挥舞双臂的手势向飞行员示意，即使战机机头指向方向正对着引导者；如果地面引导人员用手臂固定地指向战机主起落架（后轮），则是向飞行员示意此时需要转向特定方向了；紧握的拳头，则是示意飞行员锁定前轮此时的方向；引导人员倾斜其头部，则是督促飞行员做幅度较小、缓和的转向操作。通过熟悉这些常用的身体姿态或手势，飞行员就能判断战机滑行的速度和状态是否处于预期状态;甚至新上舰的飞行员到了海上部署的末期,经过与甲板勤务人员的反复磨合,都能建立起深厚的信任关系,使其在甲板上的调度和位置调整更加平滑和高效。这种信任至关重要,因为每名飞行员都清楚在方寸甲板之间他们的安全和战机的顺利调度都取决于地面同僚的指导……尤其是在夜间操作过程中,战机周边情况更是难以全面观察处理。

在战机弹射的高峰期,会有多名穿黄色夹克的勤务人员共同帮助多架战机整齐排列在弹射区域附近,行动前(任务编队中)打击小组指挥官会为甲板黄色夹克勤务人员提供一份"弹射序列计划",帮助根据任务需要确定各类不同功能战机的弹射顺序。而这也可视作另一个舰上水兵与航空联队之间团队配合的出色例子。一套组织严密的弹射计划,可为各类团队提供提前的预警,使所有人都清楚自己在甲板上的工作职责与位置,尽可能高效地展开各战机弹射前检查、滑行及弹射等活动,确保使所有甲板作业活动严密地衔接和配合。

当我们的战机穿过喷流导流板(JBD)时,滑行引导员会给出手势示意我们将折叠主翼展开。接着后座舱的武器系统军官分别向左、右后侧目视检查战机翼展区域情况(wings clear),以确保战机在进入弹射位置后放下折叠机翼时不会钩挂到其他东西。此时,坐在前座舱的我完成了起飞检查的最后部分内容,"机翼展开并锁固,关闭灯光,'啤

▼ 海军"乔治·华盛顿"号航母(CVN-73)上的两名弹射系统军官(即俗称的"射手")摆出允许弹射的姿势。图中F/A-18F"超级大黄蜂"战机隶属于VFA-102中队,它此时处于弹射前最后被紧绷着"束缚"在甲板上的阶段,接下来要做的就是开始弹射行程冲出甲板。(美国海军)

酒罐'放下，开关锁销"，"主翼（折叠部分）放下已锁定，灯光熄灭，'啤酒罐'已放下，开关杠杆锁锁定，配平 15、40、40、40，然后是 11-3，右主翼放下"，为帮助确认战机各襟翼、副翼和水平尾翼的倾转角度是否处于弹射时的正确位置，有时飞行员会从飞行控制系统显示屏上直接读出这些数字（例如，水平尾翼的基型位置读数是 11，基于战机左翼下加挂了 GBU-16 弹药，导致机体两侧重量不对称，因此弹射时需要一侧水平尾翼多出 3 度的倾斜角度）。

从航母上弹射

随着战机缓慢滑行接近了弹射滑块，甲板上一名身着绿色夹克的勤务人员抬着一块较大的黑色显示屏，上面的白色数字使人想起了 20 世纪 70 年代的数字式闹钟。显示屏上的数字是我们之前提交（给弹射系统的战机重量）的"53200"磅（约"24131"千克）。我后座的武器系统军官（WSO）随即向甲板上那名身着绿色夹克的勤务人员翘起了大姆指并示意我"收到，5-3-2"［意指战机总重 53200 磅（约 24131 千克）］。此时，我们的战机重达 53000 余磅（约 24040 千克），机体重量不对称度达到 2 级，需要在借助弹射推力起飞时打开引擎后燃加力。就像拍卖师在拍卖前照本宣科地宣读声明一样，我迅速口头复述战机在"紧急弹射起飞"时的应急流程，"油门节流阀推至最大，收紧方向舵避免战机出现偏航滚转，保持战机俯仰处于 10 ~ 12 度；如果无法阻止战机偏航，通过参考航母水线标准，防止战机攻角超过 14 度"。

我和我的武器系统军官（WSO）继续下意识地向前走，在地勤人员的帮助下各自进入座舱，在坐好后要特别小心避免误碰战机的一些紧急抛放按钮。实际上，在长期的训练和作战后，很多机组成员都对坐入座舱后的各种动作形成了肌肉记忆和下意识的动作。战机满载着油料和弹药具有很大的自重，而且重量分布不对称（达到 2 级），我们知道在弹射行程末端战机预期将达到 170 节的速度，这仅比战机设计最低起飞速度高出约 15 节，或者说战机弹射后速度仅比其能够起飞所需的初速高出"误差幅度"内的速度。如果发生不幸的事，比如引擎或者弹射器出现不那么引人注意的小故障导致推力不足（初速低于预期），战机可能就无法达到必须获得的离舰初速；这意味着我们在离舰后必须最快地抛弃机上 7000 磅（约 3175.15 千克）以上的外部负载，才足以使战机不会坠海。

待弹射战机的周围，中队勤务维护人员正依据核查清单对战机进

▶▶ 弹射时座舱内的噪声往往会达到令人无法忍受的程度，F/A-18战机的飞行员通常只能依赖一系列复杂的手势和身体姿态信号，与各类甲板勤务人员交流。图中这些手势和姿态信号都是战机在启动和滑行（至弹射位置）前的常用信号。（美国海军）

行"最后检查"；此时，战机自身引擎已开启，并即将满油门全功率运行了，因而此时要做的检查只剩最后几项了。坐在座舱中，我和战机此时正处于舰首最右侧的1号弹射器位置上，低下头瞥了眼手表，注意到此时距最后的弹射仅剩下约两分钟了。

我们这一组战机的滑行引导人员此时举起双臂并做出个"弹射"（shooting）的手势。同时，战机前部则站立着甲板军械勤务人员的负责人，后舱武器系统军官和我举起双手并高过头顶向他示意，确认我们并未触碰座舱内的任何开关或按钮。看到后，他向一名地勤人员发出信号，开始将CATM-9X训练格斗弹安装在战机翼尖挂载点上，另一名地勤则在完成ALE-47电子对抗布撒器的检查后将其挂载在翼下。一旦完成挂载安装，滑行引导员与军械人员确保并再次接管对我所在战机的引导，他示意我加大引擎功率继续滑行直至前轮弹射杆钩（launch bar）搭接上弹射器滑块。由于看不到前轮情况，我只能看着引导员的手势慢慢将战机向前滑动，感觉到弹射钩杆钩挂住滑块卡口发出清脆"卡嗒"声后，立即就看到引导员的一只手迅速握拳，这是他在向我示意已滑行到位需要立即停止战机滑行。我立即按他的信号照办停下战机，这时负责弹射的勤务人员围拢到机头下部确保战机在启动引擎全功率并被弹射前与弹射器系统正确地连接。

时间继续流逝，在弹射前约45秒，引导员沿着战机即将弹射路线检查机尾方向的情况，之后再次朝着舰首方向反复审视，一切正常后他们会做出表示"保持压力/张力"的手势信号。这时，我松开刹车并感觉到好像战机后部被巨大的力量猛推了一下，就好像弹射器滑块开始向前猛拉战机，并使松弛的连接件迅速绷紧一样。弹射在即，我看到有黄色夹克人员指向我的战机下部，那里一名弹射器勤务人员正在机体下检查（战机与滑块间）连接件的拉力，他在提醒我地面人员还在做最后检查。一旦绿色夹克人员安全地远离了弹射区域，我的战机管制权就转交给了弹射控制军官，他此时正盯着我看，并向我做出"准备弹射"的信号。

弹射时刻马上到来，我将注意力转回座舱，开始松缓平滑地推动油门节流阀至全开状态（引擎满功率）。战机引擎尾喷管收敛片开始打开，炙热的火焰猛烈喷出，约28000磅（约12700.59千克）推力迅速作用到机体上，但由于战机与弹射滑块连接着，它正抵抗着战机蓄积的前冲趋势。这时，我将弹射钩杆开关扳回"收回"的位置，并开始最后弹射前习惯性的一连串祈祷，"上帝啊，希望滑块连接正常、弹射钩杆正常抬高、前轮不会偏向、马达正常、不会过速、不会过热、液压系统正常、电压正常，我爱它们"；我的武器系统军官也尽

折叠主翼：向两侧伸
展双臂再拥抱肩膀

主翼锁定：伸展右
侧手臂肘部弯曲，
且上臂垂直向上，
左臂托举右臂肘部

伸展主翼：两臂
平伸向外，之后
同时向内弯曲收
于胸前

**放下弹射杆 / 弹射器拖
曳杆连接**：将右手肘
置于胸前，右手向下
摇动放于腰部，右手
掌摇动时处于水平位
置。夜间时：右手持
闪光棒做同样的动作

**升起弹射杆 / 拖曳杆连
接**：将右手肘置于胸前，
右前臂处于水平位置。
将右手向上摇动置于肩
部位置。注意：夜间时，
除右手肘置于闪光棒上，
其余动作与昼间一样

空中加油探管检查：左手
横置于胸前，左手半握拳，
同时向左水平伸展至水平
位置。利用左手的动作表
示空中加油探管处于正常
位置，右手动作表明异常

减速板检查：自然向下
伸展两臂至腰部，两只
手同处于腰部中央且手
掌张开

尾钩收起：右手位于
腰部，且拇指向上伸，
顶住位于腰部且处于
水平位置的左手

尾钩放下：将右手伸直前
臂置于胸前，右手握拳且
右手拇指向下伸，顶住位
于胸前的左手手掌

水平尾翼检查

左手前臂处于垂直上臂折叠，左手手掌前缘向下，沿左前
臂向下摇动，再向上收回，反复动作

方向舵检查

左侧方向舵位置示意
看右臂向左侧摆动

右侧方向舵位置示意
看左臂向右侧摆动

副翼检查

上下摆动左臂表
示右侧副翼处于
向下位置

左前臂处于中间位
置表示副翼向上（反
之亦然）

上下摆动右臂表
示左侧副翼处于
向下位置

前轮转向示意：右手食
指指向鼻子右侧，表示
战机需右转（反之亦然），
同时用与前轮需转向相
反的手指向前轮

外部灯光示意：用左
手的食指和中指比中
V 字型并朝向自己的
双眼，示意飞行员打
开战机外部灯光

责地重复着我最后的祈祷说"我爱它们"。念叨完后，我立即松开了对战机的制动控制，向前推杆并全力踩下方向舵踏板，最后测试一下飞控系统在负载情况下的工作情况。接着，我侧过头，看到舰侧的弹射控制军官，他开始用手势向我发出"全力启动引擎的"信号——张开手掌向上并伸过头顶，就像名侍者托举着盘子那样，这表明我是时候打开引擎加力后燃烧室的油门了。见此，我毫不犹豫地继续将油门节流阀推至标记着"full-AB"（全加力燃烧）的档位，立即就听到引擎马力再次攀升的轰鸣声，这时两部引擎很快输出达到 40000 磅（约18143.7 千克）的推力。最后，我转过头向弹射控制军官敬了一个礼，向他示意战机已准备好弹射了。我的左手继续向前压着节流阀，因为在弹射行程中节流阀倾向于向后退回导致推力不足；同时右手伸高并紧紧抓住座舱盖上的握柄，做好准备抵御弹射时剧烈增加的加速度，显然在弹射时我的"大黄蜂"战机并不需要飞行员做什么更多操作（除了左手压住节流阀外）。弹射时机体各控制翼、舵面的设置已由飞行控制计算机完成计算，战机在弹射行程的最末端时，这些控制面就将最优化的角度完成调整，使战机以最佳的俯仰角离舰。而作为飞行员的我，此时需要做的就是监控战机弹射行程最后一刻的表速、俯仰姿态等少数几个数据，以核实战机以预期正确的飞行状态离舰，并获得

▼ 一架隶属于VFA-81中队的F/A-18E "超级大黄蜂" 战机刚刚从海军 "卡尔·文森" 号航母（CVN-70）上弹射起飞。弹射前，机组和战机在甲板上的等待时间将尽可能被缩减，作战激烈时，飞行甲板上往往几套弹射装置同时展开弹射作业，以减少战机的等待时间。（美国海军）

合适的爬升率。

被称为"射手"的弹射军官向我回了个礼，接着开始他了最后一轮检查。这一刻就像是永恒一样，他指着弹射小组的所有人员示意各自对弹射设备及参数设置做最后检查，同时他的一只手一直保持着"竖起大拇指"的姿态。最后阶段的检查，主要集中在此时甲板风向、重量显示板最后核实、弹射道状态；一切正常，他低着看了下表，迅速做出身体侧向前倾屈膝蹲伏的姿态，侧前倾时他的一侧膝盖贴上飞行甲板，同时其手臂则前伸指向舰首方向。

甲板右舷一侧低于飞行甲板的弹射操作区，一名年青的军官看到弹射控制军官的这一姿态后，随即将他的手臂举过头顶并摆出一种只能被描述为"（将某个东西）撑起来"的姿态，同时看了看舰尾再转回舰首方向，之后下伏身体并按下弹射按钮，将弹射系统高压蒸汽储罐内的蒸汽释放出来，巨大的蒸汽压推动弹射滑块并带动着 26 吨重的战机加速向前驶去。座舱里的机组立即感受到巨大的加速度，整个身体像被巨大的力按压在座椅上。弹射后约两秒，战机完成了约 300 英尺（约 91 米）长的弹射行程，此时战机已获得了 175 节的离舰初速。我看了看手表，此时正是 16：00：00Z。

编队空中汇合

飞行甲板上各项弹射准备工作进行得很顺利，我们的僚机位于斜角甲板的 3 号弹射区域待弹射状态（准备与我所在战机一起被弹射），这一事实正说明了这一点，像这样多架战机被同时弹射的情况，在我们的圈子里被称为"（两机）同时弹射"（covey launch）——通常，同时弹射的两套装置分别位于舰首甲板和斜角甲板。这样的模式有助于加快甲板弹射进程，帮助弹射战机升空后迅速编队汇合，以便节省燃料并有利于采用更高效的任务飞行剖线。

弹射完成并升空后，我很快听到助理航空部门长（Assistant AO，也被称为 Mini-Boss，以便与航空部门长或"Boss"相区别）通过主无线电通信频道的呼叫"201、205，可以加入编队"。我随即回复，"201"。我的僚机很快优雅地加入到编队中并共同展开巡航飞行，编队此时距海平面约 500 英尺（约 153 米），并加速到 300 节的速度以离舰状态展开飞行。与此同时，航母仍在以 40~45 秒的间隔、以两架战机为一组持续向空中弹射战机，直到整个波次战机都被成功弹射。

很快，编队战机开始展开飞行中战术管控检查（Tac Admin Check）。我打开了机载 ASQ-228 "先进目标前视红外"吊舱（ATFLIR）

尽管区域空中任务可能不需要战机接受空中加油，大多数舰载机都需要通过加油拓展其任务能力。图中，是一架隶属于VFA-102中队的F/A-18F战机正伸出其加油探管准备从加油机受油。（美国海军）

▶ 战机的APG-73雷达可为飞行员和武器系统军官显示空中态势和目标情况。机组成员可根据实际情况调整雷达工作模式、脉冲重复频率设置以及量程比例等,以获得最佳的雷达运用性能。(斯蒂芬·戴维斯/FJ图片)

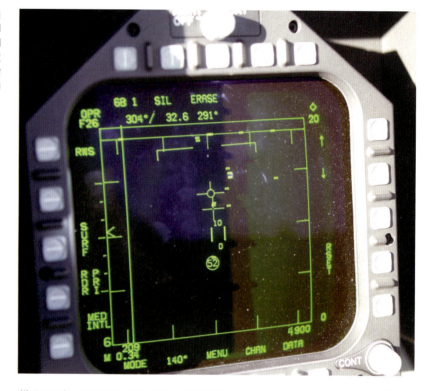

供电开关,相继检查该吊舱的视频模式(video mode)和激光指示装置,以及吊舱的目标指示功能的效果。接着,长机和僚机交替进行的无扰箔条和闪光弹的测试性抛洒,以检测其系统的可用性。接着,我又对吊舱的空对地主控模式(Air-to-Ground Master Mode)进行测试,确认吊舱全向引导头能够灵活转动并指向,以及战机武器控制系统的挂载点与弹药锁固和解锁机构的功能正常;如果此功能测试时出现故障,意味着我的搭档武器系统军官向翼下 GBU-16 弹药下达解锁投掷指令后,它将继续留在翼下挂架上。此时,距离起飞已有一段时间,我保持着与航母舰载机空中作战中心的联系,并配合该中心的参谋军官(两名防空控制军官)检测了战机的无线信号发射应答系统(transponder)的正常功能,这涉及机载敌我识别系统(IFF)的多种功能。"大黄蜂"的敌我识别系统,除了常用的 Mode-3 工作模式外,还有 Mode-2/4 等用于显示己方空中平台的模式。在距航母 7 英里(约 11.3 千米)时,我所在编队开始以全功率进行爬升,至预定的飞行高度。我低下头核实座舱内的战术数据链显示设备,其上信息表明打击编队中的其他平台同样也在陆续爬升,一侧的僚机很快以巡航编队队形随我所在战机开始爬升。当我们接近汇合空域时,"铁锤23"和"铁锤24"战机相继接近编组汇合空域。按规范的流程,我在起飞后相继完成各项战术

检查，比如海军舰载航空兵常称的飞行中"栅栏"检查（"栅栏"，即 FENCE，它是"火力控制、发射器、导航、通信、可布撒耗材"等检查项目的首字母缩写，很早前就已流传于舰载航空兵圈子中，发展至今实际上还包括其他各种设备的战术检查）。（同时，我的僚机）清脆的声音答复称，"铁锤 21，'FENCE'核查，14.9（僚机的燃油状态）"，为了等待其他攻击战机完成空中编队，我和僚机开始放松油门节流阀并减缓速度。

所有己方战机都通过主要通信频率与"螺旋盖"号机（即 E-2"鹰眼"预警机的呼号）进行了通信和数据链接检查。在我们的编队后方，一架 E-2"鹰眼"预警机上的空中拦截控制员（AIC）还必须检查我们编队战机上的 Link-16 数据链跟踪信息和己方敌我识别信息。具体操作时，他会通过预警机上设备向编队各战机发送快速"编码校验"，据此编队中战机将发回各预先明确的地理参考点位，或预期打击主目标"牛眼"（在本次演练中，其呼号被定为"犹他"）的方位与距离。（任务编队中）打击小组指挥官此时抓紧与（此次演练所使用的）靶场训练军官（RTO）进行了通信联系，（他正处于母舰之上）是名经验丰富的飞行员，他正在监控各战机使用的频率和（模拟）假想敌机的频率，以确保编队的飞行安全，适时指挥在模拟对抗中"被命中"的己方战机撤出演练，并维持管理整个作战空域秩序。

"铁锤 21 号机，（这里是）靶场训练军官（RTO），假想敌机所建议出现的空域、时机及位置等简报中已有通报，打击战机小组 180 度转变，目标区域安全，高度 29.98，假想敌已设定"。

"靶场训练军官，（这里是）铁锤 21 号机，所有高度、空域和位置已获得，（高度）29.98，做好记录，战斗开始"。

"靶场训练军官收到，做好记录，战斗开始"。

"清扫者"出击

片刻，大约在我们预期遇敌时间之前的 45 秒，编队中（担负护航任务的）"清扫者"小组出击。随着他们沿预定航向加速离开编队，己方演练编队各战机开始不断分离出动（执行各自任务）。在整个空域中，呼号为"螺旋盖"的预警机持续将整个空域态势传输给编队中各战机，包括所有已知敌方和疑似敌方战机的位置、状态等空情。"'螺旋盖'呼叫，（敌方战机）四组、（敌方目标）'犹他'……'四组敌机'？这比我们设想得要多，但每架担负护航任务的'清扫者'战机挂载有 3 枚 AIM-120'阿姆拉姆'先进中距弹，而且每架攻击战机也挂载有

1 枚该型导弹用于自卫。"如果己方护航小组各战机战术运用得当，这四组敌机目标并不是问题；当然，听上去似乎仍需要持续集中收集空情态势情报。通过无线电系统，我知道了前方护航"清扫者"小组展开的应对，"清扫者 11"号机及其僚机被派往应对敌机。

当我所在战机及编队机组在座舱内的显示屏上看到周围战术态势，以及空中激战展开时，空中打击小组持续耐心地在空中汇合区域等待，这得益于数据链使我们能感知己方战机雷达所探测到的空域情况。而如今，战机的这类电子战能力更加强大，例如就通信系统而言，除了简洁、清晰的通信语音外并无其他什么噪声。

"'清扫者 21 号机'，（目标）'狐狸 -3 号'。"

"'螺旋盖'，南侧（空域护航舰队）小组长机淡出（监视范围）。"

"'清扫者 22 号机'，超时 2 号舰，南侧尾迹小组。"

由于此时空域存在着较强的侧向风，我控制着战机抵消其对战机航向的影响，并准备加大油门加快速度，比抵达下个预设的路径点时间更早 5 分钟抵达该处，提前抵达将使我们尽快进入预定打击空域。

编队中打击小组越来越接近预定空域，与我们一起编成战术队形。通过预警机和通信系统，此时我们已清楚了，前方护航"清扫者"小组已完成了对敌方目标的清除，三个敌方空中目标小组已经被消灭，对预期重要面目标的打击即将展开。

"'螺旋盖'，北侧尾迹小组，（预期目标）'犹他'，050、55，靠近'清扫者 23'号机，建议由'清扫者 24'号机靶定北部尾迹小组。"

"'清扫者 24'号机。"

此时，担负护航任务的战机已清理完空域中可能的威胁敌机，是时候由打击机群小组展开行动了。根据数据链传来的数据，（此时空情态势似乎表明）"清扫者 24"号机因遂行拦截任务此时正处于较为偏北的位置，已距离预定作战空域较远了，如果此时出现什么意外情况，它将难以及时返回。

很快，E-2 "鹰眼"预警机（"螺旋盖"）上的空中拦截控制员（AIC）确定了糟糕的情况，他发现新出现一批次敌机并未朝着"清扫者 23"号机的方向前进，而是朝着一系列"铁锤"打击机编队赶来，因此空中拦截控制员随即向我们通报，"'铁锤 21'号机，（这里是）'螺旋盖'，北尾迹小组，'犹他'，060、60，高活动度敌意目标，建议靶定目标并打击"。此时，正好可展示"犀牛"或者"大黄蜂"战机，作为一款真正的多任务平台所具有的价值。疑似敌机虽然向

◄◄ 一旦F/A-18系列"大黄蜂"战机在进入交战区域后，编队长机会指示僚机从当前的"指尖队形"（fingertip formation）改变为更具战术灵活性的散开队形，以便长、僚机之间相互支援；毕竟队形散开后有利于编队中各战机扩大对空域态势的感知。（美国海军）

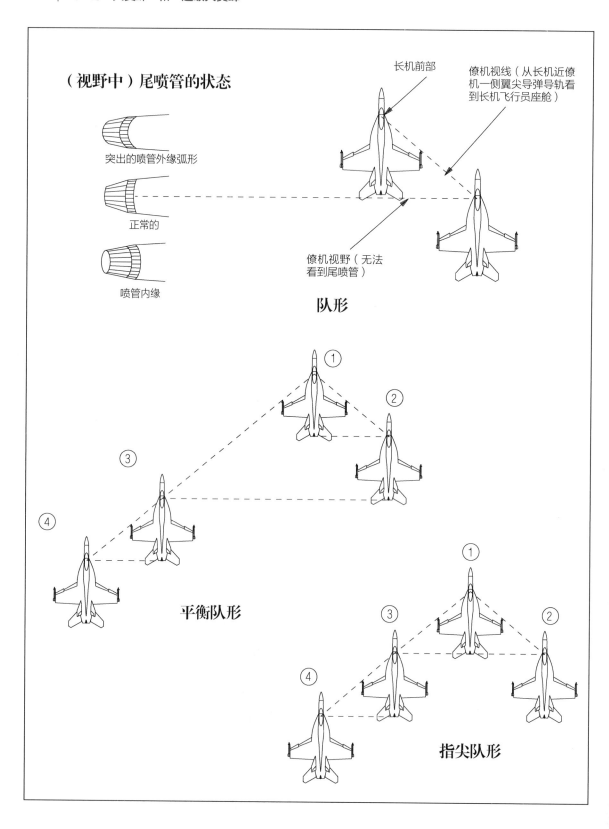

（视野中）尾喷管的状态

突出的喷管外缘弧形

正常的

喷管内缘

长机前部

僚机视线（从长机近僚机一侧翼尖导弹导轨看到长机飞行员座舱）

僚机视野（无法看到尾喷管）

队形

平衡队形

指尖队形

着几架挂载着各类打击弹药的战机飞来，但这些"铁锤"系列战机同样挂载有一枚 AIM-120 空空导弹，并可随时切换到空对空作战模式上；因此，预警机的警告并未引起我们惊恐，与我同机的武器系统军官冷静地回应道，"'铁锤'（系列战机），目标北尾迹小组"。

我所在的编队的四架战机各自使用机载雷达对前方空域进行扫描和探测，保持着即将进入空域的良好的态势感知（SA）。在进入可能出现敌机的空域时，我们的编队开始变换队形，从之前的散开队形收缩为纵队队形，就是说，减少己方编队被敌方可能的侦察活动探测的风险（在对手的雷达显示屏上仅显示出单架战机），（编队最前方的）飞行员通过双杆操纵系统（HOTAS）则可以调节设置战机雷达的工作模式（由其担负编队的态势感知任务）。现在我们正在寻找"突破"——我们可能不知道这个空域中有多少对手，但我们很快就会知道。事实上，长机的雷达很快发现了 3 个敌机目标——太糟糕了，"清扫者"几乎没有发现其中一架。在我所在战机的辅助无线电频道中，向我的编队的其他战机通报相关情况：

"铁锤 21，分类目标。"

"铁锤 22，分类。"

"铁锤 23，分类。"

非常好，我们看到了同样的雷达信标图像，接着我们在编队内规划了与简报前未预料目标的交战情况的雷达接触。在接近我们计划的空域范围时，我们得到了一些好消息："螺旋盖（Screwtop），北尾迹小组，雨果（Yugo）""好！"这里的"雨果"是今天用来形容空中能力差劲的对手的呼号——一个缺乏（地面）雷达引导，也没有向我们射击的能力的对手。"铁锤，迎头拦击。"我们一直坚持未对目标实施射击，直到我们的战机与敌方空中目标接近后（进入中距弹射击范围），才发射 AIM-120"阿姆拉姆"先进中距弹使其在飞行的最后阶段获得更多能量。

四架"犀牛"（即"大黄蜂"战机）挂载着 AIM-120"阿姆拉姆"和 AIM-9X"响尾蛇"导弹，对三个"雨果"——敌方目标实施了射击，这就像从婴儿手中拾取糖果一样简单。编队中的几架战机飞行员分别扳下了发射开关，并报告瞄准射击情况：

"'铁锤 21'号机，狐狸 -3 号机。"

"'铁锤 22'号机，狐狸 -3 号机。"

"'铁锤 23'号机，狐狸 -3 号机。"

我立即在雷达显示屏上得到了三个小点的记录，我所佩戴的联合头盔显示系统（JHMCS）迅速将其拾取并显示在眼前。我迅速选定了

◀◀ 图中所示的（编队队形）目视提示，被用于编队飞行时保持队形，以飞行员所有座舱位置及其视线特点来保持队形，例如图示中借助编队战机喷管、翼尖的视觉效果处于正确位置。（美国海军）

AIM-9X 导弹，然后立即听到耳机里的声音。在以往训练时，我往往会在发射完一枚中距弹后，还会再额外补充发射另一枚中距弹（以双发确保对敌机命中）；但在战斗中，我会设法在敌机进入 AIM-120 中距弹最大命中概率的距离内，再发射相关导弹。"'铁锤 21'号机，（目标）狐狸 -2 号机"，我的僚机驾驶员的声音在耳机中响起。"铁锤 21，射击 3 个敌方目标机，北尾迹小组。"片刻之后，我看到两架 F-5"虎 II"式战机（作为模拟敌机）在目视范围内闪现，它们正以 900 节左右速度（双方相对速度）接近己方编队前卫战机的位置。随着双方接近，位于南方一侧的敌机看上去像是架 A-4 战机，它正在摇着其翅膀，这表明它已被证实（被己方中距弹）击毁。

我当即指令（己方编队中的一架战机）返回预定飞行航线，并开始对己方编队前方的空域进行检查，以确保我们不会错过任何可能的威胁。态势已很清楚，我们的任务还在继续。

"特隆（Tron），哈利（Harley，即假想敌机）出动，（计划打

▼ 以密集编队飞行，在战时并不那么"战术"，这有助于隐蔽己方突袭编队的战机规模或数量，这类密集编队直到最后时刻才会散开。图中隶属于 VFA27 中队的 4 架 F/A-18E "超级大黄蜂"战机以密集楔形编队飞行，这样有助于它们减少在敌方雷达显示屏上的反射光电数目。（美国海军）

击重要目标）犹他，360、10"——（随队的电子战机）EA-18G "咆哮者"向我们通报，空域中的地对空威胁（信号）已出现。这不是问题，因为我们的压制计划已预料到了这类情况，它只表明我们编队所具有的多种功能和用途。

此时距离我们的决策点（decision point）只有数英里了，我望向外侧环视了一圈我们的编队，每架战机或多或少处于合适的空中战位。由于之前就已采取的措施，我们比预期时间晚了约 30 秒抵达特定时间线。我选择了让我们的编队转向，以提前抢占我们的进攻阵位——切捷径提前 4 英里（约 6.4 千米）就抵达相关空域，从而争取到时间。通过编队内广播，我向编队各机播报，"螺旋盖，铁锤 21，（注意）态势"。在编队发起空对空攻击前，我需要由"螺旋盖"发回的最后的空中态势（用作决策）。从简单的情况来说，我们把目标标定为一个"气泡"作为提示，希望通过数据链使已方战机共享这些威胁目标的状态，除此外，地面地空导弹威胁目标的状态也被标示出来。至于在显示屏上这个"气泡"的大小和形状，则是基于攻击剖面的复杂性、威胁机场及其战斗机的类型和位置，以及其他因素造成的。"螺旋盖，单个目标群位于'孟菲斯'（Memphis），向北吸引，无其他因素"。很快，我听到了随队 EA-18G "咆哮者"战机对地面打开了防空压制任务（SEAD）的空缺；此时，"咆哮者"电子战战机已在其首次模拟攻击中打开了敌方地面防空的缺口，（他也发回了表示得手的通信信息）"特隆，马格纳姆"（Tron，magnum）。至此，编队打击战机即将全力发挥作用。

"铁锤攻击"

在目标区域的一系列威胁得以清除后，编队中以一系列以"铁锤"为呼号的打击战机开始发挥攻击职能。基本上，我指挥着飞行编队的行动，随着我下达"铁锤，（开始）攻击"的指令后，编队开始按预计计划，转变成攻击的编队。

我后舱的武器系统军官将战机（雷达）切换到"空对地"主模式（A/G），开始按我们攻击清单对预定目标实施攻击。抵达特定路径点后，编队开始转向，抵达目标区暂留时间（TOT）比预期时间晚了约 10 秒，但随着编队加速前往下个路径点，这些被延误的时间完全可以弥补。武器系统军官再次检查了机载空地武器的引信模式和延时设置、激光代码确认和视频记录，所有这些都在机载"先进前视红外瞄准"吊舱（ATFLIR）传回显示屏上的综合信息中显现出来。

实施攻击时，"大黄蜂"战机的任务计算机将不断计算风速、风向、飞机姿态及其过载状态，当时战机空速，以及投掷 GBU-16 后这些因素对弹药弹道的影响，以确定适当的空中投放点。有了此系统的帮助，经验丰富的飞行员甚至可将无制导的 Mk83 "铁炸弹"投掷到预期目标数英尺内，对于这类 1000 磅（约 453.6 千克）级炸弹而言，已足以摧毁目标。此时，战机任务计算机系统算出距打击特定目标还有 35 秒的投掷时间（TREL）。当我听到我的僚机在无线电中呼叫"铁锤 22，向南防御……（其他一些嘈杂的声音）"——（似乎）僚机已被标定为'哈利'（Harley）的模拟敌方地对空导弹目标靶定，我确认我们编队的飞行高度和飞行速度都已是最小值了。当然，由于己方编队中电子战战机及时、有准备地对模拟目标实施"哈姆"反辐射导弹攻击，敌人地空导弹目标相继被摧毁，己方攻击行动得以继续进行。己方编队中的攻击机在阵位上会稍微落后一些，但他能够通过加速弥补延误的时间及早向预期弹着点（DPI）实施打击。

随着投掷时间的倒计时，我的武器系统军官利用机载"先进前视红外瞄准"吊舱（ATFLIR）对目标区域进行了扫描，验证核实行动前我们在任务简报时获得的目标区域特性。我们首波需打击的预期弹着点（DPI）是一个土制的地堡，它用以模拟某个简易爆炸装置（IED）制造场所；其间需转向北方，打击另六个掩体。随着预期目标的搜索并被获取，他通过座舱通信系统（ICS）向我进行了通报，"（目标）已获取"。接着，他用"先进前视红外瞄准吊舱"的激光指示器对目标进行了照射和测距，迅速进行了攻击参数计算。距（打击特定目标的）投掷时间还有 10 秒，我将飞机控制在正确的航向航线上，再次核查我们的攻击清单，并果断按下（已选择设置好弹药的）"发射按钮"（在海军航空兵界，这个按钮还有个别称，被称为"泡菜按钮"，pickle button），它实质上是让战机在经过计算的弹道释放点（时间）时自动释放炸弹。待投掷时间的倒计时到零时，我就感觉到一股轻柔的重击声在座舱内回荡，战机左翼轻轻一抖，一枚 GBU-16 以 510 节的速度坠下。接着，显示屏上的投掷时间计数被另一个"命中时间"（TTI）读数所取代，而在此读数归零之前，我们还要让弹药在飞行途中对目标的照射激光始终标定在预期目标之上。随着命中时间快速倒计时归零时，一条白色的轨迹在"先进前视红外瞄准"吊舱的传感器显示屏快速延伸，就像一颗包覆着红外能量的流星划向远方目标所在位置。

在大约两秒内，编队中几架"铁锤"呼号的战机向预定目标投掷的所有 4 枚 1000 磅（约 453.6 千克）级激光制导炸弹，各自飞向预期的弹着点，它们的踪迹充斥着各自投掷战机的"先进前视红外瞄准"

吊舱显示屏幕，至命中时间归零后，目标弹着区域陷入一片火海和烟雾中。我后舱的武器系统军官将吊舱监视传感器焦距放大，以便获得目标及周边区域的状态情况，这样有助于完成打击后的目标毁伤效果评估。他尽责逐个检查了每架投掷弹药的"铁锤"战机的预期弹着点（DPI），并提示各战机利用各自"先进前视红外瞄准"吊舱尽快完成各自打击目标的毁伤评估，如果其间有战机的吊舱出现故障或其战术位置态势不宜再进行评估，他还要根据实际态势分配其他合适战机完成类似的毁伤评估任务。

▲ 当编队中的攻击机向敌方目标投掷导弹和炸弹时，随队掩护的EA-18G"咆哮者"会伴随着攻击战机利用反辐射导弹对攻击区域可能出现的地面防空威胁实施攻击，确保这类威胁一经出现即被压制和摧毁。（美国海军）

退出交战空域

当我们的编队离开目标区时，我通过数据链看到外围空域两组巡逻接应的护航战机小组（即"清扫者"），他们已经通过己方"铁锤"战机（离开目标区域的空域）展开战斗空中巡逻（CAP）。但不幸的是，此时"清扫者11"号机燃油处于低位状态，所以他和他的僚机不得不发出呼叫，"清扫者11号机，清扫者12号机，（巡逻）终止，收到"。显然，真实的空中行动中，出现这种情况将很不理想，但这正是实战中很可能出现的情况：毕竟如果没有足够的燃料，巡逻战机无法全力

投入与敌方可能的交战，燃料是否充足在选择战术时是个重要的因素。

就在我们认为事情进展顺利的时候，"铁锤23号机和铁锤24号机"遭到了目标区域周边的地空威胁打击，而此时编队中 EA-18G"咆哮者"电子战战机利用"哈姆"反辐射导弹对这些威胁的攻击窗口也已被关闭。我向舱外看去，看到我两侧的3架战机中的两架战机，其机头一低向两侧转向，其引擎后燃推力打开后照亮了空中，准备迅速向新出现的地空威胁区域赶去，模拟对新出现威胁实施攻击。补充攻击任务很好地得到执行，我想他们在行动中会互相支持，而编队中我所在战机和"铁锤22号"战机将继续向东飞去。

之后情况这样发展着，"'螺旋盖'号战机掌握整体空域态势，其他战机分为两组：第一组（前往）'犹他'110，15，向东跟踪前进，未判明身份目标（bogey spades）；第二组（前往）'犹他'260 15，向东跟踪前进，未判明身份目标。在我们的编队准备撤离时，两组未经辩明的目标呈现出进入我们撤离空域的趋势，而此时位于南侧空中巡逻区的"清扫者11和清扫者12"战机已撤离（由于低油量的原因），使得在我们返航回母舰时无法获得己方战机接应保护。这一切问题能得到解决吗？

此时，E-2"鹰眼"预警机上的空中拦截控制员（AIC）经通信系统接入我的座舱，他的语调和音调明显传递了一种紧迫感和重要性；随即他向我们下达了指令，"铁锤21号机、螺旋盖机、第一小组，迅速应对未判明敌方空中目标，铁锤21号机担任长机"。我立刻想着，"是我们错过了什么吗"？在我们刚"踢完门"（模拟摧毁目标区域地面防空目标）并"弄坏了一堆玩具"（完成打击预定目标）之后，一些未经判明的空中目标神秘出现；无疑，这可能是为使这次空中攻击训练更加逼真，而刻意营造的场景；而且，毫无疑问的是，现实战斗中这种情况很可能真的会

▲ 在处于空气潮湿的环境中时，没有哪一种战机能像"超级大黄蜂"那样激起强烈的水汽凝雾。图中，从飞机尾部的压缩气流凝出的雾气可以看出，战机正在进行大过载机动。（美国海军）

▲ 图中一架皇家加拿大空军的"大黄蜂"战机正在投掷一枚500磅（约226.8千克）GBU-12激光制导炸弹。就像重量更大的GBU-16激光制导炸弹那样，这些被称为"铺路石"系列的制导炸弹的尾翼，在被释放后由弹簧展开。（美国空军）

发生，己方有时维持的狭小的"带状预警"区域，或在低海拔空域实施的空中战斗巡逻（CAP），很可能无法及时探测到敌方的空中目标。

此时，我所在战机发现后部出现一个未经辨识的空中目标，它向我们快速逼近，而我迅速转成战位，（且在确认目标情况后）向它发射了战机余下的唯一一枚雷达制导中距弹。接着，通过无线电系统，向编队内的其他战机呼叫着，"'铁锤21号和22号'机，视频识别模式、视频识别模式（VID）"。通过无线电，我提醒编队中其他战机，在我们有了肯定的视觉识别信息后，我们才能对目标实施射击。

"铁锤22"号机和我所在战机，执行了一项事先规划的简要机动，完成编队分散，从两个方向迫近另一个未经辨识的空中目标，迫使其选择我们两架战中的一架做出应对。很快，他做出了个糟糕的选择，因为他正在向我所在战机靠近。几次简短的通信之后，"铁锤22"号机也根据敌方的反应向我们所在空域靠了过来，想从后面占据对敌机的攻击阵位。当"铁锤22"号机逐渐靠过来后，我通过数据链在显示屏上看到那个未经识别的空中目标。那个目标接近得比我们想象得更快，"铁锤22"号机还隔得远，不太可能及时进入对敌机的"攻击半球"范围实施拦截了。我想自己能应对危机，尽管那架处于超音速的敌机很快就会将我的战机纳入其导弹射击范围，我很快就会被敌机打成"火球"（尽管这只是一次模拟演练）；此时，我唯一能做的就是拼命寻得生存的机会，是时候以剧烈的机动摆脱这种不利局面了，于是我立即向下扳动操纵杆，以一个急剧的垂直机动脱离被敌人追尾，再找机会反咬住它。

战机的速度迅速接近 500 节，我的战机机头迅速仰起几乎达到了它的性能极限。就像在刀锋上起舞一样，我平滑地将操纵杆向后拉动直到它达到此时战机状态的过载限幅，此时战机的过载达到 7.5g，我和后舱的同伴被死死地压在座椅上，而战机此时的状态急剧变化，机鼻高高仰起并迅速改变航向，以便在短时间内迅速转向未判明身份的空中目标（bogey）所在方位。此时，"大黄蜂"战机就像一辆赛车一样，似乎不再为机身上所挂载的近 1000 磅（约 453.6 千克）武器所拖累。为了抵抗巨大的过载，我和武器系统军官的抗荷服迅速进行充气状态，我的身体下意识地做出抗荷紧张动作（在海军舰载航空兵界，这类动作被称为"hic maneuver"），这似乎是一种肌肉反应，并配合充气的抗荷服防止急剧增加的过载使上肢和躯干部份的血液流动并淤积到下肢（出现黑视）。仍然保持着清醒意识的我，暂时把油门收小，以确保战机不会机动过度，转向我不想要的航向方位，如果出现这种情况无疑是种失误。剧烈的机动使战机主翼翼端在空中拉出一道乳白色的雾迹，因为此时机翼运动方向后方的气压低于其前方（加之该空域湿度较大）立即凝结成水雾。巨大且持续的过载，使我想要移动手臂、头部和肩膀都非常困难，此时的我的体重已相当于 1300 磅（约 589.67 千克）。随着这种状态持续，我在维持并正确操纵战机的同时，继续保持身体的抗荷紧张动作，随着空速的下降和过载的减少，我的身体逐渐感觉正常……这次过载持续时间只是有一点长！

我知道那个模拟的未知目标可（通过雷达）看到我，所以如果他还未向我射击导弹的话，那么可能也会很快如此了——（预感到它可能的攻击）我本能地抛射了箔条和闪光弹来保护自己，以防他使用导弹的任何可能。此时，我的僚机可能不在（应在的）阵位上，也可能位于（敌方）雷达锁定范围之外，但（数据链传过来的信息显示）他的雷达锁定了某个目标，战术数据链向我的战机传输了一个高质量的跟踪轨迹，可作为我所在战机的主要目标。转瞬间，我的联合头盔显示系统获取了目标信息，令人欣慰的是，我的战机挂载的 AIM-9X 导弹已获得了目标信息（火控系统已开始做近距弹发射准备）。在最短的时间里，我听到一声低沉的（导弹准备就绪）提示声，导弹已完成对目标的锁定，当此声音转为稳定的"呜呜"声（steady purr）后，表明它已经准备好发射了。与此同时，我在目视范围内看到了敌机，此时它距我机不到 2 英里（约 3.2 千米），很好，我继续保持战机的姿态，希望能在导弹发射后看到敌机的正面。我或许会慢一点（发射导弹），使我至少能目视对手被击中。当我继续注视着当前的态势时，我注意到我的战机已减速至 200 多节，比我预想得慢得多。周边空域中，我刚发射出去的闪光弹还在继续发着光，当敌机进一步靠近我，我才看清那是一架模拟敌机的 F-21 "幼狮"（Kfir）型战机，它是以色列制造的空优战机，被一些（模拟假想敌的）防务承包商飞行员使用，用以磨砺我们的战斗技能。"射击、射击，敌方'幼狮'战机"，我听到我的僚机的呼叫声，接着应答道，"'铁锤 22'号机，不要发射"（目标敌机还未被完全锁定）。（敌机在我的上空呼啸而过）我仰起头转过我的肩膀上持续看着目标，那架"幼狮"战机已越过我机尾部（出现在我僚机的左侧）。出于对这种战机速度和性能的了解，我知道我必须利用我的"大黄蜂"较小的转弯半径迅速反转过去。为发挥战机性能的极限，我打开加力后燃室，同时向左拉动操纵杆至极限位置（靠在我的左膝处）。"大黄蜂"战机的机头很快随着（敌机所在方位）向右疾转，我的手指快速地拨开双杆操纵系统（HOTAS）上导弹发射按钮的挡罩，选定了战机挂载的 AIM-9X 导弹后，又迅速抬头向上盯着敌机看去，眼前显示屏内的提示指针迅速标定并锁住了敌机，与联合头盔显示系统联合使用的 AIM-9X "响尾蛇"格斗导弹，使导弹能够随着飞行员瞄准视线迅速瞄准敌机，从而获得对高离轴角的目标的锁定能力。我成功使导弹的红外寻的头准确地跟踪并锁定了目标，尽管此时"幼狮"战机位于距我约 1 英里（约 1.6 千米）以外且正在急速转弯和机动，但其发射高离轴角仍可以极高的过载迅速跟踪锁定目标。我伸长脖子转过头，并通过联合头盔显示系统（JHMCS）中显示的标识跟踪核实发射的 AIM-9X 训练弹对目标跟踪情况；同时，利用无线通信系统，（我提醒编队中的其他战机）"铁锤 21 号机，狐狸 -2 号机"。预计了导弹的飞行时间及最后的飞行状态后，我自豪地在通信系统中通报称，"'铁锤 21'号机，击毁单架'幼狮'战机，左转，14000"。

（完成这次遭遇战格斗后）我所在战机重新向东飞去，其间我用机载雷达对短距离内进行了一维距离像扫描，并用数据链评估了附近己方战机，包括距我约 3 英里（约 4.8 千米）的"铁锤 22"号机。（通报了演练情况后）我们各战机开始向母舰飞去，随即 E-2 "鹰眼"控制人员向我们传来了周边空情态势：所有的空中威胁都已被消灭，我们返航回母舰的空域已经安全。至此，我以一种抑扬顿挫的音调通过通信系统向母舰和编队中其他战机通报演练情况，很快就得到编队中其他小组和靶场训练军官（RTO）的回应。战斗演练结束了。

每个飞行小队的长机（陆续）通过战术通信频率，从所属机群各战机收到"结束战斗"（knock it off）的通报后，将开始"返回基地"

（RTB）的航程。（返航行程中）在距母舰大约 40 英里（约 64.4 千米）时，我们在着舰前还有大量工作要求，此时距着舰回收的时间窗口仅有约 15 分钟了。整个打击机群的长机其间将向编队传输实时情报和我们的战报：至少 10 处零星的目标以及 4 处主要目标被摧毁。

返航着舰

我所在编队的多架"铁锤"系列呼号战机（在完成打击任务后）与编队汇合并共同返航，为了节省燃料我们选择了最经济的飞行线路。此时，航母已离我们不远，但它并未做好迎接我们返航着舰的准备，因为此时其甲板上正展开下一波弹射起飞作业（多架战机已准备就绪并陆续滑行到弹射区域等待依次弹射），在这之后，才能考虑我们的着舰问题，毕竟在这完成之前甲板上没有多余空间供我们着舰使用。在空中，我迅速地检视了一下编队中各战机的余油量，发现"铁锤 22"号机的油量比（标准的低油量挡）低了约 300 磅（约 136.08 千

▼ 战机在急剧机动后进入低速飞行状态，其翼尖带出的蒸气流凝非常明显。图中这架F/A-18F"超级大黄蜂"战机在起飞阶段相对平缓的机动动作时，其翼尖拉出烟迹。（美国海军）

▲ 某次任务结束后的空中加油，可用于延长一些支援性机型的滞空与作战能力，如EA-18G "咆哮者" 电子战战机或仍余有AGM-88 "哈姆" 反辐射导弹的F/A-18A战机，使它们能更长久地徘徊在空中掩护下一波打击机群的行动。（美国空军）

克）燃料。这里所说的油量挡位（fuel ladder），每一挡表明战机在空中以最大滞空状态正常飞行时所需的油量。当然，取决于战机的配置和阻力情况，每挡油量约为 1300 ~ 1600 磅（约 589.68 ~ 725.75 千克）/15 分钟。由于编队此时都陷入低油量状态，而且已进入下降航线，战机的耗油量会较低；尽管如此，各机所余油量也仅够战机进行两次着舰尝试，如此两次着舰仍未安全着陆的话，就需要航母紧急弹射伙伴加油机为几乎耗尽油量的战机实施空中加油。

等到我们能够着舰时，我将通信频道从航母上的打击行动控制军官切换到（航母）引导控制人员那里，他将航母周边空域的基本天气情况和预计回收着舰流程传达给我们。接收到这些信息后，我打开尾钩施放开关，向编队其他战机示意检查各自战机的尾钩收放情况。编队中各战机未回报异常情况，表明情况一切正常。越来越接近航母了，直到我们能肉眼看到母舰时，我向航母引导控制人员报告道，"导引员，位于 12（点方向）看到你（母舰），低状态，5.8"。当我们的高度开始降低，我将战机通信系统切换到塔台通信频率，并进入滞空待降飞行状态。

航母附近空域的滞空待机飞行模式，通常是由空中编队机组临机处置（滞空距离、高度等），如果后续待降事宜进展顺利，我们通常不会在无线电里说一句话；我们称这种状态为"锁紧嘴唇 / 闭嘴"（Ziplip）。当然，通常这只在昼间天气状态相对较好的情况下出现，而且高度依赖于严格地遵守各项流程与规定，与警惕严谨地了望和观察。

（如果返航时航母处于不宜备降状态，如正在弹射另一波次战机）待返航战机就需要滞空等待时机，并尽可能使降落与航母甲板弹射作业相衔接，迅速高效地完成返航战机的着舰回收。当我所在编队各战机陆续按标准返场流程降低高度时，我意识到母舰在完成那一波弹射之前的约 10 分钟，就已向空中放飞了一架加油机。那架伙伴加油机起飞后迅速爬升至高空，随时准备为燃料不足又未成功着舰复飞的己方战机提供空中加油，我意识到，我所在编队中肯定会有这样因多次着舰失败不得不接受空中加油的"倒霉鬼"。那架加油机在空中安静地注视着我们的着舰回收过程，随时准备按需要为低油量复飞的战机展开加油作业，通常这种情况在遂行夜间任务（而非昼间任务）时更常见。

随着航母紧张开始弹射下一波次战机，我和编队以最省油的模式陆续飞到距航母约 5 英里（约 8 千米）的后方空域，并按最经济的滞空模式在空中保持着飞行状态。我们此时的高度约为 2000 英尺（约610 米），编队中各战机之间保持着静默，即将展开的着舰对所有飞行员都是一次无言的挑战，尤其是首次执行实战任务的飞行员，如果他们能在首次任务中就像训练中那样成功"砸向甲板"（即成功着舰），这对他将是巨大的荣誉。从某种意义上看，返航编队等待着舰的过程就像是一场"猫鼠游戏"，他们必须精确地卡定舰母完成弹射作业并做好备降准备的时机。如此你的战机才能以 350 节的指示空速（KIAS）、距海面 800 米的高度（当然这是最低标准）抵达航母后部上空的着舰降落区域；而正在此时，舰母正好将其位于斜角甲板的最后一架待弹射战机弹射完毕。如果时间早了，你会发现甲板仍未清理干净成待着舰状态，你只能通场折返等待下一轮进场；而如果时间迟误的话，对编队中的前几架战机当然没有多少影响，但最后几架低油量战机的压力就显著增大了，这都是编队返航着舰时尽力避免的。而且考虑到航母在展开战机弹射和回收作业时，都需要顶着当时海空域的风向逆风高速前进，这意味着航母有时不得不向着那些不利于其执行任务的航向高速航行，比如使航母编队朝着远离目标区域的方向前进，或更靠近敌方威胁的海域、繁忙的海上交通线或他国的领海水域等。因而，在遂行连续的空中作战任务时，起飞和着舰两批次战机之间的时间衔接应尽可能缩短，提高航母甲板的使用效率，这绝非小事；否则返航编队的指挥官很可能会受到航母舰载机联队指挥官（如果不是舰长的

返航接近航母时，飞行员面临着整个任务中最困难的部分（在某种程度上），在颠簸的航母后甲板着舰。图中隶属于VFA-87"战争派对"中队的F/A-18A"大黄蜂"战机，正在接近海军"西奥多·罗斯福"号航母（CVN-71），其尾钩已经放下做好着舰准备。（美国海军）

语音通报

- 进入保持状态
- 离开队列
- 5000英尺（约1524米）——舰号，平台
- 10英里（约16.1千米）——舰号，10英里（约16.1千米）
- 母舰获取——舰号，"犀牛"，助降系统（BALL），燃料状态，自动状态（只在节流阀处于自动状态/ATC时）

* 无精确下滑要求。战机在1200英尺（约366米）直到决定进入下滑着舰流程时，进入精确下滑路线时。

离开编队

看到平台［从高度5000英尺（约1524米）降至2000英尺（约610米）］

距母舰10英里（约16.1千米）时，降至1200英尺（约366米），战机进入着舰模式

* 距母舰6英里（约9.7千米）时，战机降至600英尺（约183米）（海平面）

* 距母舰1～1/4英里（约1.6～0.4千米）时，战机保持600英尺（约183米）高度，开始着舰阶段的下降

1英里（约1.6千米）时，战机降至400英尺（约122米）

3/4英里（约1.2千米）时，战机开始接触助降灯光系统（BALL）

1/2英里（约0.8千米）时，战机降至200英尺（约61米）

最终方位角

再次转入进入最后的着舰航线

1200英尺（约366米）

如未降落成功，战机复飞并爬升至1200英尺（约366米）高度

复飞战机转向顺风向，并朝着该方向25度转弯

重新进场着舰航线

话）的"关注"———一种你绝不希望获得的"关注"。

　　当我们按标准及母舰控制人员提示，陆续进入下降通道时，我们看到最后两架待弹射战机已停留在航母斜角甲板上的两处弹射区域。看看高度和时间，我时机把握得很好。进入降落着舰流程后，我果断地开始释放机内多余燃油，将它们倾倒出机体外，这并不是因为我的战机此时空重高于最大着舰重量，而是向编队和航母着舰控制部门发出信号，"我已准备好按计划着舰了"。我的僚机（接替了我的指挥）收紧了编队，并逐渐将高度降落到 800 英尺（约 244 米），之后保持在母舰舰尾方向约 3 英里（约 4.8 千米）处在空中盘旋等待着。即将进入着舰流程的我更新了机上"战术空中控制和导航系统"（TACAN，"塔康"系统）的着舰操作流程，保持着战机与航母航行的同一航向；同时，我严密仔细地观察着航母的运动情况和海面上浪花的大小及朝向，以此辅助判断此时海面低空风速，再次检视了战机雷达测高计是否在约 450 英尺（约 137 米）高度，之后回过头看了看仍在编队中的 3 架僚机，他们正位于航母右侧后方空域。当我的战机以约 450 节的速度沿着航母驶过的尾流持续接近航母时，看到最后一架战机已通过 4 号弹射器完成弹射。没有浪费任何时间，我已完成了着舰前的各项进场准备，不禁笑了出来，同时后舱我的武器系统军官简单地对我说道，"钩住它（阻拦索）"。

　　当然，驾驶着"大黄蜂"战机以高出建议着舰速度约 100 节的速度顺利降落到后部狭小的甲板上仍是极具挑战的事，这也是很多舰载机飞行员之间在着舰方面尝试相互比拼并炫耀的原因。在舰载机飞行员中，我们将着舰称为"shit hot break"，这粗陋的俚语所蕴含着的，正是大部分飞行员将着舰降落视若畏途的情绪，大多数时候战机出现未成功着舰复飞的情况完全可以接受，安全着舰而且不延误后续着舰战机作业流程是每个飞行员都希望实现的事。看着下一波次打击战机编队在航母不远处空域完成编队，并且似乎听到其引擎的轰鸣声，我意识到航母已完成弹射，甲板上各类人员开始忙碌为即将展开的着舰作业做着准备，我心中一阵感慨又不禁生出一些道德上的负罪感，毕竟我是首架进入着舰阶段的战机，一定要一次成功，否则我之后的那几架战机飞行员同伴可能面临着更大的心理压力了。

　　稳定了情绪，我集中精力做最后一次通场飞行，到了合适距离后我迅速向一侧压下操纵杆，战机以 85 ~ 90 度的角度向右通过航母后部着舰区域上空，甚至能看到 4 号弹射器完成弹射后弹射道散出的蒸汽。急剧的机动使战机在短时的过载达到 7.5g，但这也使战机的速度急剧被降低且航向被调整过来，我甚至能看到低空潮湿的空气被战

◀◀ 航母的位置及航向影响着返航等着舰战机编队的着舰准备及待机飞行。下图是 F/A-18 战机离开（滞空状态转入着舰时的）调整点，并准备进入着舰模式的过程图示。及时抵达此调整点，意味着滞空各战机将开始陆续着舰，如果时机把握不好，将会扰乱各战机的连续着舰流程。（美国海军）

两架"大黄蜂"战机编队飞行中，这种密集编队方式需要飞行员集中精力驾驶控制着战机，在编队战机需要着舰时常采用这种编队方式在航母着舰等待空域飞行。（斯蒂芬·戴维斯/FJ图片）

▶ ▶▶ F/A-18E/F "超级大黄蜂" 战机座舱内的一系列性能和状态显示界面，包括下图飞行员平视显示器（HUD）和EAD等显示的图例，下左图的战机攻角指示灯，该指示灯可确保战机在着舰过程时保持正确的姿态攻角。（美国海军）

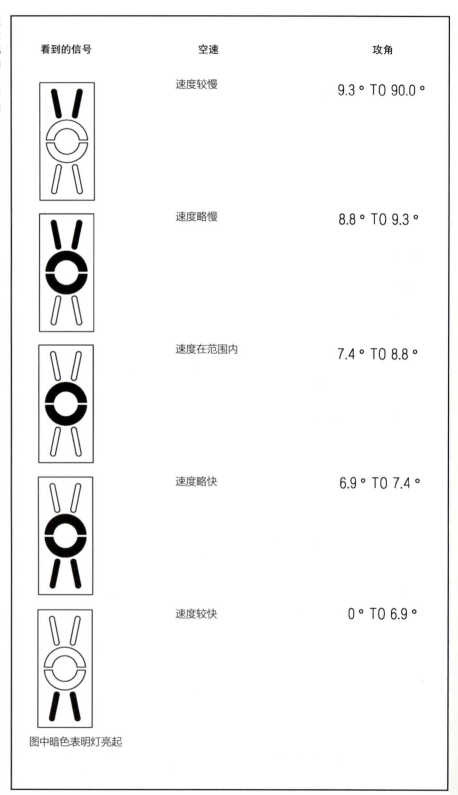

看到的信号	空速	攻角
	速度较慢	9.3° TO 90.0°
	速度略慢	8.8° TO 9.3°
	速度在范围内	7.4° TO 8.8°
	速度略快	6.9° TO 7.4°
	速度较快	0° TO 6.9°

图中暗色表明灯亮起

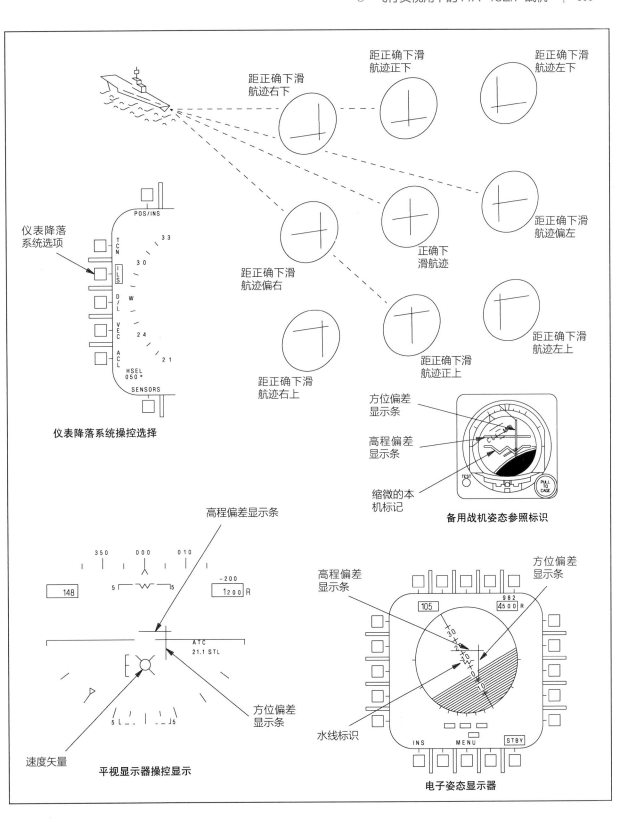

距正确下滑航迹右下

距正确下滑航迹正下

距正确下滑航迹左下

距正确下滑航迹偏左

距正确下滑航迹偏右

正确下滑航迹

距正确下滑航迹左上

距正确下滑航迹正上

距正确下滑航迹右上

仪表降落系统选项

仪表降落系统操控选择

方位偏差显示条

高程偏差显示条

缩微的本机标记

备用战机姿态参照标识

高程偏差显示条

方位偏差显示条

速度矢量

方位偏差显示条

平视显示器操控显示

高程偏差显示条

方位偏差显示条

水线标识

电子姿态显示器

机主翼翼尖处急剧压缩和搅动后形成的云雾，并在战机飞过后绽放成一团摇曳的棉球状云。持续收低油门并配合机上各控制翼面和舵面以降低战机速度，此时战机已降至 600 英尺（约 183 米）高度，距航母只有约 1 英里（约 1.6 千米）距离。此时，我按标准的着舰进场流程放下起落架，并再次确保控制翼面上有助于提升升力和降低空速的几个翼面的位置，使战机空速进一步降低并保持着 250 节的指示空速（KIAS）。

不断控制着战机在低速下的稳定状态和下降速度，再次通过甲板观察人员检查了战机的起落架放下情况，我驾驶着战机即将进入着舰最后阶段的几个检查点；此时，战机高度约 500 英尺（约 153 米），下降速度约 200 英尺（约 61 米）/分。战机在控制下不断降低着高度，不时左右适度的摇摆着，起落架跟随着战机在空中来自晃动着。在边控制着战机的同时，我迅速按着舰程序对各开关和性能状态进行了检查。

"1、2、3，（默计时 3 秒后）"我按下主翼襟翼和灯光开关，打开机上导航灯和主翼襟翼。

通过座舱通信系统（ICS）的受话器，我与后舱武器系统军官再次确定着战机的状态和一些设置。此时，航母后部甲板上无数人员正紧张忙碌着，为我们即将展开的着舰作业做着准备。最重要的是，他们必须清空甲板后部的着舰区域（LA），这一区域包括甲板最后部的几道阻拦索区域，以及整个斜角甲板区域（3 号和 4 号弹射器正处于此区域内）。看着即将降低的战机编队在舰尾空域盘旋着，以及来自5MC 处舰载机航空联队指挥官的催促，都督促着他们尽快完成甲板清理和着舰准备工作。

战机的起落架和几处襟翼已经放下，速度和高度都在有控制地降低着，但此时我发现战机仍比标准的进场着舰速度快上 40 节。转过最后一个 45 度的弯后，我驾机进入最后下降着舰航迹通道，缓慢收紧油门节流阀仍不能完全放松对它的控制，毕竟一旦下降角度不正需要战机紧急复飞时，我需要随时加大动力。另一方面，我紧盯着座舱前面，准备利用航母上的改进型菲涅耳透镜光学助降系统（IFLOLS）校调战机下降角度和姿态，这套系统在舰载航空兵内部也被称为"肉丸"（meatball）；此时根据航母的状态和着舰战机所在位置，飞行员如果通过这套光学助降系统先看到"复飞灯"（wave-off lights）频繁闪耀，接着又能看到该系统的"关车灯"（cut lights）的话（意味着战机着舰降低的高度正常），就表明一切正常。这也是战机在获得航母着舰许可并展开着舰撞击作业前，最后一次重要的检查作业。在根据该光

◀◀ 航母着舰信号军官（LSO）是舰载机着舰时最重要的控制人员，他通常由航空中队飞行员担任，为即将着舰的飞行员提供有关战机着舰状态及状态的修正信息。他（她）在执行此类任务时通常非必要时不会与飞行员交流，需要时才就战机速度、飞行下滑降落角度及速度、战机姿态等事宜与后者沟通。如果在战机降落时甲板仍未清理干净，他有权下达指令要求改进型菲涅耳透镜光学助降系统发出停止着舰降落作业的信号。（美国海军）

学助降系统微调战机姿态和状态过程中，我从无线电通话系统中听到了航母着舰信号军官和舰载机联队指挥官的声音，并与他们进行了语音通信确认：

"塔台，着舰信号军官［LSO，常被昵称为"桨叶"（Paddles）］，无线电检查。"

"语音通信正常且清晰。"

"备份语音通信正常且清晰，先生。"

"（进场速度高出）28 节，（着舰下降角度）偏右下。"

我驾驶着战机已对正了航母着舰区域轴线，微微拉动操纵杆并收紧油门努力控制着战机进一步降低着舰速度，此时战机的攻角约为 8.1度，像一支昂着头憋着气准备一头撞向甲板的大鸟。盯着"肉丸"系统的闪烁的灯光，我知道我的战机此时略高于进场轨迹通道。

为顺利成功着舰，我用左手无名指将油门节流阀转换为自动模式，再进一步轻缓地将操纵杆向后拉动，以确保战机继续稳定下降高度。在接下来的 15 秒里，我不时来回前后微调着操纵杆，确保战机持特定

▼ 图中一架F/A-18F"超级大黄蜂"战机正在海军"亚伯拉罕·林肯"号航母（CVN-72）上着舰，试图钩挂住着舰撞击区的第3根阻拦索，该战机隶属于VFA-2"赏金猎人"中队。（美国海军）

状态,以打开的自动节流阀保持战机在低空速情况下稳定的动力输出。考虑到当前战机状态,我以较小幅度连续向后拉了两次操纵杆,降低战机降低速度,使我能继续看到"肉丸"系统表明我机正处于正常高度的灯光,在越靠近航母时,战机越难以控制;因为着舰时航母处于高速航行状态,在舰尾引起的气流扰动会不由自主地将战机向下拉(这会使战机降落速度过快),因而尤其要注意战机状态和下降速度。在降落过程中,飞行员经常会努力控制油门导致动力输出不足,这很可能令人惊慌,所以经验丰富的飞行员在着舰时会时刻关注"肉丸"系统的灯光提示(而以感觉来控制油门收放微调)。例如,在看到"肉丸"提示战机下降过快时,就需要略拉机头并在速度允许的前提下略加油门。

在战机后起落架着舰我们感到猛然受到撞击之时,我猛然向前推动油门节流阀,这是在舰母上着舰时所有舰载机飞行员的标准着舰动作,因为此时战机虽然已接触到甲板,但仍不能确保战机尾钩钩挂住阻拦索;一旦错过了所有 4 道阻拦索,在着舰时就给油至少仍有很大

▼ 菲涅耳透镜光学助降系统常被称为"肉丸"系统,是舰载机飞行员着舰时判断战机处于正确下滑角度的主要参考,进场战机飞行员根据看到的该系统的不同的灯光,判断其战机姿态和位置状况。飞行员可通过目视修正其进场方向和飞行轴线,但只能依赖该系统帮助他在着舰的最后阶段微调修正战机的高度和下降参数。(美国海军)

►► 两架隶属于VFA-211中队的F/A-18F "超级大黄蜂" 战机在返回位于弗吉尼亚的奥希阿纳海军航空站时，飞越当地海滩。尽管即将在陆上跑道着陆，但道路上仍涂画着代表航母飞行甲板的轮廓区域，帮助舰载机飞行员在陆上（而非海上）部署时不会完全对在航母上的操作感到生疏。（美国海军）

把握确保战机能通过斜角甲板复飞。而下一刻转瞬之间，我感受到巨大的负加速度，身体不听使唤地猛然前倾，战机速度明显在急剧降低。这种感觉意味着战机顺利钩上了阻拦索，巨大的降落撞击动能被阻拦索吸收，因此我将已推向前的油门节流阀向后拉回至初始位置。在战机迅速停下的同时，甲板两侧看到战机成功着舰的人员立即围了上来，一名着身黄色夹克的地勤人员停在我的右侧并给了我个 "释放起落架制动器"（brakes release）的信号。我按他的要求完成了操作，接着就感到战机被有力地牵引着向后倒去，同时甲板勤务人员向我示意收起战机的尾钩。在接下来的甲板作业中，我迅速复位了战机各打开襟翼，解锁开主翼折叠部分，在甲板人员帮助下迅速滑行出着舰区域。为了节省时间，自着舰降落后的 30 秒内，我必须迅速完成这些动作，因为在我成功着舰起那刻起，后续编队中的战机将以 50 ~ 55 秒的间隔陆续着舰。

甲板人员迅速清理完我离开的甲板着舰区，将我带回母舰上的弹药的引信陆续解除武装状态，而转入停机区后我按操作程序逐步关闭战机各子系统及引擎。接着打开座舱盖与同伴爬出座舱，我们的战机机械员（PC）兴奋地看着我们，注意到战机主翼下消失不见的那枚 GBU-16 型激光制导炸弹，我们在任务中投掷了它，当然无法带回。

"它最后怎么样了（命中情况），先生！？"

"它棒极了——我想我们（用它）摧毁了 10 架敌方战机，消灭了那些目标。"

沿着登机梯踏着甲板，我与战机机械员击掌并握着手，庆祝这次成功的任务和最后顺利着舰。对于我们的成功，明显感觉得到他的兴奋和与有荣焉的感觉，毕竟我们航空部队的任务行动都是团队工作努力的结果。走下飞行甲板，脱去各种飞行服装具，我走向任务简报室，为即将展开的任务归询简报做准备。

总结

在每名（海军舰载航空兵）飞行员的职业飞行生涯中，他们参加的每次航空任务和着舰都可能是最后一次飞行。随着职业生涯的积累、战斗和指挥职责的变迁，（每次在暂时离开飞行岗位时）都想知道未来我们是否还会重新回到驾驶舱。例如，上一次驾驶 "大黄蜂" 战机（训练）飞行的过程，就在我的脑海中历历在目。在这次部署任务完成后，我被调配到内华达州法伦海军航空站接受新的培训，准备上调至五角大楼接受即将指派的新职务；至于之后能否从五角大楼再重返战机座

▲ 第VFA-204中队的飞行员们完成飞行任务后离开他们的F/A-18+战机，他们返回将很快进行任务归询简报。现实环境中，飞行员完成任务返回地面后，就需要立即展开归询简报会议，尽管此时他们可能仍穿戴着各类飞行装具。（美国海军）

舱，当时则充满着不确定性。当然，在我完成五角大楼任期后，我重新返回飞行训练部门，在那里我虽然无法亲自坐进座舱参与战斗任务，但却可以带领新一代的海军和海军陆战队舰载机飞行员们重上蓝天。作为一名海军舰载战斗机飞行员，我对此生的从军选择和能够为国家服务，感到衷心的自豪与骄傲；回首过去与我同事过的上级、同僚、带过的新手，配合过的地勤务人员和水兵们，感谢他们陪我走过的这段旅程。

通过本图册，我将留给后来者们更多的思考，我的许多曾经驾驶过这些"伟大战斗机"的同行和前辈们都珍视他们的飞行员经历。这些强有力的战机，优雅地承载了我们这些精英飞行员的精神，并且永远时刻准备着。

驾驶着战斗机的男人，在空战中如果经历了第一次失败，特别是他心爱的战机损失的话，他的心也将永远停驻在他的战机损失之地。

——欧内斯特·海明威

美国海军装备着一支混编有单座E型
和双座F型"超级大黄蜂"的舰载战斗
攻击机机队，当然也有一些中队仅装
备着其他某个型号或其他早期型"大
黄蜂"战机。图中，两架F/A-18F型
战机隶属于VFA-211"战斗将死"
中队，它们在完成一次训练任务后正
在返回弗吉尼亚州奥希阿纳海军航空
站。（斯蒂芬·戴维斯/FJ摄影）

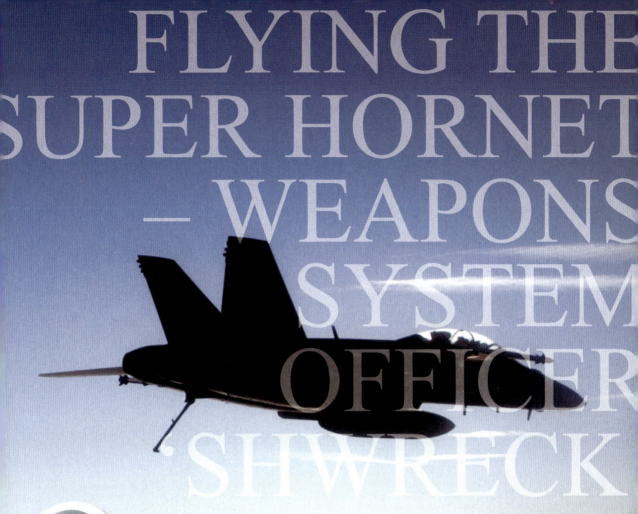

FLYING THE
SUPER HORNET
– WEAPONS
SYSTEM
OFFICER
'SHWRECK

9 武器系统军官视角下的 F/A-18E/F 战机

——美国海军舰载机武器系统军官，"ShWRECK"

作为武器系统军官（WSO），与飞行员共同驾驶 F/A-18F "超级大黄蜂"战机，是我曾从事过的既轻松惬意，又极具挑战性和回报性的职务。与此相比，我想不出还有哪个岗位能比它更令人受益，坐在"超级大黄蜂"的后舱，就像海军舰载航空兵内部所流传的，会有一种成为"身着拉链制服的太阳神"的感觉。

今天，美国海军的 F/A-18E/F 型"超级大黄蜂"战机，是海军航空兵部队近 100 年来装备的最顶级战机。外观上，这款战机就像一支打了类固醇的强壮"大黄蜂"（Hornet）。当然，在其内部配备着最复杂、先进的航电系统和多功能战术显示系统，其技术水平与作战能力在美国海军舰载航空兵装备的战斗机中首屈一指。

尽管 F/A-18 系列战机最初被设计为一种单座型多用途战斗机，但随着其先进复杂程度、作战功能不断提升，考虑由双人制机组来驾驭并充分发挥其性能优势，就成为了必然；因此该系列战机的双座型战机除了用于训练的教练型战机外，很大一部分双座型战机完全按双人制机组的作战需求设计。

尽管在涉及"大黄蜂"战争的好莱坞电影中，通常将战机前舱中的海军飞行军官（FNO）作为主角的"桑丘·潘沙"（唐·吉诃德的侍者）；但事实上，对于 F/A-18F 这样的双座型战机，其后舱的武器系统军官很可能却正是组织打击战机编队的核心。

武器系统军官的遴选和训练

任何有志于成为武器系统军官的海军舰载航空兵青年才俊们，他们的武器系统军官职业生涯，通常始于被誉为"海军航空兵的摇篮"的佛罗里达州彭沙科拉海军航空站（Pensacola NAS）。海军航空兵的青年飞行军官们从 VT-86"军刀鹰"训练中队毕业并赢得他们的飞行徽章之前，受训飞行员们将先行接受能否驾驶 F/A-18E/F"超级大黄蜂"战机的挑选（舰载航空兵中优秀的人才才能驾驭）。如果通过挑选，他们将会在毕业后再进入相应的"舰队（航空兵）补充中队"（FRS，此类中队之前曾被称为"补充航空兵大队"RAG）接受进一步训练。对于"超级大黄蜂"战机机型而言，此类补充中队职能主要由位于弗吉尼亚奥希阿纳海军航空站的 VFA-106"角斗士"中队和位于加州勒莫尔海军航空站的 VFA-122"飞鹰"中队担负。

在这类中队受训期间，即将担负武器系统军官的飞行员（I 类）将重要熟悉战机任务规划技巧和后舱的各项设备操作。训练的阶段包

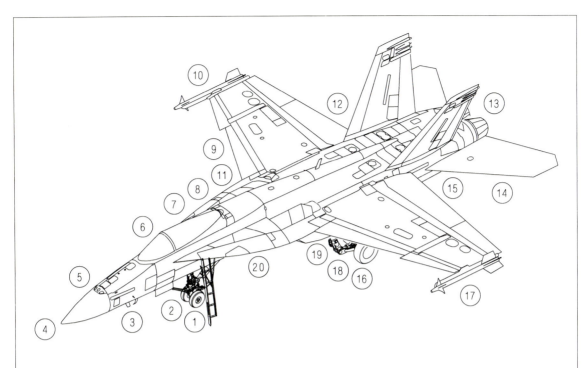

1. 前起落架

2. 前起落架舱

3. 机头部位（左视）

4. 机头部位（俯视）

5. 机头部位（右视）

6. 前机身（右视）

7. 外挂油箱

8. 7 号挂载点，可挂导弹、红外侦察、激光指示跟踪吊
　　舱等（如配备）

9. 右侧主起落架

10. 右侧主翼

11. 右侧主起落架舱

12. 后机身（右视）

13. 阻拦尾钩区域

14. 后机身（左视）

15. 后机身（下视）

16. 左侧主起落架舱

17. 左侧主翼

18. 左侧主起落架

19. 5 号挂载点，或挂载导弹或前视红外吊舱等（如配备）

20. 前机身（左视）

括复杂的理论课程、任务规划课程培训，模拟器训练和实飞训练。

入校后，在未获得正式资质前，他们将被称为"补充武器系统军官"（RWSO），其前期理论课程训练重点在两人制机组对战机的操作理论，强调其与飞行员之间组成战机机组的默契与配合，任务的成功全依赖于两人之间配合的流畅与默契程度；相应的，他们在此过程中主要遵循"机组协同标准"（CCS）和"战术机组协同"（TCC）标准要求完成受训课程。他们只有与飞行员一起默契配合，才能充分发挥战机优越的态势感知能力和多功能空战和攻击性能，而这正是单座型战机

▲ 尽管战机飞行员单独负责着战机操纵，但其后舱武器系统军官在飞行中同样担负着重要职责，他除了统筹规划作战攻击任务外，还为战机驾驶提供着重要的补充和支持。（美国海军）

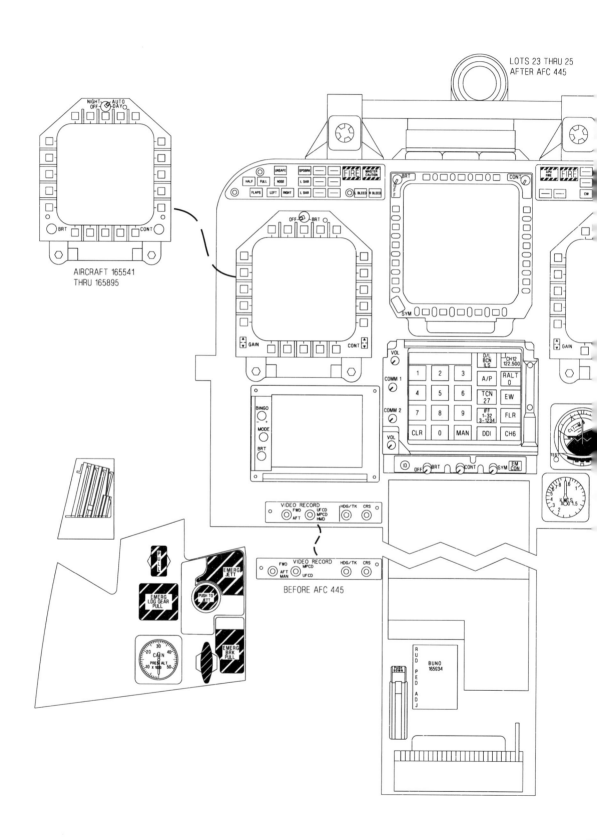

仪表板

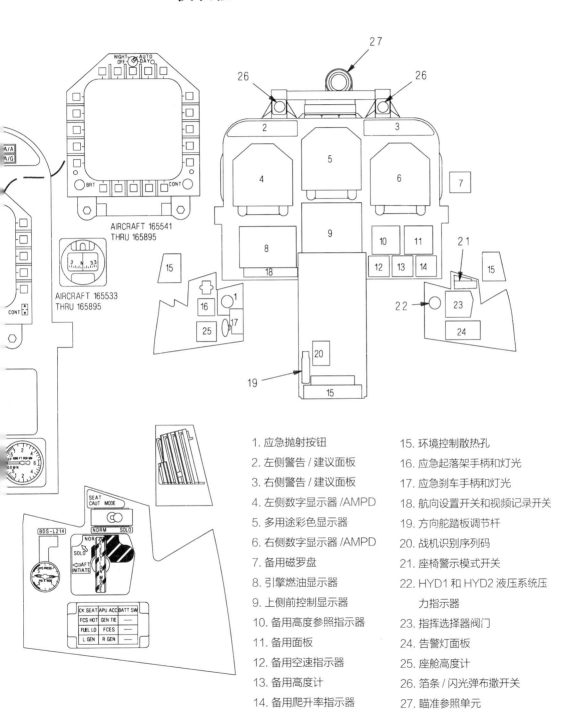

1. 应急抛射按钮
2. 左侧警告 / 建议面板
3. 右侧警告 / 建议面板
4. 左侧数字显示器 /AMPD
5. 多用途彩色显示器
6. 右侧数字显示器 /AMPD
7. 备用磁罗盘
8. 引擎燃油显示器
9. 上侧前控制显示器
10. 备用高度参照指示器
11. 备用面板
12. 备用空速指示器
13. 备用高度计
14. 备用爬升率指示器

15. 环境控制散热孔
16. 应急起落架手柄和灯光
17. 应急刹车手柄和灯光
18. 航向设置开关和视频记录开关
19. 方向舵踏板调节杆
20. 战机识别序列码
21. 座椅警示模式开关
22. HYD1 和 HYD2 液压系统压
    力指示器
23. 指挥选择器阀门
24. 告警灯面板
25. 座舱高度计
26. 箔条 / 闪光弹布撒开关
27. 瞄准参照单元

▲▲ ▶ ▼▼▼ ▼▼▼▼ 第21~25
生产批次的F/A-18F"超级大黄蜂"
战机,其后座舱的配备主要采取训练
教练机模式配置(上页图和右图),
其后座舱设备与前座舱设备与配置基
本相同。而从第26生产批次之后,双
座的F型"超级大黄蜂"的后舱则采
用了"任务型座舱"配置(下页图和
后页图),它取消了与前舱同样的战
机控制设备,额外加装了一套双手控
制装置,安装了一块8×10英寸(约
20×25厘米)的液晶多功能彩色显
示屏,以替换此前批次安装在同一位
置的多用途彩色显示器(MPCD)。
(美国海军)

AIRCRAFT 165533
THRU 165544

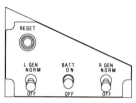

AIRCRAFT 165533
THRU 165544

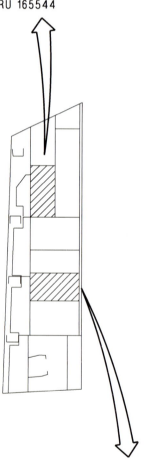

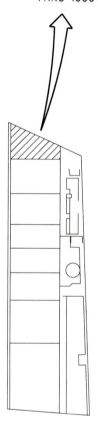

AIRCRAFT 165533
THRU 165544

无法实现的；当然，如果两人机组无法默契配合，无异于是一场灾难。

在补充武器系统军官受训期间，其飞行领导能力（flight leadership）也是一项倍受重视的受训项目。通常在遂行作战任务时，武器系统军官担负着分队（section，两架以上战机）或编队（division，四架以上战机）的"领导者"的角色；他在居于后舱的同时，其前舱的同伴则更像是传统编队中的僚机的角色。在这两个中队受训期间，补充飞行员和补充武器系统军官经常被安排配置在同一架战机中共同进行训练飞行，这主要是培养他们相互间的信任以及任务中相互依赖的感觉，尤其是未来部署后面临新人时的相互适应与配合。这种情况下，两名新人在没有指导者的情况下共同架机执行训练任务，他们需要独自面临飞行中可能出现的复杂情况，共同应对并完成训练中的各种科目。而这正是他们伴随 F/A-18 系列战机展开其职业飞行生涯的开始。

在后续熟悉和反复训练阶段，补充武器系统军官将掌握更多涉及任务中"大黄蜂"战机的导航、计算及任务规划的技巧。模拟器训练期间，聚焦于武器系统军官作为战机机组"备份"飞行员应对紧急情况的操作流程，以及两人制机组的协调配合等技能的培训。此外，他们还会实机进行大量的特技飞行、目视飞行规则（VFR）和仪表飞行规则（IFR）导航，以及昼夜间编队飞行等。

一旦受训学员掌握了这些基本科目，他们将进入更复杂的"攻击阶段"的培训。学员们将开始适应战机低空高速飞行时的导航和任务规模，学会如何利用战机的导航系统，以 480 节的速度规划飞行航线并在仅 500 英尺（约 153 米）高度的群山山谷中穿行，最终抵达目标区域完成攻击。

接下来，补充机组人员将掌握如何规避、应对各种地对空武器威胁的技巧，以及对这类威胁实施反制打击。当受训学员们不断进步之时，他们将先学会并熟练投掷无制导的"铁炸弹"，最终还要在所谓的"实弹投弹日"（Live Day）中接受考核；简言之，补充飞行员和补充武器系统军官将共同驾机完成向标靶投掷两枚 500 磅（约 226.8 千克）铁炸弹的训练考核项目，其间他们还要用机载 20 毫米机炮对模拟目标进行实弹射击。

上述课程结束后，受训人员最后一项重要项目，则是熟练掌握各种精确制导弹药（PGM）的使用。包括适应战机的空对地雷达探测和锁定模式，使用战机加配的前视红外目标获取吊舱，并配合战机任务规划系统，使用各型 GPS 制导"联合直接攻击弹药"（JDAM）和激光制导弹药（LGB）。

1. 应急抛射按钮
2. 左侧警告 / 建议面板
3. 右侧警告 / 建议面板
4. 左侧数字显示器 /AMPD
5. 多用途彩色显示器

6. 右侧数字显示器 /AMPD
7. 引擎燃油显示器
8. 上侧前控制显示器
9. 备用高度参照指示器
10. 磁传感器单元

LOT 26 AIRCRAFT

AFTER AFC 445

BEFORE AFC 445

仪表板

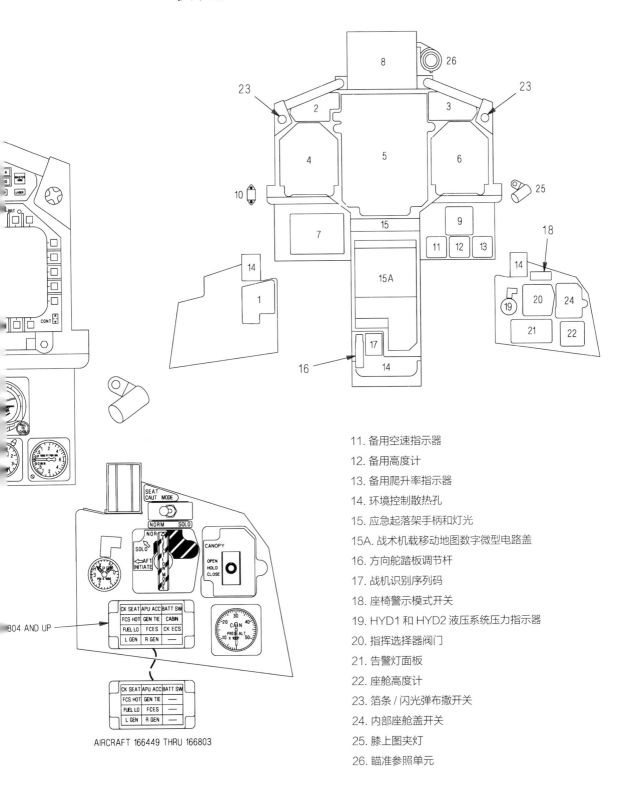

11. 备用空速指示器

12. 备用高度计

13. 备用爬升率指示器

14. 环境控制散热孔

15. 应急起落架手柄和灯光

15A. 战术机载移动地图数字微型电路盖

16. 方向舵踏板调节杆

17. 战机识别序列码

18. 座椅警示模式开关

19. HYD1 和 HYD2 液压系统压力指示器

20. 指挥选择器阀门

21. 告警灯面板

22. 座舱高度计

23. 箔条 / 闪光弹布撒开关

24. 内部座舱盖开关

25. 膝上图夹灯

26. 瞄准参照单元

左侧仪表板

1. 备用面板
2. 备用面板
3. 手动控制器（左）
4. 备用面板
5. 音量控制
6. EU/CU 盖和高价值弹药挂载
7. 飞行员勤务面板
   * 抗过载 g 力
   * 底部高价值弹药线缆集成
   * 氧气
8. 通信连接
9. 抗过载 g 力阀门
10. 机体外制氧系统氧气流控制
11. ALE 47 编程器
12. 座舱盖内部抛射手柄
13. 激光控制面板
14. PTT 控制面板
15. 电子对抗设备布撒按钮

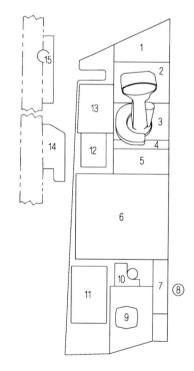

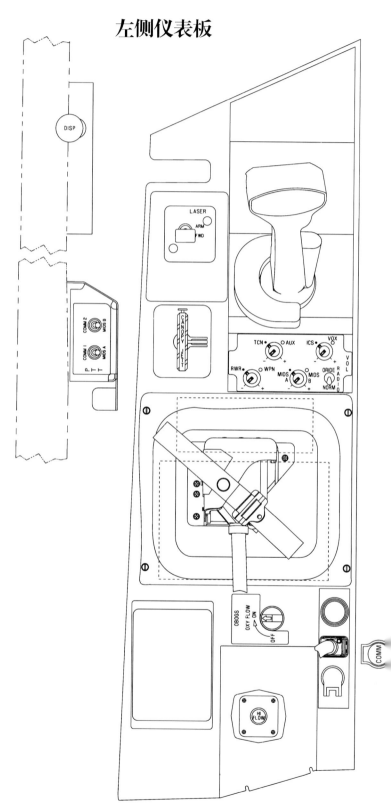

右侧仪表板

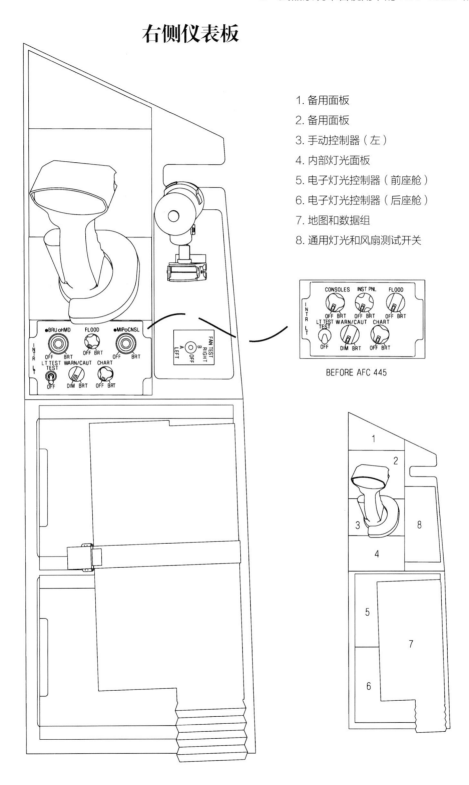

1. 备用面板
2. 备用面板
3. 手动控制器（左）
4. 内部灯光面板
5. 电子灯光控制器（前座舱）
6. 电子灯光控制器（后座舱）
7. 地图和数据组
8. 通用灯光和风扇测试开关

BEFORE AFC 445

▶ 后座舱的前部控制显示屏（UFCD），使武器系统军官获得与前舱飞行员（同样配备有自己的控制显示屏）同样的随时掌握战机各子系统功能的能力；而且它还可提供飞行员平视显示器（HUD）的复现功能，（配合后舱的其他设备）为武器系统军官提供更全面的态势感知能力。（斯蒂芬·戴维斯/FJ图片）

通常，在使用精确制导武器时涉及一系列复杂的操作流程，严格按这类操作流程行事才能使武器发挥预期效果，而这正是武器系统军官主要负责的领域。如果武器系统军官充分担负起此职责，飞行员所需考虑和关注的就只是飞行及战机的状态，这意味着他只需按后舱同僚的要求操纵战机以特定飞行状态飞临目标并适时按下武器投掷按钮即可。

受训学员们在"打击阶段"培训的最后，将在"近距离空中支援"（CAS）和城市近距离空中支援（UCAS）训练考核中展现自己的训练水平。这类训练考核任务中，受训学员需要像在真正的战场上面临着一系列复杂、动态的情况，机组成员要时候保持态势感知（SA），针对距离己方部队较近的敌方力量投掷致命的弹药。

当受训学员们完成此阶段学习并通过考核后，他们将进一步接受"战斗机阶段"的培训。此阶段中，补充武器系统军官将重点接受"大黄蜂"战斗机的高级操纵技巧培训。此阶段的初期，受训者将完成1∶1的战斗拦截培训，补充武器系统军官将掌握机载雷达空对空模式的运用基础，之后掌握战机座舱内主要的战术显示及控制。通过熟悉运用战机各类传感器，以及座舱内几块主要显示屏，武器系统军官将像"鹰之眼"那样保持着空域态势感知。

一旦补充武器系统军官适应了1∶1的战斗拦截行动，接着训练难度将进一步增加，他们开始适应战机分队战术（两架以上战机）。随着机组人员之间越来越默契和配合协调，他们将逐渐掌握更大空中编队的空中对抗与打击任务；其间补充武器系统军官将逐渐掌握编队（四架以上战机）的空中指挥控制技巧，以领导实施编队进攻性/防御性制空任务（Division Offensive/Defensive Counter Air）。此类多机协同性任务，需要编队领导者时刻掌握着难以置信的空中态势情况，有效管理和规划多机空中作战，消灭所遭遇的空地威胁并尽可能避免己方损失。在此培训阶段的最后考核中，补充武器系统军官将分别担任由 4 架"大黄蜂"战机组成的编队的指挥人员，管理编队飞行状况并保持对空域态势威势，并对各战机行动做出各类战术决策。

　　在受训学员参加"战斗机阶段"培训时，他们还要通过所谓的"基础战斗机机动"（BFM）教学课程，将与飞行员组成机组掌握运用 F/A-18 系列战机实施空中缠斗（"狗斗"）的基础。无疑，基础战斗机机动这样的受训科目是一类以飞行员为中心的技巧培训项目，但对武器系统军官而言他们同样需要适应此类课程的培训。补充武器系统军官需要掌握空中了望、追击、攻防等各类常规的空中机动的操作与实战运用。经过合适的训练，飞行员和武器系统军官将组成高度协调的机组，共同完成复杂的作战飞行任务。

▼ 美国海军的其他战术战机并未像双座型"超级大黄蜂"那样配备强大的计算能力。因而毫不令人惊讶的，F/A-18F双座任务型战机配备了具有强大数据处理能力的先进任务计算和显示设备II（AMCD II）。（斯蒂芬·戴维斯/FJ图片）

　　例如，在进攻性飞行任务时，武器系统军官可作为其飞行员的补充，随时提醒同伴战机的空速和高度情况，并就武器使用、雷达模式等问题提出合适建议（特别是在飞行员忙于战机操纵，疏于掌握这些态势信号和设备进行操作时）。而在防御性飞行任务时，武器系统军官的主要职责则是保持对敌方战机态势的监视，随时向飞行员报知敌机的动态，并适时代替飞行员控制战机采取各类防御性反制措施。特别是在单机遭遇两架敌机时，两人制机组成员之间默契协调的分工配合，保持更全面的态势感知与优势的敌方对抗，确实是更为重要的事务。

　　受训飞行员们在成功完成上述几个阶段的培训项目后，武器系统军官可能会获得航母舰载资质（也可能无法获得）。当然，对于"大黄蜂"战

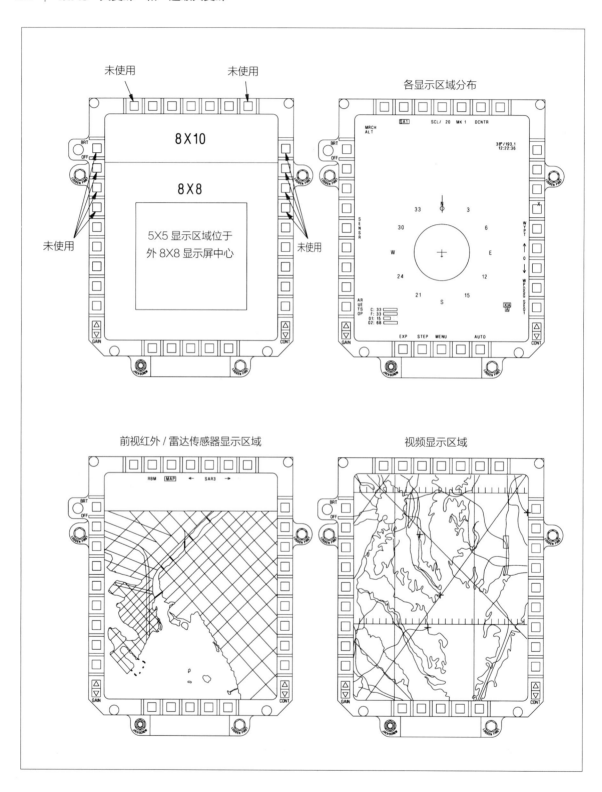

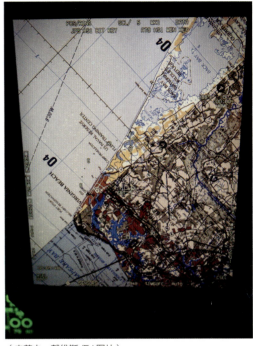

图示8×10英寸（约20×25厘米）显示屏占据了双座型"超级大黄蜂"后舱主要的空间，它是武器系统军官掌握各类信息的主要界面。正如本页上图所示的该显示屏简图和下图、下右图所示的两张实物图所示，该显示屏的配置和内容设置高度定制化，可以不同比例尺显示空域和地域地图。它具有较高的显示分辨率和各类自定义按钮，易于武器系统军官辨读并构建战场态势。本页的几张实物图拍摄于"超级大黄蜂"返航后降低的地面，此时战机的加密系统已被关闭，屏上所示内容主要是武器系统军官根据战机多源传感器融合信息（包括机载雷达、先进前视红外瞄准吊舱、"哈姆"反辐射导弹传感器及其他战机通过Link–16回传的信息）回放的任务途中态势信息。（美国海军）

（史蒂夫·戴维斯/FJ图片）

（史蒂夫·戴维斯/FJ图片）

机武器系统军官而言，获得舰载资质并非其必要的受训部分，但获得此资质非常有益，绝大部分补充武器系统军官都会努力在补充航空兵大队 / 舰队补充中队受训期间获得此资质。在获得舰载资质的培训期间（或者在他们被分配到的首个舰队舰载航空兵中队），武器系统军官首先要适应的就是陆基与舰载航空兵的差异。一旦他们获得了舰载资质，将获得相应的飞行中队的徽章。在其一生职业生涯中，他们会轮换部署到多个不同舰载机中队任职，每调到新的中队后他们都会将上一个中队的徽章从飞行制服上扯下，而粘贴上新中队的徽章。

作为指挥官的武器系统军官

作为机组成员的武器系统军官，是舰载航空中队的重要组成部分，其价值与战机飞行员无异。就"战机的地面（维护）作业"而言，他们担负着与其飞行员同僚同样重要的职责。在一支装备着 F/A-18F "超级大黄蜂"（双座战斗型）的航空中队里，通常其中的队长都由武器系统军官担任，而中队的执行官（XO）则由飞行员担任（或反之），这种情况非常常见。

▼ 一架隶属于VFA-102 "变色龙"中队的F/A-18F "超级大黄蜂"战机正从海军"约翰·C.斯坦尼斯"号航母上起飞。该战机后舱的武器系统军官此时应该正在检查相关设备及项目。（美国海军）

加入航母多用途舰载战斗机的所有航空人员将遂行多种任务，包括（对地/海面）打击、近距离空中支援、武装飞行侦察、防御和进攻性制空，甚至需要时担负伙伴加油任务。至于最新的"超级大黄蜂"双座型战机，还能担负一些独特的空中任务，包括机载前沿空中控制机［FAC（A）］。在遂行此类任务时，F/A-18F 机组将在作战区域空中徘徊，引导其他空中平台应地面力量要求为其提供近空支援（其火力投射点甚至距己方地面部队非常接近）；担负此类使命时，F/A-18F 机组将不直接向目标投掷弹药，而是负责在空中管理进入该空域的机群，后者可能包括 F/A-18、F-15 系列战机、B-1 轰炸机或其他各类联军战机。作为机载前沿空中控制机，机组将直接与地面部队指挥官通信，接受其发出的火力支援需求信息，并处理、中继给空域中的其他战机，引导最有利遂行支援任务的战机投入交战。在此过程中，机载空中控制机组成员还负责消除行动中可能的（己方力量及行动）冲突及火力误射情况，使己方攻击机不会遭受意外情况。最重要的是，担负机载前沿空中控制机的机组成员应及时保持对所在空域和地面的态势感知（SA），掌握己方平台和地面部队位置，防止在联合协同行动中出现误伤误击。

▼ 两架VFA-2"赏金猎人"中队的 F/A-18F"超级大黄蜂"战机正准备从海军"亚伯拉罕·林肯"号航母（CVN-72）上弹射起飞。飞行员与其搭档会通过语音通信完成座舱内检查。图片中近景的"超级大黄蜂"搭载着这款战机并不常挂载的AIM-7"麻雀"中距空空导弹，同时其主翼内侧还挂载着常见的AGM-88"哈姆"反辐射空地导弹。（美国海军）

E-2 "鹰眼" 舰载预警机可为打击编队提供范围更大的雷达探测覆盖范围和指挥控制支持，对某个由F/A-18F "超级大黄蜂" 战机率领的打击编队而言，其武器系统军官通常负责整个任务编队的指挥控制。（美国海军）

从任务规划、实施直至完成任务后归询简报，机组的武器系统军官在成功完成出航任务中发挥着重要作用。武器系统军官负责完成目标跟踪与靶定，利用机载任务规划软件进行飞行导航和目标锁定、武器投射，以及管理（狭窄座舱内）膝上图夹卡片和（操作）记录设备。武器系统军官，作为机组成员之一，必须与飞行员一同参加任务前的简报会议，或者也可担负简报中主要汇报人的角色。

所有的飞行任务简报会议，通常按以下流程展开：目标风险管理、（任务中飞行）管理、战术（任务）管理和执行，继而将对成功实施任务的要求进行评述和提示。一次飞行任务简报会，即较为简化、持续时间较短（比如某次简单的轰炸任务），也可能涉及多个功能编队的大规模打击机群行动。在执行这类复杂任务时，整个编队的任务指挥官（Mission Commander）通常由某架双座型"大黄蜂"战争的武器系统军官担任。

如果机组中的武器系统军官担负任务指挥官的职责，他将负责主要的简报活动，后续将向所有参与行动的机组或飞行员传达相关信息。如果武器系统军官担负某个功能小组的指挥官，（他将代表该小组）参与整个行动机群的任务简报会议，并在受领任务掌握任务要点后向本小组编成的各战机传达。任务简报会后，对参与行动的各机组成员而言，通常会有少量的所谓"牛仔时间"，比如先喝杯咖啡减减压，然后在任务开始前就把行动中具体细节和过程考虑清楚。进入任务准备阶段后，机组将完成飞行装具准备，如果将遂行战斗飞行任务，他们还要领取、检查各自的"身份条幅"（blood chit，也称逃命布条）、M-11型自卫手枪和其他任务必需的物品。后续，所有任务机组成员将检查(战机及相关装备的）维护日志，飞行员还要对其即将驾驶的任务战机进行签收（与维护人员交接）。

在实际的战斗飞行任务实施过程中，比如在某次需出动大规模战机的演练（LFE），如果从（担负一组编队指挥官的）武器系统军官的角度看，在受领任务后他将进而为所属各战机分配职责，演练行动中可能的战术。机组进入座舱后，飞行员将检查各项飞行控制系统，武器系统军官则检视机载武器系统、目标指示吊舱，确保战机导航和通信系统正常。武器系统军官在担负某级编队指挥官时，他还要确保行动中其他战机机组完成各项检查与准备。

在战机滑行向弹射区域及弹射点期间，两名机组成员应随时保持与甲板勤务人员的目视接触，比如与其确认弹射跑道清空做好弹射起飞准备。接着，飞行甲板工作人员将完成所有准备的战机牵引至弹射阵位，微调其位置确保前起落架弹射钩杆（launch bar）挂上弹射器滑块。

甲板准备完成并以手势向机组成员示意后，战机飞行员将启动引擎并完成弹射前最后检查；待其以手势向甲板人员致敬后，弹射军官按下弹射器启动设备……

战机迅速获得向前的速度，机舱内机组会感到强烈的加速度效应，身体被巨大的加速度向后按压在座舱上。随着弹射结束，战机开始迅速向上爬升，此时武器系统军官将检查与母舰和其他升空战机的通信以及"红冠"（Red Crown）指挥控制网络的状态，确保战机的敌我识别系统（IFF）功能正常。之后，武器系统军官将配合飞行员展开所谓的"栅栏"项目检查（"栅栏"，即 FENCE，它是"火力控制、发射器、导航、通信、电子对抗设备及可布撒耗材"等检查项目的首字母缩写）；接着，战机进入战斗空中巡逻（CAP）空域，等待后方舰队通报"演练开始"（COMEX）时刻的到来。

待演练开始后，战斗机将短暂地保持编队队形，在进入敌方空域后即利用机载雷达的下视功能展开扫描和探测。尤其是一旦进入威胁空域，战机后舱的武器系统军官将担负起更大的职责，战机与地面目标的交战主要由他负责。其间，（编队长机的）武器系统军官将获得来自己方后侧的 E-2"鹰眼"预期的信息支援，利用结合本机和编队战机的空情和威胁信息构建起整个作战空域的态势认知。在任务期间，

▼ 一架隶属于VFA-41中队的F/A-18F"超级大黄蜂"战机，其机腹中央挂载点挂载着"共享侦察吊舱"（SHARP）。任务中，机组中的武器系统军官将充分发挥该吊舱的功能与作用。（美国海军）

针对敌情变化视情做出各项战术决策,这是长机武器系统军官的职责;为此,他必须保持随时更新态势,掌握己方编队中各僚机的状态(武器、燃料剩余情况,及其位置等)。

在4机编队与多架敌机及多个地面目标交战时,涉及到更多复杂战术的运用,其间己方各战机可能陷入与敌机激烈且混乱的近距缠斗局面。其间,武器系统军官除了按"战术机组协同"(TCC)标准与飞行员密切协同外,还要时刻掌握战场态势及变化,并指导飞行员与同编队其他僚机协同。有了武器系统军官的配合,飞行员很大程度上只需安心操纵自己的战机,针对与自己缠斗的战机在比拼机动与占位的竞争中主动消灭对手、保存自己。而武器系统军官则负责从更大范围内建立对战场的理解,为整个编队提供战术决断能力。如果武器系统军官经验丰富且充分履行其职责,整个编队各战机飞行员将持续获得团队对抗所必需的态势感知信息,在整体对抗中获得先机。

简而言之,飞行员聚焦于迫在眉睫的威胁,努力在当下的对抗中消灭对手并保存自己,而武器系统军官更关注战场上所有可能对己方构成威胁的因素,帮助飞行员有序地应对各类威胁。在一支由多架战机组成的编队中,长机机组成员间必须密切配合,在经验丰富的僚机协同配合下,在各种复杂环境中才能获得更大的成功概率。

当战机在空中结束了一次战斗后,(武器系统军官)会在编队通信系统中向各战机通报"结果了它"(knock it off),表示当前的交战已告一段落,编队在暂时解决麻烦后继续后续任务。再次强调的是,长机的武器系统军官负责编队中所有战机的情况通报与指挥控制,以及编队从航母出发后完成任务返回航空途中各主要路径点的导航。(长机的)武器系统军官通过"红冠"系统联系编队中各战机,并通过该系统获得各战机相对本机和母舰的位置,进而又通过"战术空中控制和导航系统"(TACAN,"塔康"系统)测试本机与各战机之间的数据通信。在飞行任务中,确保来自各信息系统,如"战术空中控制和导航系统""仪表降落系统"(ILS)、机载"自动航母着舰系统"(ACLS)以及雷达测高计(RADALT)等设备都处于正常的状态和设置,这些也都是武器系统军官的职责。反之,如果在行动中忽略了这些设备的功能及显示的信息,则可能导致灾难性结果。

着舰时,双座型"大黄蜂"战机的两名机组成员区分各种着舰状态和情况,各司其职。例如在第I类状态着舰时,舰载机组成员将在无线电静默的条件下展开着舰(通常在高威胁环境下进行)。此时飞行员和武器系统军官两人将按标准着舰流程各负职责,两人在座舱内相互协作有时也会用手势相互沟通,比如示意着舰前的各类项目检查结果，并在光学着舰系统的辅助下完成在航母上的降落。

　　至于第 III 类状态着舰（夜间或恶劣天气下）时，情况则完全不同。机组成员会从合适的角度切入航母的着舰航线，飞行员在此过程中更需要精心操作保持战机控制。在进一步进入航母的着舰下降通道时，武器系统军官时刻保持着对航母状态及己方战机方位、高度、速度等参数的关注。其间，他会随时向飞行员提示战机的状态异常，比如下降速度过快、速度减慢过快等；同时，他还要监控战机的重要状态，比如燃油状态、通信设备的正常情况等。毕竟在夜间及恶劣天气状况下，飞行员需要付出更大精力操控战机状态，因此其他很多重要参数的监控则需由武器系统军官负责。

　　（在第 III 类状态着舰时）进入下降着舰的最后阶段［战机距航母约 3/4 英里（约 1.2 千米）时］，武器系统军官会向塔台报告类似这样的信号"203，RHINO、BALL，5.8"。这类简短的信号包含着大量信息，"203"使航母着舰指挥人员了解即将进场的战机所属的中队番号，"RHINO"和"5.8"则向航母报知进场的战机是一架"超级大黄蜂"（"犀牛"，是该机型在海军舰载航空兵界的另一昵称），且其余油量为 5800 磅（约 2630.84 千克），根据这些信息，阻拦索设置部门的

▼ 一架隶属于第9空中测试与评估中队（VX-9）的F/A-18F"超级大黄蜂"战机，在加州的山地上空进行测试飞行任务。其机载APG-79电子扫描雷达（AESA）使其武器系统军官能够利用其下视能力专注空对地探测与打击任务，而飞行员则负责掌握空中态势应对空中威胁。（美国海军）

人员才能合适地设置阻拦索系统阻尼;至于该信息中的"BALL"一词,则有助于使航母着舰信号军官(LSO)掌握到机组人员已看到菲涅耳透镜光学助降系统或"肉丸"系统的灯光,并用之作为着舰时主要的视觉辅助手段。

在发出"BALL"的信息后,表明战机已进入改进型菲涅耳光学助降系统发出引导光带的范围之内。武器系统军官此时可根据对"肉丸"系统的灯光色彩帮助飞行员掌控战机的状态,包括高度、空速、下降速率和攻角等,并根据飞行员的要求关注、提示其所需的任何信息(比如战机的纵向上的矢量空速),有时这类信息可能不易被飞行员持续关注到。在提示这类信息时,武器系统军官必须非常谨慎地措辞和通报信息,避免使飞行员感到迷惑,或在其收到着舰信号(LSO,常被昵称为"桨叶")时出现干扰。在成功着舰并被阻拦索钩住后(最完美的着舰是钩住第3根阻拦索),武器系统军官将向飞行甲板上的人员做出手势,向其示意战机状态,并帮助甲板人员将战机迅速从着舰滑跑停止位置牵引滑行至预定停机点。

在抵达停机位置后,机组成员在离开战机后仍需分工配合展开之后的一系列工作,飞行员将向维护部门交接并填写相关表格,使后者

▼ 图中隶属于VFA-211中队的"超级大黄蜂"战机停在佛罗里达州的奥希阿纳海军航空站,战机在落日的余晖中正等待着下一波次出击。(斯蒂芬·戴维斯/FJ图片)

掌握战机可能存在的问题；与此同时，武器系统军官则需立即前往航母情报中心向航空联队上级和舰队参谋军官们完成行动后的归询简报，必要时还要迅速完成相关书面报告的撰写。完成这些事务后，机组成员将再次碰面并与共同遂行任务的其他机组召开简报会议（在整个编队成员的归询简报会议之前），回顾任务中出现的各类情况及其处置，使每个人都对战斗中发生了什么有清楚的认识。

在进行归询简报时，流程通常如下：任务/训练飞行中安全规则的遵循情况、飞行任务管理、战术空中控制人员（TAC）管理情况、任务执行情况、作战/训练任务目标/目的（实现情况）以及最后简报总结。

完成归询简报后，机组人员的放松时刻终于到来，就像一些电影中表现的那样，他们会到中队的待命室休息等待下一波次飞行任务，如果无需再执行任务则可回到自己的舱室里休息。

双座型的 F/A-18F "超级大黄蜂" 战机机组在整个 "大黄蜂" 战机机组里，是较为独特的存在，在后一类单座型战机里，机组通常只有飞行员一人，他们几乎需遂行除（仅能由双人机组实施的）前沿空中控制人员任务外 "大黄蜂" 系列战机的所有功能与任务。而使双座型 F/A-18F 战机机组更为致命和具备高生存力的因素，在于两人制机组合适配后将能最具效率和效能地发挥出 "超级大黄蜂" 战机的性能。对于仅由飞行员构成的机组而言，如此复杂战机的诸多功能将无法仅由一人在每次飞行任务中充分发挥出来。

飞行员和武器系统军官组成的两人制机组的概念，并不是只在 F 型 "超级大黄蜂" 战机部署后才出现。而且，为了最大限度地发挥此双座型战机的空中态势感知和指挥控制优势，很多舰载机中队都混编有 F 型和其他型号的 "大黄蜂" 系列战机。在这类混编中队中，问题并不在于飞行员或武器系统军官，真正的挑战在于这类两人制机组之间，及其与其他战机机组之间在任务中密切配合与协同。就其在整个飞行部队中的角色和价值而言，武器系统军官与其他飞行员几乎同样重要。无论是在某个月光黯淡的阴沉暗夜，机组及其战机钩挂在弹射滑块上，等待着弹射向深渊般的夜空遂行作战任务；还是机组驾着战机在科罗拉多州大章克申（Grand Junction）的群山上空追逐着落日返回加州勒莫尔基地，座舱里的两人都是一个共同体，他们相互依赖着共同完成任务。

照片拍摄于2014年12月11，加拿大空军派往北约参加该组织在东欧立陶宛空域希奥利艾基地的空中特遣部队的战机地勤维护小组，正在对该国第425战术战斗机中队长的CF-188"大黄蜂"战机的燃油系统进行检测，该中队将参与"恢复信心行动"（OP Reassurance）以支持北约空军在波罗的海空域实施空中警戒任务。（加拿大国防部空中特遣部队——"恢复信心行动"供图）

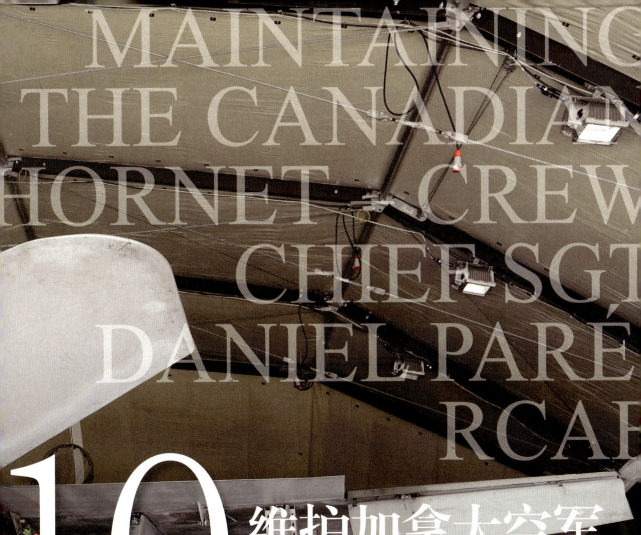

MAINTAINING THE CANADIAN HORNET CREW CHIEF SGT. DANIEL PARÉ RCAF

10

维护加拿大空军 "大黄蜂" 战机

——皇家加拿大空军地勤务组长，丹尼尔·巴克中士

战机地勤维护人员经常会说，没有他们的付出，战机就无法飞上蓝天；对此，皇家加拿大空军所装备的 CF-18 系列 "大黄蜂" 战机同样也不例外。本章将主要记述皇家加拿大空军第 433 中队的地勤组长丹尼尔·巴克中士（Sgt. Daniel Paré）、一名法裔加空军技师，他已在该国武装部队服役了 33 年之久（其中 27 年都在与保障 "大黄蜂" 战机打交道）。他将描述如何使这款多用途战机保持良好的服役状态。

维护开始

　　在加拿大,自应募参军并宣誓效忠英女王陛下后,加拿大武装部队就会将新兵们送往新兵训练营,让他们接受基本的军事训练,并在规定时间内成为真正的军人。在完成新兵训练后,被遴选到空军部队的新兵,接着将前往皇家加拿大空军位于安大略的鲍敦基地(CFB),在那里新兵们将接受加拿大空军航天技术和工程学校(CFSATE)的各种入门级技术培训。之后,再次经挑选的新兵们将接受更进一步的航空专业技术训练,涉及3种有关航空及战机的专业选择:航空(Avn)、航空电子(Avs)和机体结构(ACS)。在此前1983年,我这样的专业维护人员曾被称为"集成系统技术人员"(IST),现在则被称为"航空电子系统技术人员"(AVST),需要熟悉并掌握战机所涉及各类电

▼ 东部小组的地勤组长丹尼尔·巴克中士,2016年参与隶属于第410战术战斗机中队的CF-18"大黄蜂"战机展示活动。(丹尼尔·巴克)

子系统(从简易的无线电设备,到复杂的电子战系统装备)的维护技能。

　　新兵们完成基础的技能培训后,在分配明确需要维护保养的战机类型前,维护人员们还需接受有关战机的训练课程。对我当时接受的培训而言,正是CF-18型战机;当时,我曾到加拿大艾伯塔省冷湖基地的第10现场技术人员培训中队(10 FTTS)。在此课程上,完成航空课程培训的受训者将系统地接受实装培训与练习。无疑,在真正成为CF-18战机的维护技师之前,肯定会因担心可能在实际维护过程中出现失误而有担忧和焦虑,甚至是失眠等。毕竟,在加拿大空军的战斗机序列中,直至今日CF-18仍是一款最新型的战斗机,战机所需的维护非常重要。

日常维护

　　加拿大军队编成有4支现役战斗机中队以及一支战斗机训练中队,对这些中队所配备的"大黄蜂"系列战机的日常维护较为类似。

　　我所在的中队是第433中队,其起源可追溯至二战时期的皇家加拿大空军部队,当时我们中队曾飞行过诸如"哈里法克斯"(Halifax)和"兰开斯特"(Lancaster)轰炸机,从英格兰东北的约克郡一个无

▼ 加拿大空天技术和工程学院的学员正在参与空中武器系统(AWS)技术人员课程的学习,他正在检查战机搭载的M61A1机炮炮身上的串列号。(皇家加拿大空军)

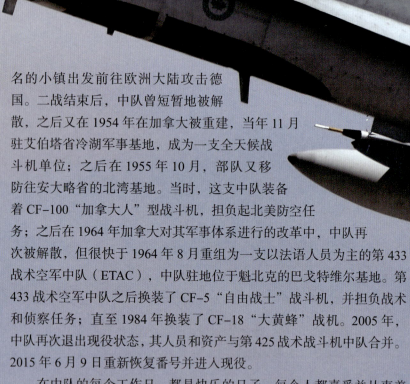

名的小镇出发前往欧洲大陆攻击德
国。二战结束后，中队曾短暂地被解
散，之后又在1954年在加拿大被重建，当年11月
驻艾伯塔省冷湖军事基地，成为一支全天候战
斗机单位；之后在1955年10月，部队又移
防往安大略省的北湾基地。当时，这支中队装备
着CF-100"加拿大人"型战斗机，担负起北美防空任
务；之后在1964年加拿大对其军事体系进行的改革中，中队再
次被解散，但很快于1964年8月重组为一支以法语人员为主的第433
战术空军中队（ETAC），中队驻地位于魁北克的巴戈特维尔基地。第
433战术空军中队之后换装了CF-5"自由战士"战斗机，并担负战术
和侦察任务；直至1984年换装了CF-18"大黄蜂"战机。2005年，
中队再次退出现役状态，其人员和资产与第425战术战斗机中队合并。
2015年6月9日重新恢复番号并进入现役。

在中队的每个工作日，都是快乐的日子，每个人都喜爱并从事着
自己的工作，你可以从我们每天早上露出的笑脸里感受到这一切。433
中队的日常维护工作就是如此。通常，中队编有3名地勤组长以及3
套维护工台，他们轮换日夜值班，其工位对于战机维护的重要性不言
而喻。3名组长中，1人被称为维护工台组长，他将决定哪架战机能够
完成维护保障并重上蓝天，在需维护战机数量较多时，他还决定着具
体战机的维护顺序（这主要基于头天晚上所提交的战机飞行计划）。（在
确定战机的维护顺序和方案后），他会把将相关清单提交到维护组织
部门，那里同样由一名组长级维修人员负责，他同时也是具有丰富经
验的资深技术人员；他的工作是负责所有参与维护人员的调配，以及
协调其他维护勤务所需的人员、物资需求。第三个人是维护保障组长，
他负责计划并管理所有故障战机的维修工作。通常，这3位主要负责

加拿大空军位于巴戈特维尔的基地驻扎第3空军联队，该联队下辖2个CF-18战机中队，包括第425"云雀"和第433"箭猪"战术战斗机中队。图中所示战机是"云雀"中队的CF-18A战机（机身编号188787），于2013年5月27日参与了"枫叶旗2013"演习（JoInTEX 13），该中队驻艾伯塔冷湖空军基地。（皇家加拿大空军）

人每天 8 小时轮换值班，有时需要继续进行更长的维修工作时，当值负责人也会坚持工作。每次换班时，维护负责人员将展开交接，通常以 15 分钟的简报集会的形式进行，报修战机的机组、中队战机维护军官及其副手同样会参加此类交接。

与此同时，在维护管理部门，相关组长会指定当日的战机维护安排及时间节点，负责人力的组长将调配技术人员对指定飞机展开日常维护，包括指派一名技术人员对中队所属战机进行"日常巡视"（daily inspection）和"飞行前检查"（before flight）。在加拿大，维护保障人员并不针对各自专门的战机展开其业务，因而各个中队技术人员对所部署的所有 CF-18 战机都负有维护职责。无论出于什么原因，当你不得不同时在另一架飞机上工作时，必须按技术顺序的每一步展开检查，以确保没有遗漏任何东西。不过，通常情况下，维护人员会针对特定几架战机展开其工作，每次完成对战机的 B 类检查，相关人员会签署各种检查表单，这样机组人员就可以确认其战机获得合适维护，放心地将其投入作战行动，然后在战斗中等待新一局"游戏"的结局。无疑，对抗不仅取决于他们的技巧，更有赖于战机的维护状态。如果有时间，维护人员可以帮助他们的战友充分地维护保养其战机，确保其在飞行任务中发挥最优性能。

在临近飞行起飞时间前的 15 分钟，技术人员将赴各战机移除战机上的安全销，最后对战机进行一次目视检查，确保所有情况正常。与此同时，飞行员需要到中队作战办公室查看当天飞行任务的电子表格，接受飞行任务简报，以及其他相关信息，比如机场南边的气候及可能影响飞行的其他信息。接着，飞行员将走向自己的战机，与地勤和警卫人员握手或开始交谈，因为保持团队良好、融洽的氛围总是好的。

然后，飞行员们会围着自己即将驾驶的战机简单检视一番，或者问问地勤人员一些问题。对于我所维护的战机，从没有一名即将起飞的飞行员在最后检查时发现过问题。当然，之前曾有一名飞行学员在最后检查时用脚踢了踢战机的轮胎，看看气压情况，这使我暗笑了半天。即便这些轮胎的内压未达到标准的 350 磅力／平方英寸（约 24.61 千克力／平方厘米），仅仅用脚踢下轮胎也丝毫不会有所反应，毕竟这些钢丝子午线轮胎能够适应重达 28000 磅（约 12700.59 千克）的战机以 160 节的速度冲击；它即便内压不足，在外观上也不会有所表现，甚至使劲踢踏也不会有所表现。加拿大空军装备的 CF–18A/B 型战机，安装了新 NACES 弹射座椅，这种座椅使我们不必再帮助飞行员坐上座椅后锁扣安全带，因为新的索具很容易锁扣，飞行员通常会在正式操作前检查座舱内的各种锁扣、索具的情况。

启动流程

飞行员在驾驶舱里安顿好并完成座舱内检查后，他会在座舱内给战机前站着的唯一一名地面工作人员做出了一个手势。在加拿大空军部队中，由于人员短缺的因素，地勤人员通常只会派出一人协助飞行员完成 CF–18 战机的起飞和停放工作。按照加拿大空军的规范，准备好后飞行员会将握紧的拳头举起并在头顶划着圈，让地勤人员看到，这意味着战机已做好起飞准备，随时可以按程序展开起飞流程。（接到启动指令后）飞行员将启动战机辅助动力单元（APU），而地勤技术人员则在机身一侧观察机身下侧辅助动力单元排气口，检视任何可能的着火或油液泄漏情况。当飞行员得到地勤人员的肯定手势后，他将扳动战机 2 号引擎的曲柄开关，同时技术人员将停留在战机后右侧，以便能够看到引擎启动。在 2 号引擎启动完成后，地勤将来到另一侧，以便能够看到 1 号引擎启动情况，因为飞行员会很快启动 1 号引擎。在两台战机主引擎正常启动后，地面地勤人员会向飞行员竖起大拇指，向其示意战机一切正常。此时，飞行员将在座舱内启动战机飞行控制系统（FCS）的内置测试服务，检查飞控系统的状态。当飞行员从他的电脑中接收到"起飞"（go）的指令时，他将继续检视战机各飞行控制翼、舵面的活动情况，以及座舱内各电子显示设备的正常。在一切正常后，飞行员会继续向地面勤务人员发出一个手势，确认战机尾钩处于正常位置，仪表飞行（IFR）所涉及的相关设备正常。完成对这些设备验证后，技术人员将向飞行员示意战机可以滑行向起飞位置了。

在滑行之前，飞行员会通过手势向地面人员示意对战机进行最后的目视检查。技术人员将在战机起飞前最后时刻，检查战机外表各舱位面板是否有松脱、油液泄漏或其他任何异常情况；再次确认无误后，他们将跑至战机前方，检查确认战机水平稳定面的位置是否处于起飞时状态，并就检查情况向飞行员做出最后一次正常的手势，即转动食指并指向地面，同时保持拇指向上。另外，有时当飞行员有一个旧维护代码时，他会要求地勤人员通过设置战机前轮的数字显示指示器来重置它。起飞前，最后一个手势，是飞行员向地勤做出的取走轮胎下楔形塞垫的示意；这时，地勤人员将要求他在取出塞垫前打开战机的

▼ 飞行员在起飞前围绕着自己的战机做目视检查。（皇家加拿大空军）

▲ 地勤人员在飞行员启动前移除战机轮胎处的塞垫。（皇家加拿大空军）

制动。完成相关操作后，飞行员是时候将战机从停机坪或机库内驶出，地勤会向飞行员敬上一个军礼，而飞行员也会在狭窄的座舱内简单地回个礼。最后时候即将来临，飞行员推动油门节流阀，战机将开始移动；同时，飞行员会在此过程中打开前轮制动滑行向起飞位置，边检查前轮制动和前轮的转向装置，以确保一切都完好无损。每次我们完成一次飞行检查，直到最后看到战机正常起飞，不管地面技术人员在此过程中付出了多少，这都是一种乐趣，就像地勤技术人员第一次看到所维护的战机顺利升空后所感受到的兴奋与激动一样，就像看着战机飙升时感到自己的血管中的肾上腺素加倍流动那样。一旦看着战机飞上蓝天，对地勤官兵而言，似乎到了找些吃的，或者维护任务繁重需要奔向下一个机库或战机的时候了。

返航后的性能恢复

在每次飞行任务返航降落后，飞行机组会向地勤部门回报战机的情况，通常用代码1、2或3来表示。代码1，表明战机各设备状态完好；代码2则意味着战机某些设备或功能出现小问题；代码3则表明战机受损，需要经过仔细维护解决问题后才能继续飞行。战机降落后，飞行员将在地勤人员配合下将飞机停放至指定机位，待战机停至最终位置后，飞行员会示意地勤人员用楔形塞垫固定轮胎位置。

战机的关闭程序非常简单。地勤人员将示意飞行员先关闭一个引擎；待其关闭后，飞行员将移除战机的所有飞行控制装置，以验证战机液压开关阀的功能。在这一切完成之后，飞行员关闭所有的电子设备，并确保了弹射座椅的安全。至此，地勤人员将靠近战机，并把简易舷梯架设在座舱边，方便机组人员打开座舱罩离开战机，其间飞行员会与地勤小组简单地交谈，并就飞行任务中遭遇的问题向地勤组作提示。从此时起，地勤人员将开始其工作，首先进行的是战机的"飞行后检查"（A-check）。与此同时，飞行员将返回相关简报室，就任务执行情况和战机状态等情况向中队作战和地勤部门做一个较为详细的归询简报。简报期间，飞行员会详细报告战机的状态，就后续战机的维护提出建议，比如战机是否仅需简易维护和检查后继续飞行，或者需要返回基地进行中修、大修。例如，一架状态较好的战机，其出勤率可能达到每天完成两到三次出勤，在这种情况下，每次战机返航后我们仅会对其进行所谓的"AB检查"（AB check），这是一类快速检查维护流程，以便使飞机更快地完成起飞准备。

换班

　　在所有的加拿大空军战斗机中队里，通常仅会展开两种类型的轮值换班（work shift）：一类是白天换班，另一类是夜间换班。每种班次都会持续 8 小时，所以无论战机是否需担负飞行任务，这类换班通常在 15：00 时展开。通常情况下，经验较少的年轻地勤技术人员将尽可能参与对战机的地勤维护工作，以便使其尽快熟悉 CF-18 "大黄蜂"型战机。地勤在换班后展开工作的模式，通常是机组人员与高级技术人员聚集在一起，就战机需要维护的问题交换意见，当维修人员到位时，他们将返回中队待命，比如受领新的飞行任务，或在无任务时返回休息。

　　在加拿大空军中，一个典型的战斗机中队通常编配有 12 架喷气战机，遂行作战任务的中队每天可出动 6 ~ 8 架战机参与作战行动。勤务维护的夜班将（从每日 15：00 时）持续至深夜 23：00 时，如果夜间仍未能完成对战机的维护，勤务组的高级技术人员就简短书面记录当天的维护工作完成情况，以及次日需完成的维修任务。维护战机时，会涉及到各种各样的问题，有时需要不同的专家参与到维修中。通常，一个典型的战斗机中队，其人员编成包括飞行员、武器技术人员、战

▼ 一名技术人员移除战机上部一处进气口的致动装置，可见图中人员右侧机身上的"禁止踩踏"的标志。（皇家加拿大空军）

机引擎、机组结构和机身航电设备维护技术人员等。

地勤人员根据各自专业具体负责战机的特定系统，而地勤组长则负责对整个战机的维护保养工作。大多数情况下，战机航电系统专家会在战机返航后针对机上各类电子设备进行查障和除障工作，或者更换战机上的模块化电子设备。这些专业人士对战机航电系统非常了解，

并且在维护这些关键系统的功能运行方面非常有价值。维护期间，地勤小组的一个由 3 人组成的武器小组将解决任何与战机武器系统有关的问题，例如远程导弹、挂载点、战机武器上的爆炸物，以及战机搭载的机炮系统。而且这些武器系统维护人员大多数情况都是集体行动，很少看到少于 3 人参与战机武器系统维护。

引擎试车

　　加拿大空军维护团队的引擎技术人员，其在战机维护过程中负责的工作包括：拆卸、安装和修理引擎，同时还负责维护战机的（座舱及机体上的）环境控制系统（ECS），例如，战机座舱或机体内的空

加拿大空军第425 "云雀" 中队的 CF-18A型战机（编号188766）在该国的冬季滑行。（皇家加拿大空军）

调或加热系统,毕竟加拿大的冬天非常寒冷;但他们最频繁的维护内容,仍是战机引擎系统。

引擎的拆卸和重新装配(R/R)过程,包括首先对引擎舱进行详细检查,引擎维护小组需要检查评估整个引擎舱内的每一颗铆钉、每一块表面、每一根加强肋和每根电缆和线路。作为战机最重要的子系统,对引擎的维护没有任何失误的余地。在引擎被拆下检查期间,在引擎完成维护进行最终的"质量控制"(QA)确认前,一名"性能目标维护人员"(POM)会先对引擎展开检查,后续另一名更具经验的A级引擎维护技术人员(与前者相比,后者更像是真正的引擎"工匠")会进行再次检查;而最后的"质量控制"确认步骤,则由另一名并不参与之前维护的经验丰富的技师展开,此过程是对引擎维护后的第三次检查,然后它将被重新装进战机舱位,完成各种管线连接和测试。

当然,"大黄蜂"战机引擎装配令人感到奇怪的是,引擎舱仅通过两处安装紧固螺栓与引擎连接在一些,因此,在检修维护时技术人员都采用非破坏性技术(NDT)对相关紧固件和部件进行内部探伤和检查,特别是引擎功率输出(PTO)轴、燃料输送管线和各种线缆上可能存在的裂纹。大多数针对引擎的维护测试工作,需要由有资质的测试技术人员展开,在完成机体引擎拆卸及维护工作后,他们会通过专用设备启动引擎来验证所有的引擎参数。这类引擎维护后试车通常在指定有坡道的地点展开,输出功率通常不会超过其最大功率的80%;如果需要对引擎后燃加力燃烧室进行试车,则会在另一类加力试车设备(AB

▼ ▶▶ 战机引擎的拆卸和重新装配(R/R)过程,是一项需要耗费大量时间和体力的工作。图中,加空军驻罗马尼亚空中特遣部队的技术人员,正在为一架CF-18"大黄蜂"战机更换单侧引擎,该机于2016年3月赴罗马尼亚康斯坦察参加"弹性决心"演习。(皇家加拿大空军)

Pad）上进行。

在我所在的机场，加力试车设备位于 36 号跑道的纺锤状尽头，其下是一段陡坡，将战机牵引至该处尽头后，此时引擎尾喷口与陡坡呈约 45 度倾斜角，其喷管方向正对着陡坡下的树林处。试车前，喷气机的前起落架会通过固定设备与地面牢固地固定起来，所有轮胎都被楔形塞垫卡稳固定，以抵抗引擎全功率和加力运行时输出的近 3.2 万磅（约 14514.96 千克）推力。因此，在试车时座舱内的人员在输出全功率后，绝不会有像战机在空中打开全加力后的加速感，毕竟战机被紧固在地面上纹丝不动。引擎全加力地面试车的场景令人恐惧和兴奋。站在离战机不远的地方，感受引擎全力输出时的声音和震动，特别是引擎后燃加力打开后，实在是一种令人难忘的场景；有时会有一种引擎剧烈震动正与自己身体产生共鸣的感觉，甚至会觉得引擎强大的力量即便只在远处燃烧，也有一种将自己的内脏无情地扯出来的感觉。

维护部门内还设有一个战机引擎舱的测试单元房间，其内配备有最先进的引擎诊断设备，维护时将设备与战机连接起来，特别是在引擎进行室外试车时进行连接测试；而战机在机库内测试房间内，同时可进行引擎的启动测试。为此，该房间设计有一个巨大的排气管，从测试单元房间后面伸出，用于排出引擎启动时的废气。由于战机在测

▼ 图中牵引车牵引杆正挂在战机前起落架上，这架 CF-18A 战机在赴科威特部署期间正在被地勤维护人员检视。（皇家加拿大空军）

试单元房间内的位置有精确要求，使其引擎在启动后生成的排气能够直接从管道中进入，因此战机被牵引进入其内时必须谨慎和严格精确。通常，很多时候牵引战机进入时会反复尝试，只有熟练的牵引车驾驶人员才能迅速而准确地做到这一点；例如，战机起落架的 3 个轮胎，牵引时必须确保这三点都停止在指定位置上；这是一项熟能生巧的技能，但也不排除有些驾驶人员在这方面的天赋，他们往往很快就掌握了技巧，而有些人反复练习也难以真正掌握。

　　战机维护时，每个专业领域的技师和勤务人员，都对战机整体的维护，确保其保持飞行能力和做好任务准备至关重要。在战机的整个维护流程中，有时各专业系统维护组也会展开有趣的"竞赛"或竞争，但最终他们的共同努力，才能使战机顺利完成维护并得以展开任务。同时，发动机测试单元房间常被用于作为引擎测试试车的后备地点。如果需要对引擎进行单独测试，则需要将引擎挂装固定在特殊的发动机支架上，并且正确地连接相关设备以便展开测试。

漫长的维护之夜

　　对于一名机身结构技术人员（AFT）而言，值班维护时需要加班

▼ 驻巴戈特维尔的加空军第433中队的CF-18战机机群，地勤人员正在帮助飞行员锁扣安全装具。（皇家加拿大空军）

至深夜非常普遍，回顾审视着老旧战机，通常最容易遇到麻烦的就是战机液压系统，它们往往使维护工作延续到深夜。

如前文所述，CF-18系列战机配备有两套液压系统：位于左引擎的系统1和右引擎的系统2。每套液压系统，都由一部安装在两侧的附属驱动设备（AMAD）上的液压泵驱动，并通过引擎功率输出（PTO）轴与同侧引擎相连。每个液压泵本身很简单，但拆卸和安装却是非常具有挑战性的工作，首先技术人员必须先把驱动齿轮和附属驱动设备对齐并拆装，然后才能拆下或安装上液压泵。

有时在拆装这些液压泵时，需要熟练的技巧，在使其与机体内轮齿吻合时，经常会滑脱，有时技术人员会反复尝试才能安装到位，只有经过反复练习或熟悉掌握技巧后才能迅速拆装。战机的附属驱动设备（AMAD）、液压泵、被称为CGU的发电机、空气启动器，它们的位置较为集中，也被称为战机的"次级电力系统"；而对于地勤维护团队而言，这正是其大部分维护工作的重心。

在这些系统之外，维护中涉及的典型问题还包括各液压系统的液压液箱，它们的易损性非常高；例如，战机的飞行控制系统致动机构，或机体内各种的液压管线，它们在工作中都可能泄漏或爆裂，而且这

▼ 机库内的轮班工作。（皇家加拿大空军供图）

些管线位于机体内部深处，一旦出现泄漏和破裂，排查和修复都非常麻烦。有些人可能会觉得这很奇怪，但是我很喜欢这些复杂的工作，发现战机存在的问题并修复这些问题，是件很有成就感的事。

战机维护支持装备（AMSE）

无论战机的附属驱动设备、液压油箱或伺服机构，每一次维修都需要（对这些易出现故障的部位）进行地面测试，而这又需要借助专用维护装备以模拟战机的这些子系统的工作状态，以便在地面检测。对于 CF-18 战机，我们配备有各类维护保养支持装备（AMSE），其中最为常用的是斯图尔特·史蒂文森公司的（外源）动力单元，它大约有小型汽车的一半大小，内部设置有柴油发动机可以提供 115V、400Hz 的三相交流电；或者也可使用组合启动（动力）单元（CSU），它内置一套喷气引擎，可通过一套巨大的电缆向附近的 CF-18 战机供能（电源接口在前起落架附近），如果需要的话，还可利用压气机向战机进气口系统进气，帮助引擎启动。液压测试台的大小与之相似，但它是用车辆拖曳，我们的机库内部还安装了一套电动引擎，以及用

▼ 战机的组合启动（动力）单元（CSU）被用于为战机交流电系统供电，战机在空中需要时亦用于重启引擎。（皇家加拿大空军供图）

▲ 在战机引擎启动期间，液压油将被注入到液压系统中。（皇家加拿大空军供图）

于室外维护工作的柴油发动机；当然，液压测试台一次只能提供液压给一个系统，所以需要同时测试维护两套液压系统，就需要安排两套测试台。其他尺寸较小的维护保养支持装备，还包括液压油泵系统等。

战机阶段性维护

除了放飞并维护返航战机、展开相关系统修理维护外，战机的维护还涉及其他方面的工作。通常，CF-18 系列战机每完成 600 个飞行小时，就需接受阶段性维护保养。进入这类阶段性维护的战机，将转移至二线维护设施进行全面的中修或大修，通常，这类维护任务由驻魁北克巴戈特维尔基地的第 3 飞机维修中队（3EMA）和驻艾伯塔省冷湖基地的第 1 飞机维护中队（1AMS）完成。

战机阶段性维护，需要对整个战机进行全面而广泛的检查，约需一个月的工时。其间，阶段维护组将对战机进行拆解，并对战机各部分子系统和主要部件进行检查，还要检查战机各类泄漏与滴液情况。由于战机在空中激烈机动（如高过载机动、粗暴的起飞和降落动作等）导致其机体结构造成永久性的损伤，战机阶段性检查的很大一部分工作不可避免地涉及对机体结构的修补。机体结构维护技师们，将在此阶段对战机主要承应力部件进行大量探伤和维修工作。最糟糕的情况，可能是战机机体结构出现内部裂纹，导致其不得不接受更进一步检查和维护。有时在维护时会计划对战机机体结构进行加强，有时探查到这类机体损伤后如果战机已经损坏，可能也不会再进行维修了；或者如果其他同型战机因损坏需要某个零组件，而供应链又无法立即提供同样的零件的话，那么这时这架战机可能就只能暂时沦为零件备份来源。这种拆换行动通常是在缺乏零件供应的情况下进行，通常会持续一个月左右，之后针对被拆换战机的整备还涉及大量工作，如此才能使战机再次起飞；或许，这可被视作维护整个机队作战能力的"必要之恶"。

完成阶段性维护后，战机还要短暂的停留，包括重新涂装机体、完成机体内各舱室（各类油箱、液压油箱等）的清洁等。在投入服役后，整个机队就像一部运行有序的"机器"，各个部分处于使用、各级维护等循环流程之中；从而使整个机组保持持续的作战能力。

一种对中队的归属感

在我回顾自己作为一名 CF-18"大黄蜂"战机维护技术人员的工作时间时，我珍惜共同奋斗一起维护战机的经历。在各种天气和情况下的维护工作中，就像战机飞行员和他们的机组成员一样，我和我的团队也发展一种兄弟般的情谊。在这样的职业生涯中，我们会结交到一些最好的朋友；当然，也会遇到其他各种各样的人，他们有时会让你感到紧张，有时又像一个家庭一样。我会花很多时间和同伴们在一起，跟着机群远赴各处部署区域，参与地面的维护与测试，和家人一起度过的家庭团聚时光有限。回顾这段时光，我记得曾带着一个新来的小伙子参与到我们的维护保障团队工作中，曾有一次他的生日时，我们共同担负了紧急的维护任务，忙到当天深夜工作结束时他的生日也错过了；以及那些我们在墨西哥、佛罗里达和欧洲各国执行临时任务（TD）的日子，至少海外部署能把我们从加拿大寒冷的冬季解脱出来。

皇家加拿大空军的 CF-18 系列机队已服役了约 34 年了，但它仍不愧为一种有史以来最伟大的多功能战斗机。

▼ 2016年参加展示的皇家加拿大空军的CF-18"大黄蜂"战机，它们由该国第410战斗机中队派出，该中队隶属于第4战斗机联队（驻艾伯塔省冷湖空军基地）于2016年4月5日公开。图中人员由左至右，依次是一级准尉阿兰·罗伊、第4联队指挥官空军上校埃里克·肯尼、涂装设计组负责人吉姆·贝利维尔，以及该架展示CF-18战机的飞行员空军上尉瑞安·基恩。地勤组长丹尼尔·巴克中士并未在此图中。（皇家加拿大空军供图/布莱恩·卡特下士摄）

加拿大空军2016年展示飞行中，由第410中队飞行员空军上尉瑞安·基恩驾驶的战机，图中战机展示了其演示时的鲜艳涂装，是为了纪念战争期间实施的英联邦航空训练计划（BCATP）。（皇家加拿大空军供图/迈克·雷诺摄）

APPENDIX

附　录

"超级大黄蜂"性能参数

外形尺寸参数	
机身长	60 英尺 3.5 英寸（约 18.38 米）
翼展	44 英尺 8.5 英寸（约 13.62 米）
翼展（折叠后）	30 英尺 7.25 英寸（约 9.33 米）
翼面积	500 平方英尺（约 46.45 平方米）
机身高	16 英尺（约 4.88 米）
后轮间距	17 英尺 9.5 英寸（约 5.42 米）
前后轮轴距	10 英尺 2 英寸（约 3.11 米）

战机动力引擎
两台通用电气公司 F414-GE-400 型涡轮风扇引擎，每台引擎未安装额定推力为 13900 磅（约 6304.93 千克），加力燃烧推力为 20700 磅（约 9389.36 千克）。

战机重量	
战机空重	31500 磅（约 14288 千克）
最大起飞重量	66000 磅（约 29938 千克）
机身挂载点最大负载	34000 磅（约 15422 千克）
最大航母着舰重量	42900 磅（约 19459 千克）

燃油和负载	
战机内油量	14460 磅（约 6559 千克）
战机外油量	16290 磅（约 7390 千克）
最大弹药负载	17747 磅（约 8050 千克）
最大带回负载	9900 磅（约 4491 千克）

飞行性能参数	
最大速度	1.6 马赫
进场速度	144 英里 / 时（约 231 千米 / 时）
攻击任务 "高—低—高" 飞行剖面作战半径 [携带四枚 1000 磅（约 453.6 千克）炸弹、两枚 AIM-9 导弹和两支外油箱]	390 海里、448 英里（约 722 千米）
战斗护航任务时的作战半径（挂载两枚 AIM-120 中距导弹和两枚 AIM-9 近距导弹）	410 海里、471 英里（约 759 千米）
遂行战斗空中巡逻（CAP）任务时滞空时间（携带六枚 AIM-120 中距导弹和三支外油箱）	2 小时 9 分钟
作战升限	约 53000 英尺（约 16154 米）
最大可承受过载	+8g

图书在版编目（CIP）数据

F/A-18"大黄蜂"和"超级大黄蜂"/（英）史蒂夫·戴维斯著；王明杰，毛翔译 . —上海：上海三联书店，2022.1

ISBN 978-7-5426-7543-9

Ⅰ.①F… Ⅱ.①史… ②王… ③毛… Ⅲ.①舰载飞机－多用途飞机－歼击机－介绍－美国 Ⅳ.①E926.31 ②E926.392

中国版本图书馆 CIP 数据核字（2021）第 198136 号

McDonnell Douglas F/A-18 Hornet and Super Hornet
Copyright © 2017 Haynes Publishing
Copyright of the Chinese translation © 2020 by Portico Inc.
Published by Shanghai Joint Publishing Company.
ALL RIGHTS RESERVED
版权合同登记号　图字：09-2021-0543 号

F/A-18"大黄蜂"和"超级大黄蜂"

著　　者 / ［英］史蒂夫·戴维斯
译　　者 / 王明杰　毛　翔

责任编辑 / 李　英
装帧设计 / 千橡文化
监　　制 / 姚　军
责任校对 / 张大伟　王凌霄

出版发行 / 上海三联书店
　　　　　（200030）中国上海市漕溪北路 331 号 A 座 6 楼
邮购电话 / 021-22895540
印　　刷 / 固安兰星球彩色印刷有限公司

版　　次 / 2022 年 1 月第 1 版
印　　次 / 2022 年 1 月第 1 次印刷
开　　本 / 787 × 1092　1/16
字　　数 / 432 千字
印　　张 / 25
书　　号 / ISBN 978-7-5426-7543-9/E·21
定　　价 / 186.00 元

敬启读者，如发现本书有印装质量问题，请与印刷厂联系 010-62189683